2판

또래상담

이상희 · 노성덕 · 이지은 공저

학지사

2판 서문
FOREWORD

초판을 저술한 지 어언 5년이 지났다. 그동안 여러 차례 개정판 집필에 대한 요청들이 있었으나 저자들의 게으름으로 미루다가 약간의 수정을 가하여 2판을 출판하게 되었다. 또래상담 출판 이후로 또래상담의 활용은 점차 넓어지고 있는 듯하나. 2005년 이후 법무부에서 또래상담 활용을 채택하고 시범운영하였고, 비슷한 시기부터 기업에서 또래상담을 도입하고 적용하기 시작하였다. 그 후 여러 사업장에서 또래상담은 중요한 역할을 하고 있는 것으로 알려져 있다. 또한 2007년부터는 국방부에서 군 상담병 관련 연구를 수행하면서 또래상담을 중요한 키워드로 잡고 적용을 검토하고 있다. 비슷한 시기에 한국청소년상담원에서는 군 솔리언 또래상담 프로그램을 개발하여 사병들을 대상으로 시범운영을 실시하였고, 이후 다양한 지역에서 또래상담 프로그램을 운영하고 있다. 최근에는 교육과학기술부에서 학교폭력에 대한 대책의 일환으로 또래상담을 적극 추천하고 활용을 권장하고 있기도 하다. 이런 분위기 속에서 또래상담에 관한 서적이 여러 권 출판되었고, 관련 연구들도 상당히 진행되었다.

또래상담이 현장에서 도움을 필요로 하는 사람들에게 다양하게 적용되고 있다는 것은 무척 고무적인 일이 아닐 수 없다. 우리는 최근의 변화와 동향들을 담아 2판을 집필하였다. 그러나 그 양이 이전 초판에 비해 많이 늘어나지는 않았다는 아쉬움을 가지고 있다.

또래상담의 적용이 확산되고 있지만 여전히 부족한 부분이 많다. 다양한 현장에서 또래상담이 적용되니 만큼 다양한 프로그램이 개발되고 다양한 지침이 마련되어야 하나 아직 그런 단계까지는 나가지 못하고 있다. 이 말은 또래상담과 관련하여 아직도 해야 할 일들이 참 많이 있다는 것을 의미한다. 하지만, 이 책에서는 그런 부분까지 담아내지는 못했다. 향후 이런 작업들이 다양한 영역에서 이루어지기를 바라마지 않는다.

여러 해 동안 지치지 않는 인내심으로 우리 부족한 저자들을 지켜보시고 격려해 주신 학지사 김진환 사장님께 감사드린다. 언제나 푯푯한 미소와 따뜻한 말투는 우리 저자들에게 큰 힘이 되었다. 또한 편집부 이세희 선생님께도 감사드린다.

2010년 초봄에

저자 일동

1판 서문
FOREWORD

"청소년들의 긍정적인 장점들을 활용하여 스스로 또래를 돕게 하자."는 취지 아래, 우리나라에서 또래상담이 전개된 지 어언 10년이 되었다. 그간 갖가지 시행착오를 겪어 오면서 우리나라에 맞는 프로그램과 제도가 개발되어 왔고, 각 현장에 적용되어 오면서 이제는 더 이상 또래상담이라는 용어가 생소하지 않게 되었다. 특히 청소년상담 영역에서는 왕따, 집단따돌림, 등교거부, 중도탈락, 청소년 비행 등 다양한 청소년 문제를 예방하고 문제해결을 위한 개입방법의 하나로 자주 거론되고 있다.

저자들이 또래상담에 대해 고민하고 연구하기 시작한 것은 한국청소년상담원에서 또래상담사업을 담당하게 된 1999년부터였다. 물론 그 이전부터 학교를 중심으로 한 일선 현장에서 또래상담을 적용하려는 움직임이 있었고, 공식적으로는 1994년부터 한국청소년상담원의 또래상담사업이 물꼬를 트기 시작했다고 볼 수 있다. 따라서 저자들이 또래상담 업무에 합류하게 된 시점은 이미 그 전에 뿌려진 씨앗의 열매를 거두는 행운의 시기이기도 했다.

또래상담이 이루어지고 있는 학교 현장을 둘러보았을 때, 수년간 남몰래 애써 온 지도교사들이 있었다. 그런 분들을 많이 만나는 것만으로도 신나는 일이었다. 막연하게 그려 본 또래상담의 중요성과 위력을 실제 현장 경험 속에서 확인할 수 있었고, 그래서 더 자신 있게 또래상담이 얼마나 의미 있는 일인가를 알릴 수 있었다. 한 해 동안 수천 명의 지도자와 학생들을 만나 또래상담을 전하기도 했다. 전국 각지를 돌면서 또래상담을 전하고, 각지에서 이루어지고 있는 또래상담의 현황, 방법들을 소개하면서 전국적인 관심을 불러일으키기도 했다. 그러면서 우리 자신이 더욱 많은 것을 배우기도 했다. 현실에서 어떻게 적용하는 것이 좋을지, 또 어떤 점이 어려운지, 한계가 무엇이고 그 한계를 어떻게 극복할 것인지…… 또래상담이 이루어지는 현장이 다양한 만큼 알아야 할 것도 많았다. 그래서 현장을 둘러보며 배운 내용들이 더욱 소중하게 여겨졌다. 이 책을 집필하게 된 것은 바로 이런 경험을 통해 알게 된 것들을 공유하고 싶은 마음에서다.

지금까지 또래상담을 소개하면서 아쉬웠던 점은 적당한 교재와 안내책자가 없다는 것이다. 물론 강의나 워크숍을 위해 제작된 교재가 있었지만 일반인이 시중에서 쉽게 접하기 어려운 상황이다. 별도의 교육을 받지 않고서는 참고할 수 있는 교재가 없으니, 그저 구전에 의한 단편적인 정보만을 가지고 또래상담을 시작하게 되면서 시행착오를 겪는 경우가 많다. 상담업무에 종사하는 카운슬러, 학교교사, 사회복지사, 청소년지도사, 종교지도자들은 또래상담에 관심을 가지고 있지만, 막상 현장에서 처음 또래상담을 운영하고자 할 때 어디서부터 어떻게 시작해야 할지 몰라 고민인 경우가 많다. 이들은 직접적으로 또는 간접적으로 또래상담 안내책자가 발간되었으면 하는 바람을 표현하기도 했다. 이러한 바람에 부응하는 것은 또래상담을 인연으로 만나 함께 고민하고 연구했던 사람으로서 가져야 할 책임이라고 여겨졌다.

이 책은 또래상담에 관한 완결된 지식이나 거창한 학문체계를 구축해 놓은 것은 아니다. 또래상담이라는 영역 자체가 이론적인 배경이나 학문적 성격을 가지고 출발하기보다는 삶의 현장에서 일어나는 실제적인 측면을 담고 있기 때문이다. 따라서 이 책은 또래상담 현장 속에서 함께 고민하며 둘러보았던 저자들의 경험을 바탕으로 또래상담에 관심을 가지고 또래상담을 적용하려는 교사들과 상담자들, 그리고 각 시설에서 사람들을 조력하는 일에 종사하는 사람들에게 안내서를 제공하는 마음으로 쓰여졌다. 또래상담은 다양한 연령층을 대상으로 다양한 영역에서 적용될 수 있지만, 이 책에서는 또래상담이 가장 활발하게 적용되고 있는 청소년층을 대상으로 하였다. 따라서 학교 현장을 중심으로 이루어지는 또래상담에 초점을 맞추었다. 이 책은 총 4부 10장으로 구성되어 있다. 제1부는 또래상담의 기초, 제2부는 또래상담의 운영, 제3부는 또래상담 프로그램의 실제, 제4부는 또래상담 연구인데, 각 장을 간략하게 소개하면 다음과 같다.

제1장에서는 또래상담의 정의와 필요성에 대해 언급하였다. 저자들이 정의한 또래상담의 의미뿐만 아니라, 기존의 다양한 정의들도 참고자료로 간략하게 소개하였다. 아울러 또래상담의 필요성을 시대적, 발달적, 상황적 특성과 관련하여 기술하였다.

제2장은 또래상담이 어떻게 시작되어 발달하였는지에 대해 설명하고 있다. 시대 흐름에 따라 실제적인 필요에 의해 시작된 또래상담이 우리나라에 어떠한 과정을 거쳐 확산되고 있는지를 소개하였고, 국외의 경우도 간단하게 언급하였다.

제3장은 또래상담의 현장 적용에 대해 설명하고 있다. 현재 우리나라에서 또래상담이 가장 광범위하게 적용되고 있는 학교 현황을 소개하였고, 상담기관에서는 어떤 방법으로 적용되는지를 소개하였다. 그리고 학교와 상담기관 외에 다양한 상황에 적용될 수 있는 여지를 논하였다.

제4장에서는 학교에서의 또래상담 운영모형을 제시하였다. 각 현장에서 또래상담을 구현하기 위해서는 그 현장에 맞는 운영모형이 필요하다. 여기서는 학교 현장에 맞는 운영모형으로 단계별 운영모형과 몇 가지 운영형태를 제안하였다.

제5장은 제4장에서 언급한 단계별 운영모형에 근거하여 학교 현장에서 또래상담을 실제 운영하는 과정을 구체적으로 설명하였다. 이는 학교 현장뿐 아니라 청소년 관련 기관에서 또래상담을 운영하고자 하는 이들에게 하

나의 지침이 될 수 있을 것이다. 또한 학교 이외의 다양한 현장에서 또래상담을 적용시키고자 할 때, 하나의 모델로 검토해 볼 수 있는 부분이다.

제6장은 현장에서 또래상담 프로그램을 구성할 때 참고할 수 있도록 내용선정의 방식과 내용의 기본 요소를 제시하였다. 또한 대표적인 선행 또래상담 프로그램도 소개하였다. 현장의 목적에 따라 또래상담 프로그램을 구성할 때 참고할 만할 것이다.

제7장은 또래상담 프로그램을 진행하는 과정, 특히 또래상담 훈련의 여러 가지 방법을 소개하고 있다. 제8장에서 소개하는 개별활동을 사용하는데 실제적인 도움이 될 것이다. 또한 또래상담 훈련의 한 회기(session)를 진행하는 방법을 자세히 설명하였으므로, 처음 또래상담반을 운영하는 지도교사에게 도움이 될 것이다.

제8장에는 또래상담 프로그램을 구성하기 위해 활용할 수 있는 다양한 집단활동을 소개하였다. 여기에 소개한 집단활동은 저자들이 직접 개발한 것도 있지만, 이미 현장에서 널리 활용되고 있는 것도 포함되어 있다. 프로그램을 구성할 때, 또래상담의 운영목적에 따라 적합한 내용을 선정하여 참고할 수 있을 것이다.

제9장은 또래상담 연구를 위한 기초지식을 제공하기 위해 기술되었다. 이 장은 연구를 전문으로 하는 사람들을 위해서라기보다는 또래상담을 현장에 적용하면서 그 효과를 알아보고자 하는 현장 실무자들을 위하여 쓰인 것이다. 따라서 현장 실무자들이 쉽게 연구를 진행할 수 있도록 실제 연구자료들을 활용하여 연구의 시작부터 분석까지를 소개하였다.

제10장은 저자들이 공동으로 연구한 연구물을 실었다. 이는 연구의 일예를 그대로 보여 줌으로써 독자들이 또래상담 연구의 방법을 여러 가지 측면에서 이해할 수 있도록 하기 위한 것이다.

아무쪼록 이 책이 현장에서 또래상담을 적용하는 청소년 지도자들에게 좋은 길라잡이가 되기를 기대해 본다. 물론 이 책은 또래상담 영역을 소개하는 시작에 불과하다. 원고를 작성하고 관련 자료를 수집하면서 새롭게 알게 되는 내용도 많았고, 또 찾아보아야 할 부분도 많았다. 하지만 그 내용을 모두 담아내기에는 시간과 능력의 부족을 인정할 수밖에 없었다. 지금도 현장에서는 또래상담이 이루어지고 있고, 앞으로도 다양한 형태로 또래상담이 발전할 것이다. 따라서 이 책을 교두보로 삼아 더 좋은 안내서와 교재가 나올 것을 기대해 본다.

'또래상담' 이라는 타이틀을 가진 이 책은 세 명의 저자 이름으로 출간되지만, 사실은 또래상담에 열정을 가지고 일선 현장에서 또래상담의 씨앗을 뿌리고 일구어 온 수많은 또래상담지도자들의 땀방울이 모아진 것임을 밝힌다. 우선 저자들이 또래상담에 관심을 가지고 일할 수 있는 기회를 마련해 준 한국청소년상담원에 감사드린다. 더불어 초기에 또래상담사업을 담당했던 분들, 또 현재까지도 계속해서 또래상담을 위해 헌신적으로 일하고 있는 상담원들에게도 감사드린다. 전국에서 또래상담을 위해 헌신적으로 일하고 계시는 많은 카운슬러에게도 감사의 인사를 전한다. 특별히 기꺼이 자료를 협조해 주신 강원도청소년종합상담실과 안양시청소년상담실을 비롯하여 일선 학교 현장의 또래상담지도자들에게도 머리 숙여 감사의 인사를 드린다. 이 분들이 없었다면 이 책을 쓸 수 있는 용기를 내지 못했을 것이다. 물론 또래상담의 주인공이라 할 수 있는 청소년 또래상담자들에게도 감사의 인사를 빼놓을 수 없을 것이다. 지금도 주변의 또래친구들에게 관심을 가지고 다가서는 이들의 우정어린 노력이 있기에 또래상담이 빛을 발하게 된 것이라 여긴다. 또한 좋은 책이 나오도록 독려해 주시고 몇 해 동안 묵묵히 지켜봐 주신 학지사 김진환 사장님과 이 책이 제 모습을 갖추도록 애써 주신 편집부 이세희 씨를 비롯한 여러분께도 감사드린다.

2004년

저자 일동

차 례
CONTENTS

제**1**부

또래상담의 기초

- **제1장** 또래상담의 정의와 필요성
- **제2장** 또래상담의 배경
- **제3장** 또래상담의 현장 적용

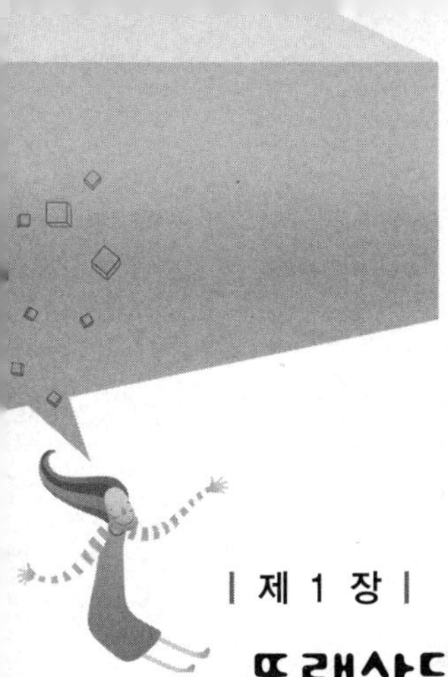

| 제 1 장 |

또래상담의 정의와 필요성

"○○는 공부를 잘하는 애였는데요. 그 애의 친구들은 좀 못하는 애들이었고…… 그런데 친구들이 ○○한테 뭔가 물어보면 대답해 주지 않고 그냥 무시하고 자기 할 일 하고 그러더라는 거죠. 처음에는 장난으로 그러는 줄 알다가 계속되니까 결국은 친구들하고 멀어지더군요. 보니까, 혼자 다니고 혼자 밥 먹고…… 매점에 다녀오면서 얘기했어요. '너 안색이 안 좋아 보이던데 무슨 일 있으면 나하고 얘기하자.' 고 그랬더니 좀 지나고 나서 얘기하자고 하더라고요. 들어보니까, 자기는 엄마, 아빠 때문에 공부를 안 할 수가 없대요. 그래서 자기가 친구들한테 알려 주면 손해라고…… 그게 속상하다고 하면서, 애들이랑 다시 친해지고 싶은데 표정이랑 행동이 생각같이 잘 안 된다고 하는 거예요. 막 울면서 얘기하더라고요. 그래서 다 듣고 나서 '입장 바꿔서 생각해 봐라. 친구들은 네 사정을 모르잖니. 그러니까 친구들에게 부모님 얘기도 하고 이해를 구해라.' 그랬죠. 직접 친구들하고 얘기해 보도록 조언했는데요, 나중에 그렇게 하더라고요. 그래서 사이가 좋아졌고 오해도 풀렸고요……."

이 이야기는 한 실업계 여고생의 경험담이다. 이 여고생은 학교의 또래상담반에 가입해서 교육과 훈련을 받은 후, 친구들에게 관심을 갖고 함께 이야기를 나누고 도움을 주기도 한다. 이러한 활동을 어떻게 보아야 할까? 이미 학교 현장과 상담 분야에서 '또래상담'이라는 영역은 상당한 관심을 받아 왔다. 여기서는 이 책의 제목인 '또래상담'에 대한 논의 전개를 위하여 우선 개념을 정의하고자 한다.

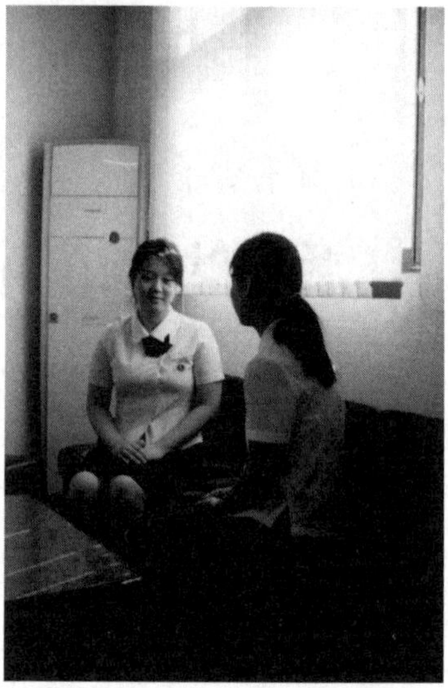

1. 또래상담이란

첫째, 또래상담을 누가 하는가? 또래상담은 일종의 비전문가 상담이다. 상담이 점차 대중화되면서 전문가들이 상담의 모든 영역과 상담에 대한 모든 욕구를 충족시키기 어려운 상황이 되었다. 우리나라에서도 위기상담의 일종인 전화상담의 경우, 많은 상담기관에서 자원봉사자들에 대한 단기교육을 통해서 전화상담자를 양성하곤 한다. 일회적인 전화상담을 통해서 깊이 있는 상담이 어렵다는 한계를 지녔음에도 불구하고, 급박한 위기상황에 놓인 이들, 직접 상담실을 찾기 어려운 문제를 안고 있는 사람들에게는 꼭 필요한 것이 전화상담 서비스다. 또한, 전화상담은 전문가에 의한 상담을 필요로 하는 사람들에게는 문제의 명료화, 의뢰 절차 등을 통해 심리상담을 위한 오리엔테이션이나 안내 역할을 하기도 한다.

또래상담의 역사적 배경을 살펴보면, 생활 현장에서 느끼는 어려움을 상담적 관점에서 해결하고자 하는 사람들이 많아졌고, 동시에 상담실 또는 상담기관의 틀에서 이루어지는 전문적 상담만으로는 한계를 느끼던 상담자들의 새로운 모색이 맞물리면서 '또래에 의한 상담'이라는 새로운 영역이 개척된 것이다. 그러므로 또래상담 역시 비전문가에 의한 상담이다. 여기서의 '또래'란 생활 현장을 공유하는 비슷한 연령대의 사람들이다. 그러므로 생활 현장에서 즉각적인 접촉이 가능하다는 특성이 있다. 또한 '또래'라는 용어에서 상담자의 역할과 내담자의 역할이 비교적 명확하게 구분되는 전문가 상담보다 상담자와 내담자의 관계가 덜 명확하고 더 상호적이며 비교적 동등하다는 특성이 시사된다.

여기서 '또래상담은 누가 하는가?'에 대한 논의를 마무리할 필요가 있다. '훈련받은 또래'가 또래상담의 주체다. 여기서의 훈련이란 사람에 대한 기본적 관심, 대화를 원활하게 할 수 있는 태도와 방법, 좀 더 적극적으로 도움을 주는 방법 등과 자신에 대한 보다 폭넓은 이해 등의 내용으로 이루어진다. 이것은 기초적인 인간관계 훈련, 의사소통 훈련, 상담자 훈련 등으로 이해될 수 있다. 이러한 훈련을 받고 또래상담자로서의 태도를 갖게 된 또래들이 또래상담을 자신의 생활 속에서 적용하게 되는 것이다. 그러므로 또래상담은 그 수혜자가 되는 또래들에게만 영향을 미치는 것이 아니라 또래상담자의 인간관계, 대화 패턴, 생활방식 등이 함께 변화되어 가는 활동이 된다.

둘째, 또래상담은 어떤 활동인가? 또래상담에서의 '상담'은 기존의 심리상담보다 좀 더 포괄적인 개념으로 생각할 수 있다. 심리상담의 기초가 되는 타인에 대한 관심, 존중, 수용, 공감 등이 또래상담의 핵심이기는 하다. 즉, 타인을 대하는 기본적인 태도가 상담적이라는 것이다. 하지만 이미 위에서 언급한 대로 생활 현장에서 접촉이 가능하다는 점에서 좀 더 적극적, 직접적, 협동적인 해결 모색이 가능하다. 상담적 태도가 기저에 흐르고 있다면, 직접적으로 문제해결 과정에 함께 참여하거나 조언과 충고, 자신의 경험담을 통한 간접적 영향 등 우리가 일상생활에서 타인에게 도움을 주는 다양한 대인관계 형태들이 더욱 생동감 있게 포함된다. 즉, 상대방에게 도움을 주고 어려움을 함께 풀어 보고자 하는 태도와 행동이 포함된 대인관계의 과정으로 생각해 볼 수 있다.

여기서 한 가지 짚어 보고 싶은 것은 '상호작용적 과정'이라는 점이다. 즉, 일방적으로 도움을 주고 일방적으로 도움을 받기만 하는 것이 아니라, 그 과정에서 함께 삶을 나누고 도움을 주고받으면서 함께 성장해 나가는 과정이라는 점이다. 심리상담 또한 엄밀한 의미에서 상호작용적 과정이기는 하다. 하지만 또래상담은 본질적으로 거기에 참여하는 두 주체가 동등하며, 함께 성장해 나가는 상호작용 그 자체를 목적으로 한다. 이 점에서 또래상담을 하나의 '대인관계의 과정'이라고 표현하는 것이 옳을 듯 싶다.

또래상담자에 대한 다양한 표현들

또래조력자(peer helper)
또래대사(peer ambassador)
또래촉진자(peer facilitator)
비전문조력자(lay helper)
준전문가(paraprofessional)
또래조수(peer assistant)
또래후견자(peer tutor)
또래중재자(peer mediator)
또래상담자(peer counselor)

이 많은 표현들 중에서 우리는 '또래상담' '또래상담자'라는 개념을 사용하고자 한다. 또래상담에서는 직접적인 충고나 조언보다는 수용, 존중, 공감적 태도로 또래의 이야기를 경청하는 역할을 매우 중요시한다. 또한 또래상담은 다른 사람의 문제를 직접 해결해 주는 것이 아니라, 다른 사람으로 하여금 문제상황과 자기 자신에 대한 자각을 촉진시켜 스스로 해결책을 찾도록 돕는 과정이다. 이와 같은 활동내용이 정교한 의미에서의 상담활동과 맥이 닿고, '상담'이 이 활동의 핵심을 가장 잘 나타내며 가장 포괄적인 개념이기 때문이다.

또래상담의 개념을 정의하기에 앞서 기존에 많은 연구자들과 상담자들이 또래상담을 어떻게 정의해 왔는지 살펴보고자 한다. 또래상담이 먼저 진행되었던 외국에서의 정의와 국내에서의 정의를 정리하여 표로 제시하였다(〈표 1-1〉 참조).

〈표 1-1〉 또래상담에 대한 정의들

연구자	정 의
Cox	사람들이 개인적 위기를 경험하고 있는 또래에게 비판단적, 비지시적 지지를 제공하는 과정
Chickering	자신의 생활경험을 바탕으로 비슷한 또래에게 지지적인 역할을 제공하는 것
May & Rademacher	특별히 훈련받은 또래 학생이 다른 또래 학생의 학업, 인성, 행동 등을 조력하는 것
Gray & Tindall	다른 사람에게 조력적인 역할을 수행하는 비전문가들이 취하는 다양한 대인적인 조력행동
Lombardi & Carek	연령 차이가 세 살 이내인 또래 학생이 다른 학생의 학교 적응문제, 직업문제, 개인문제 등에 관하여 도와주는 것
Lucian	특별히 훈련받은 동료 학생이 다른 동료 학생의 학업, 인성, 행동 등과 관련된 문제를 도와주는 것
구본용 등	또래와 비슷한 연령과 유사한 생활경험 및 가치관 등을 지닌 청소년이 일정한 훈련을 받은 후, 자신의 경험을 바탕으로 주변에 있는 정상적인 다른 또래들이 발달과정에서 경험할 수 있는 문제의 해결에 조력하여 이들이 성장, 발달할 수 있도록 생활의 제반 영역에서 지지적인 도움을 제공하는 행위
홍경자, 김선남	상담에 관한 전문가가 아닌 일반 학생이 어느 정도의 훈련을 거쳐 다른 학생의 문제해결에 도움을 주고 상담자의 역할을 해주는 것

연구자	정 의
노성덕	약간의 상담 훈련을 받은 학생이 그 훈련 내용에 기초해서 전문가의 슈퍼비전 하에 비슷한 연령의 또래 학생들을 돕는 활동
장혁표	전문상담자에게 집단상담을 받아 긍정적인 자아개념, 효과적인 대인관계 기법, 명료화된 가치관, 효과적인 의사소통의 기법을 배운 집단원 각자가 이러한 자원들을 다시 그들의 동료들에게 가르치는 집단상담
이관용, 김순화	특별히 훈련받은 학생이 다른 학생의 성격, 학업, 대학생활에서의 적응문제 등에 도움을 주는 것
이형득, 김정희	특별히 훈련받은 재학생이 지도자가 되어 몇몇 정상적인 동료학생을 대상으로 하여 그들의 성장과 발달 및 인간관계 발달의 능력을 촉진시키려는 의도에서 이루어지는 대인관계의 과정

여기서 우리는 또래상담에 대해서 나름대로 정의하고자 한다. 우선 '또래'란 생활 현장을 공유하는 비슷한 연령대의 사람들이다. 학교에서의 또래 친구들, 선후배들, 직장 동료들을 떠올릴 수 있다. 보편적으로 또래들끼리의 그러한 상호작용 과정을 또래상담이라고 볼 수 있겠으나, 여기서 기초적인 상담 훈련을 받은 '또래상담자'가 그 과정을 촉진하는 역할을 하게 된다. '상담'이란 생활 속에서 함께 나누고 도움을 주는 대인관계의 과정을 가리키며, 관심을 갖고 대화하고 도움을 주기도 하는 일련의 활동과정을 의미한다. 이를 종합하면, 또래상담이란 "**훈련받은 사람이 생활 현장을 공유하는 비슷한 연령대의 또래들과 지지적인 관계를 맺고 도움을 주는 일련의 활동과정**"이라고 정의할 수 있다.

2. 또래상담의 필요성

1) 사문회문화적 측면에서의 필요성

정보가 넘쳐나고 빠르게 변화하는 현대사회에서 사람들의 생활도 그만큼 숨가빠졌지만, 우리 생활의 질에 대해서는 많은 의문이 뒤따르고 있다. 이 때문에 생활의 질, 행복 등이 심리학, 교육학에서 하나의 주제로 부상하였고, 대안적인 생활형태를 모색하는 사람들이 늘어나면서 공동체성을 회복하기 위한 다양한 시도가 세계 곳곳에서 이루어지고 있다.

현대사회의 특성과 관련하여 사람들이 일상생활에서 겪는 문제들을 '인간이라는 존재'와 '인간관계'의 측면에서 좀 더 생각해 보자. 정보와 기술의 발달과 지속적인 생활의 변화들을 허겁지겁 따라가야 하는 우리의 생활에 대한 문제의식이다. 그만큼 만남과 관계는 위축되고 일상적인 소외와 생활의 파편화 속에서 결국 '삶이란 무엇인가' '인간이란 어떤 존재인가' 하는 근원적인 질문들로 돌아가게 마련이다. 자신을 찾고자 하는 여러 형태의 시도들은 이런 맥락에서 이해될 수 있다.

人間이라는 말에는 두 사람이 서로 기대고 있는 모습, 그리고 그들의 사이, 그들의 관계 등의 의미가 내포되어 있다. 빠르게 변화해 가는 현대사회에서도 인간은 결코 혼자서 살 수 없는 존재다. 우리의 생활을 송두리째 바꿔 놓고 있는 컴퓨터의 세계에서도 관계성은 큰 의미로 살아나고 있다. 예를 들어, 컴퓨터 채팅의 경우 익명의 사람들과 동시에 여러 명이 서로의 이야기를 자유롭게 나눌 수 있는 의사소통의 통로가 된다. 문자메시지의 한계를 넘어서서 이모티콘이라 불리는 다양한 정서언어까지도 지속적으로 개발되어 채팅의 의사소통을 더욱더 풍부하게 만들어 간다. 컴퓨터를 중심으로 확산되어 가는 다양한 동호회와 커뮤니티 등은 사람들의 인간관계의 폭을 더욱 넓혀 주며, 공동체성을 촉진시키는 촉매제로 활용되기도 한다. 컴퓨터라는 매체를 통해서 만나는 모든 사람들은 사회적 지위와 학벌의 서열, 장애인과 비장애인, 성별과 연령의 차이 등을 모두 넘어서서 일대일의 대화가 가능하다는 점에서 어쩌면 진정 엄청난 변화의 물결로 재해석될 수도 있다.

인간관계의 측면에서 볼 때, '나와 너의 상호존중'은 가장 기본적인 태도다. 최근 우리 사회는 핵가족화, 여성의 사회참여 확대, 조기교육의 유행, '경쟁에서 이겨야 사회적으로 성공할 수 있다' 등의 사회적 분위기 속에 놓여 있다. 인과관계를 명확하게 입증하는 데 어려움이 있기는 하나, 점점 상호존중과 공동체적 태도는 의식적으로 길러 주어야 할 부분으로 인식되어 가고 있다. 그리고 혼자 잘하는 것도 중요하지만, '함께 나누며 느끼는 기쁨'이 있다는 것도 강조되어야 할 부분이다. 인간으로서의 기본적 조건에 걸맞는 균형잡힌 시각이 필요하며, 이를 위해 '경쟁에서 이기고 성취하는 것'뿐만 아니라 '타인을 배려하며 함께 나누는 것'도 배우고 가르치고 강조해야 할 시점이 되었다.

'상담'은 말 그대로 '서로 이야기를 나누는 것'이다. 이때 서로를 동등하게 독립된 하나의 개체로서 존중하고 인정하는 태도, 그리고 서로에 대한 관심이 필수적이다. 그래야 한쪽은 듣고 한쪽은 말하거나 서로가 겉도는 말만 하는 것이 아니라 서로가 주고받으며 상호작용하는 만남과 교류가 가능해진다. '상담적 문화'란 바로 이러한 상담의 기초적 태도가 지배적이고 더욱 확산되어 가는 문화라고 할 수 있다.

이미 위에서 언급한 현대사회의 문제점들을 극복하는 길은 여러 갈래가 있겠지만, '상담적 문화'를 키워 가는 과정에서도 찾을 수 있다. 이를 위해서는 '상담적 문화'를 좀 더 구체적으로 생활 현장에서 실천할 수 있는 일종의 프로그램이 요구되는데, 또래상담에서 그 가능성을 엿볼 수 있다. 또래상담은 문제의식과 자질을 갖고 있는 또래상담지도자에 의해서 구체화된다. 상담의 기초를 배우고 익힌 또래상담자들을 양성하고, 그들의 활동 무대인 또래관계에서 이것을 적용해 나간다. 건강한 모델의 활동과정은 바로 또래들 간의 관심, 진솔한 만남과 의사소통을 촉진할 수 있다.

더욱이 이 책에서 강조하는 것처럼 학교 현장에서, 청소년들의 생활 속에서 또래상담을 발전 · 확산시킨다는 것은 '상담적 문화'를 지속적으로 키워 나갈 수 있다는 점에서 또한 의미를 갖는다. 인성과 대인관계에 있어 왕성한 성장이 이루어지는 청소년기에 또래상담을 접하는 것은 이미 많은 것이 굳어진 성인기에 또래상담을 접하는 것과는 다를 것이다. 그러므로 '청소년 또래상담'에 힘을 쏟는 것은 '상담적 문화'의 확산에 매우 의미 있는 일이라 할 수 있다.

2) 청소년기, 학교 현장에서의 필요성

위에서 '상담적 문화'의 확산을 위해서는 또래상담의 주역을 청소년들로 상정하는 것이 필요하다는 점을 언급하였다. 나와 너의 상호존중, 상대방에 대한 배려, 공동체성의 회복 등은 우리가 함께 살아가기 위한 기본적인 태도라고 볼 수 있다. 이러한 태도는 일상생활 속에서 몸에 배도록 하는 것이 중요하다. 이 점에서 자라나는 청소년들에게 이 프로그램을 적용하는 것이 효과적이다.

한편, 청소년들이 집단생활을 경험하고 또래들과 지속적으로 접촉하는 곳으로는 학교, 종교단체, 동아리 등이 있다. 그중에서도 학교는 현대사회에서 청소년들이 가장 많은 시간을 할애하는 생활의 장이자 제도다. 그리고 학교는 원칙적으로 인성교육과 지식교육을 겸하는 곳이기도 하다. 또한 사회에서 필요로 하는 기본적인 자질을 갖춘 인간으로 성장시키는 것이 학교의 사회적 임무이기도 하다. 이런 측면들을 고려할 때, 학교에서 또래상담을 적용하는 것은 기대되는 학교의 기능을 충실히 구현하는 것과 관련될

뿐만 아니라 또래상담을 제도적으로 정착시킬 수 있다는 이점도 있어 현실적으로 매우 적절하다. 물론 청소년들이 생활을 공유하는 다른 다양한 장에서도 또래상담이 적용될 수 있으나, 보다 영향력 있는 활동을 위해서 우선 학교 현장에서의 적용가능성에 더 큰 의미를 부여하게 된다.

| 제 2 장 |

또래상담의 배경

1. 또래상담의 시작과 발달배경

또래상담은 형식적인 이론에 배경을 두기보다는 실제적인 필요에 의해서 출발하였다고 볼 수 있다. 그리고 실제 또래상담이 이루어지는 현장에서 장점을 인식하게 되면서 널리 확산되었다. 특히 또래상담이 전개된 이면에는 1960년대 정신보건 분야의 '혁명'이라 할 수 있는 준전문가운동이 중요한 배경이 되었다. 당시 훈련받은 전문가가 상담수요에 비해 부족하고, 전문적인 상담과 치료에 대한 회의가 일면서 준전문가의 활약을 끌어들이게 된 것이다(Varenhorst, 1984). 준전문가의 다양한 활동의 하나로 또래상담이 시작된 지 미국은 40년, 우리나라는 약 30년이 채 안 되는 배경을 가지고 있다. 그러나 길지 않은 과정을 거치면서 또래상담은 다양한 형태로 전개되고 있다.

또래상담이 시작된 계기와 발달배경은 다음과 같은 세 가지 차원에서 설명할 수 있다. 첫째, 상담 서비스의 인식변화로 인해 준전문가 활용이 확산된 점, 둘째 청소년기의 발달적 특성인 또래들의 영향력을 활용한다는 점, 셋째 학교교육에서 정의교육을 강조하게 된 점이다. 이 세 가지 차원을 중심으로 또래상담의 출현과 확산이 이루어진 과정을 살펴보기로 하자.

1) 상담 서비스에 대한 인식변화

또래상담은 전문상담자가 아닌 비전문가 혹은 준전문가의 활동이다. 1960년대 미국 정신보건 분야에서는 혁명이라 할 수 있는 준전문가운동이 일어났다. 당시 훈련받은 상담전문가가 상담수요에 비해 턱없이 부족하고, 전문가들의 개입에 회의를 느끼게 되면서 다양한 형태의 준전문가 활동이 전개되었다. 이러한 과정에서 준전문가를 활용한 성공적 사례들이 보고되면서, 준전문가들도 적절한 훈련을 받으면 일상적인 생활장면에서 적절한 도움을 줄 수 있다는 생각을 하게 된 것이다. 물론 전문가들 사이에서는 준전문가의 활동을 행정적 지원, 정보수집, 표준화검사의 실시와 채점 등으로 제한해야 한다는 반론이 제기되기도 했다. 그러나 이에 대해 짐퍼(Zimpfer, 1974)는 이러한 반론은 전문가들이 자신의 전문성을 고수하려는 것이고, 오히려 그들의 전문성이 비효율적이라는 것을 보여 주는 것이라고 하였다. 1974년에는 미국의 전문학술지인 *American Personnel and Guidance Journal*[1](53권 4호)에서 준전문가 활용의 문제, 준전문가 훈련 및 교육 등에 관해 심도 있게 다루는 특집판이 나오기까지 했으니, 준전문가에 대한 관심이 얼마나 대단한지를 짐작할 수 있을 것이다.

성인뿐만 아니라 아동과 청소년도 또래들에게 도움이 될 수 있다는 것을 밝히려는 시도가 있었다. 그중 1969년 브리앤드(Vriend)의 연구와 1972년 배런호스트(Varenhorst)의 연구는 청소년도 상담자의 역할을 할 수 있는 잠

1) 이 잡지는 미국생활지도협회(American Personnel and Guidance Association, 1983년에는 American Association for Counseling and Development로 개명됨)의 공식 학술잡지다.

재력이 있음을 보여 주었다는 점에서 청소년 또래상담의 시초라고 할 수 있다. 브리앤드는 그의 연구에서 리더 훈련을 받은 학업성취우수아가 학업성취가 낮은 학생과 집단상담을 병행한 스터디그룹을 운영하면서 얻은 효과를 밝히면서, 처음으로 또래상담이라는 용어를 공식적으로 사용하였다. 이 연구는 후에 배런호스트의 또래상담 프로그램 개발을 자극하게 된다. 배런호스트는 캘리포니아 팔로 알토(Palo Alto) 학군에서 사회적 및 발달적 문제를 지닌 또래를 지원하기 위해 청소년을 활용할 수 있도록 구체적인 훈련과 실습과정을 담은 또래상담 프로그램을 개발, 운영하게 되었다. 이 프로그램의 영향으로 1970년대에는 다양한 형태의 또래상담 프로그램이 개발되어 확산되었다.

우리나라의 경우에도 최근 여러 형태의 준전문가 활동이 전개되고 있다. 1970년대 이후 사회가 발달하고 시민들의 의식이 변화하면서 인간복지에 대한 관심이 증가하였으며, 발달상담운동의 영향으로 상담 및 교육기관, 사회단체, 종교계, 병원 등지에서 다양한 형태의 준전문가들을 활용하는 사례가 늘어나고 있는 것이다. 그중 청소년의 생활 현장인 학교에서도 준전문가라 할 수 있는 또래상담자의 활용이 확산되었다.

여기에는 청소년상담에 대한 인식의 변화가 중요한 몫을 하였다. 최근 들어 상담전문가들 사이에서 전통적인 치료모델에 입각한 상담활동 성과에 대한 의문이 제기되어 왔다. 상담활동의 방향이 문제를 교정하고 해결하는 치료 중심의 활동에서 예방 중심의 활동으로, 더 나아가 모든 청소년들의 바람직하고 적극적인 발달을 돕고자 하는 활동으로 전환되고 있는 것이다. 그러나 이러한 변화에도 불구하고 상담 전문인력의 절대적인 부족으로 인해 대부분의 청소년들의 성장과 발달에 기여할 수 있기에는 커다란 어려움이 있다. 이러한 문제를 부분적으로 극복할 수 있게 하는 것이 준전문가(para-professional), 즉 청소년 또래상담자의 활용이다. 상담전문가들은 자신들이 청소년들을 직접 상담하거나 지도하는 대신에, 청소년들이나 다른 인력을 훈련시켜 그들로 하여금 청소년들을 상담하거나 지도하게 하여 보다 많은 청소년들에게 상담의 혜택을 부여하게 된 것이다. 이러한 인식은 준전문가도 적절한 교육을 받으면 전문가 못지않게 상담이나 치료장면에서 조력자의 역할을 수행해 낸다는 점에서 출발하였다. 많은 연구에서 준전문가들도 심리적 교수 역할을 수행할 수 있을 뿐만 아니라, 때에 따라서는 전문가들만큼이나 큰 역할을 수행하고 있어서 효율적일 수 있다고 지적하고 있다. 또한 브라운(Brown, 1972)도 학생발달을 돕는 조력적 봉사업무가 이제는 더 이상 일부 상담자나 생활지도 담당자들만의 전유물이 될 수 없음을 지적하면서, 상담자가 주위의 인물들을 적절하게 훈련시킴으로써 그들로 하여금 학생의 전체적 성장에 기여할 필요가 있음을 강조하고 있다.

물론 또래상담자가 전문상담자의 역할을 대신할 수는 없다. 그러나 전문적인 도움을 필요로 하는 또래친구에게 전문적 상담을 연계해 주는 교량역할이 가능하다는 점에서 중요한 기능을 한다. 일부 청소년들은 심각한 고민을 가지고 있으면서도 누구에게 또 어디에서 도움을 받을 수 있는지에 관한 정보를 모르고 있는 경우가 많다. 설혹 알고 있다 하더라도 상담에 대한 그릇된 인식과 비호의적인 태도 때문에 필요한 시기에 적절한 도움을 받지 못할 때가 많다. 또래상담은 바로 이러한 또래들에게 비교적 쉽게 접근할 수 있고, 그들이 필요로 하는 도움을 자연스럽게 연결시켜 주는 안내자와 교량역할을 할 수 있다.

2) 청소년상담에서 또래들의 영향력 활용

또래상담이라는 용어가 생기기 전부터 이미 사람들은 다양한 방법으로 서로서로 도움을 주고받으며 살고 있다. 하지만 청소년을 대상으로 한 또래상담의 확산은 청소년 시기의 발달적 특성과 밀접한 관련이 있다. 청소년 시기를 생각해 보자. 청소년들은 저마다 고민을 가지고 살아간다. 학업 성적, 진로선택, 교우관계, 성격문제, 가족관계, 이성관계, 외모 등의 신체 변화 등과 관련하여 청소년이기 때문에 겪는 갈등과 고민을 안고 있는 것이다.

이러한 청소년들의 고민은 매우 다양하다. 아침마다 거울을 들여다보며 얼굴에 난 여드름을 세기도 하고, 수염이 왜 안 날까, 키가 왜 안 자랄까 고민하기도 한다. 또 오늘 점심은 누구하고 먹나, 친구와 어떻게 화해할까 고민하기도 한다. 하지만 이런 일들로 학교 상담실을 찾아가지는 않는다. 이러한 일상의 고민들이 어른들의 눈에는 그 시기에 흔히 있을 수 있는 가벼운 것으로 여겨지기 때문이다. 그들은 부모나 선생님, 심지어 전문상담자들까지도 자신의 고민을 진심으로 이해해 주리라고 기대하지 않는다. 오히려 이들은 바로 옆에 있는 또래들로부터 위로를 얻는다. 이러한 일상적인 고민들은 그들만의 동질성을 확인시켜 주고 우정을 쌓아 가는 원천이 되기도 한다. 함께 수다를 떨며 고민을 풀어 가고, 비밀을 털어놓으며 우정을 키워 간다. 서로 신체발달을 견주기도 하며, 때로는 선생님에 대한 불평을 털어놓으면서 스트레스를 해소하기도 한다. 실제 청소년을 대상으로 한 많은 연구에서 '고민이 있을 때 누구와 의논하느냐'는 질문에 대한 응답 결과를 보면, 부모나 교사보다는 또래친구들에게 고민을 털어놓으면서 지지를 받는다는 것을 알 수 있다. 옛말에 "친구 따라 강남 간다." 혹은 좀 더 심하게는 "부모 팔아 친구 산다."는 말이 있다. 그만큼 청소년 시기에는 또래친구들이 매우 중요한 비중을 차지하며, 또래들의 영향력도 매우 커지는 시기다. 따라서 또래상담은 다른 어느 연령층에서보다 청소년 시기에 그 진가를 발휘할 수 있을 것이다.

사실 요즈음 거론되고 있는 따돌림, 왕따, 집단괴롭힘, 학교폭력과 같은 청소년 문제들도 가만히 들여다보면, 또래들과의 관계에서 소외당하고 고립되는 것에서 비롯되는 경우가 많다. 청소년기에는 자기중심적인 면이 강해 비슷한 또래들끼리 파당을 형성하고, 자신과 다른 대상에 대해 배척하는 경우가 흔하다. 이 과정에서 크고 작은 갈등이 생기는 것이다.

그렇다면 청소년들이 또래관계를 건강하게 유지하고 우정을 맺어 가는데 또래상담이 어떻게 기여할 수 있을 것인가? 청소년들은 성장해 가는 과정 중에 있다. 어떤 경우에는 아직까지 정서적으로 미성숙하고 대인관계도 미숙할 수 있다. 하지만 이들도 역시 발달과정에 있으므로 앞으로의 대인관계 경험과 학습에 의해 얼마든지 성장할 가능성이 있다. 또 어떤 청소년의 경우에는 심리적으로 안정되어 있고, 다른 친구들에게 긍정적인 영향을 주는 경우도 있다. 특정한 훈련을 통해 또래들에게 좋은 영향을 미치고 건강한 또래관계를 형성할 수 있도록 도와줄 수도 있을 것이다. 청소년들은 또래들끼리의 상호작용 속에서 함께 배우고 성장하므로 바로 이러한 특성을 활용하는 것이 또래상담인 것이다. 함께 어울리고 서로에게 도움이 되는 건강한 또래관계를 맺음으로써 크고 작은 고민들을 해소할 수 있다. 또한 문제가 심각하게 발전하기 전에 또래들과의 건강한 상호작용을 통해 청소년 문제를 사전에 예방할 수도 있을 것이다. 또래들은 함께 생활을 공유하고 있으므로 심각한 문제로 발전되기 전에 다양한 방식으로 즉각적인 도움을 줄 수 있기 때문이다. 또한 또래들은 공감대를 형성하고 있어서 부모나 교사의 일방적인 훈계보다 또래들의 상호작용 속에서 많은 것들을 배운다. 따라서 또래상담은 이러한 긍정적인 또래관계를 확산시켜 다양한 삶의 기술을 자연스럽게 익힐 수 있는 모델이 되는 것이다.

3) 학교에서 정의교육의 강조

또래상담이 시작된 또 다른 배경으로 학교교육에서 정의교육 혹은 심리교육(affective education, deliberate psychological education)을 강조하게 된 것을 꼽을 수 있다. 최근 우리나라 학교 현장에서는 입시위주의 교육이 이루어지고 있으며, 그만큼 지식교육의 비중이 높은 것이 사실이다. 물론 지식을 전달하는 것은 학교교육의 중요한 기능이다. 충실한 지식교육을 한다는 것만으로 비판을 받는다면 학생들의 성적을 향상시키기 위해 고군분투하는 교과교사들로서는 억울한 노릇일 것이다. 그러나 여기서 강조하는 정의교육은 지식교육에 대한 비판이라기보다는 전인교육이라는 맥락에서 대두된 것이다. 즉, 아동 및 청소년의 인지적 능력을 발달시키는 것 못지않게 그들의 심리사회적인 발달도 함께 이루어 갈 수 있도록 하자는 교육운동으로 생각할 수 있다. 마치 새가 하늘을 날기 위해서는 두 날개가 필요하듯이, 한 인간으로 성장하기 위해서는 인지적인 교육과 정의적인 측면의 발달이 함께 필요하다고 보는 것이다.

정의교육이란 인간의 감정, 정서, 그리고 대인관계에 대한 이해를 주로 강조하는 교육적 경험을 포함한다. 이러한 정의적인 교육활동을 통해 심리 · 사회적 발달을 촉진시킬 수 있을 것이다. 피아제와 같은 발달심리학자들은 공감(empathy) 혹은 조망획득(perspective taking) 능력을 사회인지발달의 중요한 기제로 보았다. 즉, 타인의 입장을 그 사람의 시각에서 이해하고 수용할 수 있는 능력은 심리사회적 발달에 중요한 영향을 미친다는 것이다. 만일 자아중심성(egocentrism)에서 벗어나지 못하고 있다면 타인의 입장을 이해하고 보다 폭넓은 사회적 조망을 수용할 수 없기 때문에 심리사회적 발달에 제약이 따르게 된다. 정의교육이란 바로 이러한 발달에 초점을 두는 것이라 할 수 있다. 특히 청소년 시기는 성격의 변화와 발달과정 중에 있으므로, 자신의 감정을 조절하고 갈등과 좌절을 다루는 기술과 다른 사람과 더불어 사는 대인관계기술 등을 배우는 역동적인 심리교육이 필요한 시기다.

실제 또래상담 훈련을 통해 또래상담자들은 대인관계 기술을 학습하여 도움을 필요로 하는 다른 또래들에게 도움을 줄 수 있을 뿐만 아니라, 이러한 일련의 학습과정을 통해 또래상담자 자신의 개인적 성장까지도 가져오게 된다. 따라서 또래상담 교육을 통하여 또래상담자 자신의 성장에 도움이 될 뿐만 아니라, 교우관계를 협동적이고 생산적인 방향으로 변화시켜 바람직한 공동체를 만들어 간다는 점에서 또래상담의 의미를 생각해 볼 수 있다. 특히 이러한 정의교육은 대인관계 기술 향상과 삶의 공동체의식을 발전시켜야 하는 청소년기의 발달과업을 수행하는 데 도움이 되는 것이다.

2. 국내 또래상담의 전개

우리나라에서 또래상담이 시작된 것은 1980년대 초 대학의 학생생활연구소에서부터라고 할 수 있다. 당시에는 자기성장 프로그램이나 인간관계 훈련 프로그램과 같은 집단상담에 참여했던 대학생이 동일한 집단 프로그램의 보조리더나 리더가 되어 집단상담을 이끄는 형태를 '동료상담'이라 명명하였다. 이렇게 제한된 의미로 동료상담이 소개된 이후 지금까지 약 30년 가까이 흐르면서 동료상담은 다양한 형태로 바뀌었고, 주 대상도 대학생에서 초·중·고등학생으로까지 확산되었다. 우리나라에 또래상담이 소개된 이후 이제까지 또래상담이 전개되어 온 과정을 편의상 태동기(1980년대), 확장기(1990년대), 정착기(2000년대)의 3단계로 설명하고자 한다.

1) 또래상담의 태동기(1980년대)

우리나라에서 또래상담이 시작된 것은 1980년대 초 대학의 학생생활연구소를 중심으로 동료상담이 소개되면서부터다. 입시위주의 중·고등학교 교육을 받아 오다가 새롭게 맞이하는 대학생활은 학생들에게 많은 도전과 자유, 혼란을 주게 된다. 갑작스럽게 주어진 자유로움 속에서 자신의 정체성을 찾아 방황하기도 하고, 이성관계에서 갈등을 경험하기도 하며, 새로운 전공공부에 적응하지 못해 학업곤란을 느끼기도 한다. 이러한 대학생활의 어려움을 해결하고 건강한 인성발달을 돕기 위해 각 대학마다 학생생활지도연구소[2)]가 설치되었다. 이곳에서는 대학생활의 적응을 돕기 위하여, 그리고 더 나아가 문제예방과 자기발전을 위해 다양한 프로그램을 활용해 오고 있다. 이를테면 대인관계 향상 집단상담 프로그램, 의사소통 훈련 프로그램, 자기성장 프로그램 등이 그것이다. 그러나 늘어나는 대학인구에 비해 학생생활연구소에서 제공할 수 있는 서비스는 제한될 수밖에 없었다. 그래서 대안으로 활용한 것이 또래상담제도다. 당시에 소개된 또래상담은 대학 학생생활연구소에서 집단상담 프로그램에 먼저 참여했던 구성원이 동일한 집단상담 프로그램의 보조리더나 리더가 되는 것을 의미한다. 일정한 훈련을 거치고 나면 준전문가인 동료가 이끄는 집단상담 프로그램도 전문상담가 못지않은 효과가 있으며, 동료상담 리더와 구성원들 간의 친밀한 상호작용을 통해 양자 모두 성장을 도모할 수 있는 것으로 보았다. 이 시기에 이루어진 연구들도 주로 또래상담에 대한 소개와 동료상담 리더가 진행하는 프로그램의 효과를 밝히는 것이었다. 연구물 제목을 보면 당시에는 또래상담 명칭이 통일되지 않고, 원어 그대로 'peer counseling'을 사용하기도 하고 동료카운슬링, 동료상담이라고 소개된 것을 알 수 있다(부록-연대별 또래상담 연구물 참조).

2) 또래상담의 확장기(1990년대)

1990년대는 또래상담이 다양한 형태로 발전되면서 양적으로도 널리 확산된 시기다. 특히 대학을 중심으로 도입된 또래상담이 청소년상담 현장에 급속도로 퍼져갈 수 있었던 것은 1994년 문화관광부(현 문화체육관광부) 산

2) 학교마다 학생생활연구소, 학생지도연구소 등 다양한 명칭을 사용하고 있으며, 현재는 연구소라는 명칭보다 학생상담센터, 학생생활문화원 등의 이름을 사용하며 그 활동영역을 넓히고 있다.

하 한국청소년상담원[3](전, 청소년대화의광장)에서 국책사업으로 '또래상담자 양성 및 운영사업'을 시작한 것이 중요한 배경이 된다. 1990년대 중반부터 중·고등학교 현장에 본격적으로 또래상담이 확산되었다고 볼 수 있는데, 다음과 같은 세 가지 흐름으로 설명할 수 있다.

첫째, 다양한 형태의 또래상담자 훈련 프로그램이 개발되고 학교 현장에 보급되면서 우리나라 학교 현장에 맞는 또래상담의 의미가 정립되었다. 한국청소년상담원에서는 1994년부터 1998년까지 총 5종의 또래상담자 훈련 프로그램과 지도자 지침서를 개발하였는데, 초기 또래상담자 훈련 프로그램의 내용을 보면 상담자 훈련모델에 입각하였음을 알 수 있다. 초기에 개발된 훈련 프로그램은 상담적 대화기술(skill)을 습득하는 것으로 구성되었으며, 이후 청소년들이 겪는 좌절이나 갈등상황에 대처할 수 있는 훈련 프로그램으로 이루어졌다. 이러한 초기 훈련 프로그램이 보급되면서 학교 현장에서 기대하는 청소년 또래상담자의 기본자질과 역할, 청소년 또래상담의 의미 등에 대한 의견을 수렴하게 되었고, 그 후 훈련 프로그램에도 그 내용이 반영되기 시작했다. 중·고등학교를 중심으로 이루어진 청소년 또래상담은 대학에서의 집단상담을 진행하는 동료상담 리더와 같은 제한된 활동에서 벗어난다. 청소년 또래상담의 경우 일상생활에서의 또래관계 증진을 강조하면서, 주변에 긍정적인 영향력을 미칠 수 있는 또래상담자를 양성하여, 이들로 하여금 또래친구를 이해하고 도와주는 역할을 수행하기를 기대한다. 특히 '왕따' '집단따돌림' '학교폭력'과 같은 청소년문제가 대두되면서 이에 대한 해결책의 하나로, 또래조력 체제를 활용하는 또래상담에 대한 관심이 급증하였다. 이렇게 해서 청소년 또래상담은 주변의 또래들과 친밀한 관계를 형성하고 긍정적인 영향력을 미치며, 어려움이 있는 친구에게 다가가는 것이라는 넓은 의미를 지니게 된다. 이에 따라 한국청

3) 한국청소년상담원은 2005년 국무총리 국가청소년위원회 산하기관으로 편입되었다.

소년상담원에서는 '또래상담은 진정한 친구 되기'라는 모토 아래 또래상담 활동을 '친한 친구 되기' '대화하는 친구 되기' '도움 주는 친구 되기'라고 보고, 이에 맞는 통합훈련 프로그램(구본용 등, 1998)을 내놓게 되었다. 또한 또래상담자를 양성하기 위한 훈련 프로그램뿐만 아니라, 학교 현장에서 또래상담반을 운영하고자 하는 교사들을 위한 운영지침서(김진희 등, 1999)도 개발되었다.

둘째, 또래상담자 훈련 프로그램과 운영지침서를 개발하면서 한국청소년상담원에서는 또래상담 사업부서를 별도로 설치하여 또래상담이 각급학교 현장에 이식될 수 있도록 여러 가지 지원을 하게 되었다. 한국청소년상담원과 시 · 도 및 시 · 군 · 구 청소년상담실이 연계하여 또래상담지도자를 양성하고, 또래상담을 시범운영하거나, 전국적인 보급을 위한 지원사업을 통해 급속하게 또래상담이 확산된 것이다. 이렇게 해서 양성된 또래상담지도자와 또래상담자들은 지속적인 활동을 통해 연계체제를 구축하는 자원이 되었다.

셋째, 대학에서의 동료상담이 효과가 있다고 알려지면서 다양한 장면으로 그 역할을 확장시키고 효과를 검증하는 연구가 많이 진행되었다. 1980년대의 연구물은 주로 또래상담의 개념을 정리하고 그 의미와 활동을 소개하는 소논문이거나, 대학에서의 동료상담효과 검증연구가 주를 이루었다. 그러나 1990년대 중 · 고등학교 현장에 또래상담이 확산되면서부터 중 · 고등학생을 포함한 다양한 대상에게 또래상담을 적용하여 효과를 검증하는 연구가 진행되었다. 또래상담은 이론적인 배경에 기반을 두기보다는 실용적인 의미와 효과를 중심으로 확산되었으므로, 엄격한 실험심리학의 연구설계로 변인을 조작하여 효과를 검증하기에는 어려운 점이 많다. 그러나 일정기간 현장에서 또래상담을 운영해 보면서 경험한 실제적인 효과를 밝히려는 노력은 현장연구로 이어졌고, 교육대학원 석사학위논문을 중심으로 많은 연구물이 발표되었다.

3) 또래상담의 정착기(2000년대)

2000년 이후 현재까지를 또래상담 정착기라 할 수 있다. 물론 또래상담이 전 연령층과 다양한 분야에 확산되려면 아직 많은 시간과 노력이 필요하다. 다만 여기서 정착이라는 용어를 쓰는 이유는 중·고등학교에서부터 또래상담의 효과를 점차적으로 인정하고 받아들이기 시작했다는 의미에서 정착의 기점이라 보기 때문이다.

2000년대에 들어서면서부터 이제까지 이루어진 또래상담의 양적인 확산을 발판으로 좀 더 정교한 형태로 또래상담을 운영하기 위한 노력이 이루어졌다. 우선 2000년에는 한국청소년상담원에서 이제까지 개발된 청소년 또래상담자 훈련 프로그램을 초·중·고등학교 단계별 프로그램으로 수정·개발함으로써 각급 학교수준에 맞는 또래상담 훈련과 운영이 이루어지고 있다. 또한 또래상담 운영의 효과를 체계적으로 검증해 보고자 하는 연구들이 교육대학원을 중심으로 축적되어 오고 있다.

아울러 또래상담이 국내 청소년상담에서 중요한 자리를 점하게 된 데는 각 지역별 연합체제가 형성되어 또래상담지도자와 또래상담자의 지역별 연대가 활발해진 것을 중요한 요인으로 꼽을 수 있다. 학교 내에 또래상담지도자는 한 명이지만, 그 지역의 다른 또래상담지도자와 교류하면서 서로의 어려운 점을 위로하고, 운영하면서 얻은 노하우들을 서로 공유하게 되면서 큰 힘을 얻게 되는 것이다. 특히 2000년도에는 국가의 지원을 받아 각 지역을 대표하는 또래상담지도자와 또래상담자들이 한자리에 모이는 전국 또래상담활성화대회라는 큰 행사가 열렸다. 이 대회를 통해 또래상담 우수 운영사례를 발굴하고, 그동안 노력해 온 우수 또래상담지도자와 또래상담자에게 국가적인 상을 수여함으로써 사기를 높인 것이다. 이러한 대규모 행사는 지금까지 계속되고 있으며, 시도단위별 연계체제 구축을 위해 자체적인 행사를 치른 지역도 있다. 또한 또래상담의 효과를 인식하고 청소년

■전국 또래상담연합회 현황(2009년 현재)

우리나라의 또래상담은 1994년부터 정부부처(문화관광부)의 지원을 받아 한국청소년상담원에서 또래상담자 양성 및 운영사업을 벌이면서 전국적으로 확산되었다. 특히 2000년대에 들어서면서 또래상담 연합체제가 구축되면서 또래상담지도자와 또래상담자들 간의 활발한 교류가 이루어지고 있는데, 현재 도·광역시 단위로 11개 지역에 연합회가 구성되어 있다. 앞으로도 각 지역마다 또래상담연합회가 구성될 전망이다.

출처: www.kyci.or.kt(2009년 12월 현재).

제1회 전국 또래상담 활성화대회

폭력예방재단이나 YMCA와 같은 청소년단체에서도 학교 내 또래상담 운영을 지원하고 있으며, 지역에 따라서는 교육청에서 학교에서 또래상담을 운영하도록 제도적인 개입을 해 왔다. 특히 2009년부터 시작된 'Wee Class-Wee Center'(학교상담시스템)에서 또래상담을 중요 프로그램으로 지정하여 운영하고 있어서 향후 학교 또래상담 발전의 큰 계기가 되리라 기대된다.

또래상담을 브랜드화하려는 시도도 정착기의 한 특징이라고 할 수 있다. 한국청소년상담원에서는 2007년에 또래상담이라는 보통 명사를 '솔리언 또래상담'으로 브랜드화해서 등록시켰다. 이로써 또래상담을 하나의 상품으로 재생산했다고 할 수 있는데, 향후 삼성전기 등에서도 뒤이어 시도할 것으로 보인다. 이러한 브랜드화 시도는 또래상담 적용 영역의 확대와도 깊은 관련이 있는데, 적용영역 확대에 대해서는 이 책의 3장에서 자세히 소개할 것이다. 이러한 제도적인 개입은 또래상담의 중요성을 피력하는 저자들로서는 반가운 일이다. 그러나 학교 현장에서 또래상담이 하나의 제도로 정착되기 위해서는 상급기관(이를테면 교육청)에 의해서 일방적인 지시로 시작되기보다는 또래상담을 운영하는 지도자의 열정이 중요한 관건이 된다. 지도교사와 학생들의 자발적인 참여와 더불어 제도적인 지원이 이루어질 때 또래상담은 뿌리깊이 정착될 수 있으리라 본다.

솔리언 또래상담

3. 국외 또래상담 현황

1969년 브리앤드의 연구와 1972년 배런호스트의 연구를 필두로 또래상담에 대한 관심이 커지면서 최근까지 매우 다양한 영역에서 또래상담이 확대되고 있다. 인터넷 검색엔진인 www.yahoo.com에서 'peer helping' 또는 'peer counseling'이라는 단어로 검색해 보면 초·중등학교부터 대학에 이르는 학교장면뿐만 아니라, 병원이나 기업 및 일반생활 현장에서 다양한 또래상담 프로그램이 운영되고 있음을 알 수 있다.

세계 각국에서 이루어지는 또래상담 현황을 총망라한다는 것은 상당히 어려운 작업이다. 따라서 이 책에서는 또래상담에 관련된 자료와 정보를 광범위하게 제시하고 있는 비교적 규모가 큰 두 곳을 소개하는 것으로 대신하고자 한다. 하나는 미국의 NAPPP(National Association of Peer Program Professionals/www.peerprogramprofessionals.org)이고, 다른 하나는 캐나다의 Rey Carr 박사가 운영하는 'Peer Resources(www.peer.ca)'라는 곳이다.

1) 미국의 NAPPP (National Association of Peer Program Professionals)

NAPPP는 미국 NPHA(National Peer Helpers Association)에서 1984년도에 설립한 NAPP(National Association of Peer Programs)이 해체된 이후, 2009년에 새롭게 결성된 비영리협회다. NAPPP는 '서로가 서로를 돕는 문화를 구축한다.'는 비전 아래 또래 프로그램을 개발하고, 훈련시키고, 슈퍼비전 및 관리, 평가하는 사람들을 지원하는 것을 사명으로 삼고 있다.

NAPPP는 바렌호스트(B. Varenhorst), 틴달(J. Tindall) 등 또래상담의 권위자들이 대거 포진하고 있는 단체로, 미국 국내에서뿐만 아니라 전 세계의 회원들로 구성되었기에 국제지원체제로서도 유명해졌다.

NAPPP에서는 양질의 또래 프로그램을 진행할 수 있도록 교육과 전문성 개발의 기회를 제공하고 있으며, 이전의 뉴스레터 'Peer Facilitator Quarterly' 대신 'Perspective in Peer Programs'라는 뉴스레터를 제공하고 있다.

NAPPP에서 제공하는 또래 프로그램은 또래조력, 또래상담, 또래사역, 또래교육, 또래리더십, 또래건강교육, 또래중재, 또래교사, 또래멘토링 등

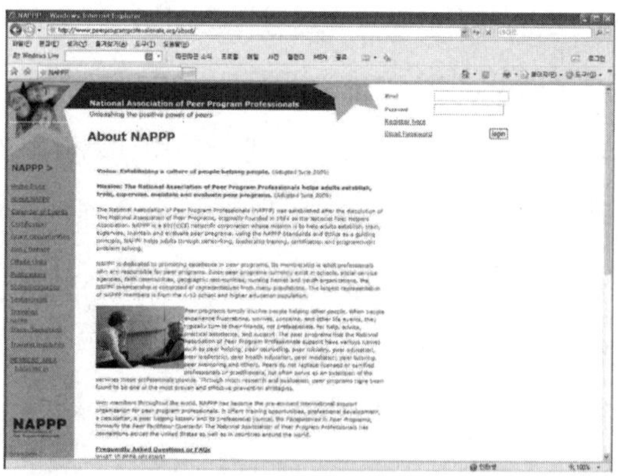

| 그림 2-1 | NAPPP의 홈페이지(www.peerprogramprofessionals.org)

다양한 이름으로 제공된다. 또래가 전문자격이 있는 전문가를 대체하기보다는 전문가가 제공하는 서비스를 확대시키는 역할을 한다고 보았다. NAPPP는 많은 연구와 평가를 통해 또래 프로그램이 가장 효과적인 예방 전략으로 제시하고 있다.

아울러, NAPPP는 또래 프로그램이 효과적으로 이루어지기 위해 갖추어야 할 프로그램의 표준지침과 함께 지침에 따른 평가기준을 제공하고 있어, 다양한 현장에서 또래상담 프로그램을 적용하고자 할 때 많은 참조가 될 것이다.

2) 캐나다의 Peer Resources(www.peer.ca)

Peer Resource는 캐나다의 Rey Carr 박사가 동료들과 함께 운영하는 사이트로, 또래상담과 관련된 자료가 총망라되어 있다고 해도 과언이 아니나. 1980년대 빅토리아 대학에서 Peer Counseling Project가 수년에 거처 실시되었고, 프로젝트가 끝난 이후에도 지속적인 요구가 있어 왔다. 이 프로젝트를 담당했던 Rey Carr 박사가 이러한 요구에 부응하기 위해 비영리

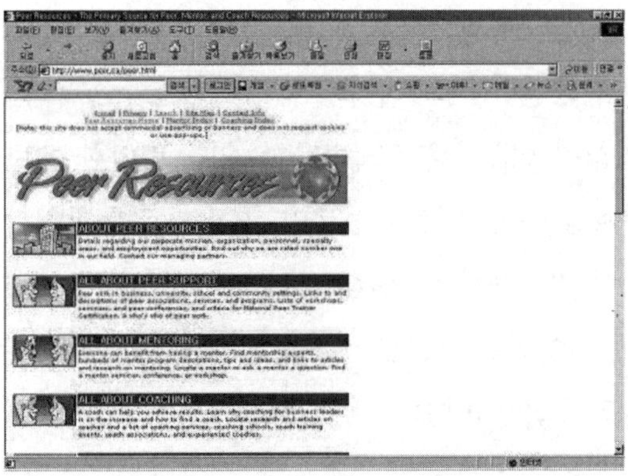

| 그림 2-2 | Peer Resources의 Peer Assisstant 홈페이지 (www.peer.ca/peer.html)

| 그림 2-3 | Peer Resources에서 제공하고 있는 또래상담 프로그램 자료
(www.peer.ca/helping.html)

민간단체로 또래 프로그램 자문센터를 운영하게 된 것이 Peer Resources의 배경이라 할 수 있다. 유형의 건물이나 조직이 있는 기구가 아니라 Rey Carr를 비롯한 몇 명의 전문가들이 인터넷 사이트상에서 관련 정보를 제공하는 곳이라는 점이 특이하다. 인터넷상에서 제공되는 자료의 방대함이나 내용의 풍부함은 타의 추종을 불허할 정도로 계속해서 관련 자료를 업데이트하고 있어, 또래상담에 관심 있다면 자주 들어가 보기를 권한다.

특히 2000년부터는 또래상담의 적용을 확대하여 멘토 프로그램과 코칭 프로그램으로 구분하여 제공하고 있어, 또래상담이 단순히 학교 현장뿐만 아니라 기업이나 병원, 지역사회까지 확대되어 있음을 느낄 수 있다. 회원뿐만 아니라 비회원들도 다운로드 받을 수 있는 다양한 자료와 또래상담과 관련된 문헌정보를 수록해 놓고 있으며, 훈련자료를 구입할 수 있도록 되어 있다. 또한 이 기관에서는 1년에 수십 차례의 소규모 훈련 워크숍을 실시하고 있으며, 개인적인 자문도 이메일을 통해 제공하는 등 또래상담 분야에서 전문성을 발휘하고 있다.

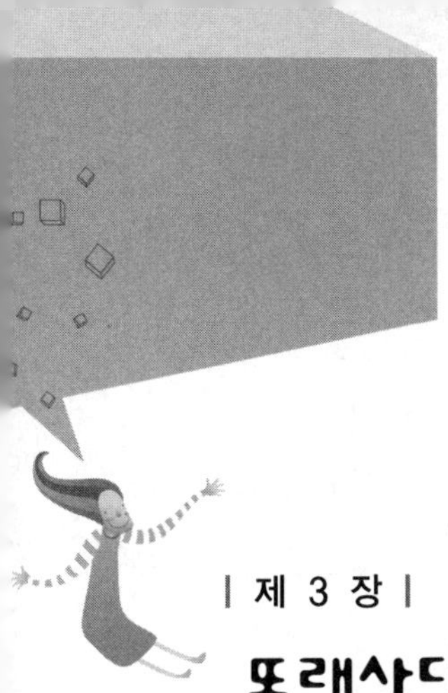

| 제 3 장 |

또래상담의 현장 적용

또래상담은 매우 폭넓게 적용될 수 있다. 또래라는 용어가 비슷한 연배의 관계를 의미하기 때문에 연령을 초월하여 어디에서나 활용가능하다. 인간은 타인과 더불어 살고자 하는 욕구를 가지고 태어난다. 이러한 욕구는 경우에 따라 '생존'의 필수적인 조건이 되기도 하고, '행복'의 조건이 되기도 하며, '자기실현' 또는 '소속'에 대한 욕구 충족의 기본적인 수단이 되기도 한다. 그래서 사람은 누군가와 더불어 이야기하고 관계를 맺지 않고는 견딜 수 없는 목마름을 가지고 있다. 설령 그것이 극단적인 다툼이나 반목이라 하더라도 혼자 있는 것보다는 낫다는 것이다.

또래상담은 이러한 욕구에 기초하고 있다고 할 수 있다. 문제가 발생하고 가슴이 답답한 일이 생기면 사람은 누군가를 만나서 이야기하고 싶어 한다. 하지만 그 답답함의 정도가 전문가를 찾아가서 돈을 내면서까지 해결할 일은 아니라고 느끼는 경우가 많기 때문에 사람들은 쉽게 비전문가, 즉 주변에 있는 마음 맞는 사람을 찾기 마련이다. 놀랍게도 많은 사람들이 마음 맞는 사람과 이야기하면서 근심이 사라졌다고 이야기하고 있다. 이 속에 또래상담의 효과가 숨어 있다.

또래상담은 이러한 맥락에서 아동부터 노인에 이르기까지 다양하게 적용될 수 있다. 비록 또래상담이라는 개념으로 정의되지는 않았을지라도 이러한 일은 하나의 현상처럼 곳곳에서 이루어지고 있다.

하지만 조심스러운 점도 있다. 아무런 준비 없이 누군가의 이야기를 듣는다는 것이 그 자체만으로 좋은 효과를 가져올 수도 있지만, 경우에 따라서는 도움보다는 해가 되는 경우도 있기 때문이다. 그래서 형식이 필요하고 틀이 필요한 것이다. 해를 줄이고 도움의 기회가 되도록 하기 위해 필요한 약간의 훈련과 체계도 필요하다. 그렇지만 근본적으로 누군가와 이야기를 나누면서 마음의 근심을 해결하려는 인간의 욕구를 토대로 한다는 데는 변함이 없다.

청소년을 대상으로 한 또래상담은 한국청소년상담원을 주축으로 전국 시 · 도 · 군 · 구 청소년상담실이 연계하여 학교를 중심으로 적용되고 있고, 또 대학을 중심으로 동료상담이라는 이름으로 운영된다. 또한 각종 상담기관이나 종교시설, 정부산하 단체에서 운영하고 있으며, 그 대상이 초 · 중 · 고생에 국한되지 않고 대학생, 일반인에 이르기까지 폭넓게 적용되고 있다. 이 장에서는 학교, 상담기관 등을 중심으로 적용 현장을 개괄해 보고자 한다. 다음 장에서 학교 현장에 초점을 맞추어 또래상담 운영 및 프로그램 실시에 대한 구체적인 논의가 있을 것이다.

1. 학교에서의 또래상담 적용

학교에서는 오래전부터 또래상담이라 할 수 있는 형태가 적용되어 왔다. 비형식적 교육 형태라고 할 수 있는 삼국시대 화랑제도에서도 그 형태는 발견된다. 화랑과 낭도들이 함께 어울려서 들과 산으로 다니며 훈련하고,

사냥하고, 즐기는 중에 일종의 성인식과도 같은 교육과정을 거쳤는데, 무리지어 함께 활동하면서 자연스럽게 동료들끼리의 교육이 이루어졌음을 유추해 볼 수 있다. 고려시대, 조선시대에 이르기까지 국가에서 운영하는 교육기관에서도 학생 가운데 대표를 두어 동료를 지도하게 하는 등의 활동들이 있어 왔다.

학교에서 발견되는 또래상담의 형태는 매우 다채롭다. 우선 성적이 조금 더 나은 학생으로 하여금 성적이 뒤쳐진 학생을 지도하도록 하는 형태를 볼 수 있다. 이런 시도는 학교 현장에서 이전부터 적용되었던 것이다. 친구들이 친구의 문제를 해결할 수 있도록 하는 제도도 있어 왔다. 반장이나 실장, 부장 등의 제도나 규율부 또는 학생지도부원 등의 지위를 둔 것도 또래상담의 형식이라고 볼 수 있다.

그렇지만 이러한 것들을 또래상담이라고 보기는 어렵다. 또래상담의 바탕이 되는 배경이라고는 할 수 있을지라도 또래상담이라고 할 수는 없다. 학교에서 또래상담을 정의하려면, 우선 훈련받은 또래상담자가 있어야 하고, 또래상담자가 활동하는 구체적인 내용이 있어야 하며, 그 내용은 상담활동과 관련 있는 것이어야 한다. 또한 또래상담자의 활동에 대한 지도와 이를 뒷받침해 줄 수 있는 체계가 필요하다.

1) 초 · 중등학교

학교에서의 적용은 대상에 따라 활동내용이 조금씩 차이가 있다. 예를 들어, 초등학생들은 친구 되어 주기 활동을 중요하게 배운다. 초등학생 시기는 발달특성상 타인에 대한 조망이 좁기 때문에 본의 아니게 친구를 왕따시키는 일들이 빈번하게 발생할 수 있기 때문이다. 따라서 전학 온 친구나 혼자 노는 친구를 돕는 일에 활동 내용을 맞추는 학교들이 많다. 중등학생들은 대화로 친구를 돕는 활동을 중요하게 배운다. 타인의 입장을 배려하면서 대화하는 것이 가능하며, 대화해 주는 것만으로도 문제가 해결되는 경우가 많기 때문이다.

학교에서는 지역과 개개 학교문화의 특성에 맞게 또래상담 활동들이 선택되는데, 그 내용도 매우 다양하다. 상담활동은 또래상담자의 준비 정도나 학교가 당면하고 있는 주요 문제와도 관계가 있다. 심리상담과 같은 활동을 전개하는 또래상담자가 있는가 하면, 간단한 도움을 주는 활동을 주로 하는 또래상담자가 있다. 조직적으로 봉사활동에 우선순위를 두는 학교도 있고, 실질적인 도움을 주면서 상담장면으로 친구를 안내하는 데 우선순위를 두는 학교도 있다. 단추달아주기운동 같은 것은 그 좋은 예다. 학교에서 교복을 입는 경우, 심하게 장난을 치거나 운동을 하고나면 단추가 떨어지기 쉽다. 그런데 이것을 알아차리지 못하거나, 알았어도 당장 단추가 없으면 교사에게 지적받을 수 있다. 이런 친구를 발견하여 다가가서 단추를 달아 주고, 이 과정에서 자연스럽게 일상적인 이야기를 주고받으면서, 문제가 발견되면 직접 상담을 해 주거나 또는 전문가에게 연결해 주는 활동이다.

외국의 경우에도 실제적인 활동을 중심으로 또래상담이 운영되는 사례들이 있다. 캐나다에서 또래상담으로 유명한 학교로 꼽히는 Journey Middle School[1)]에서는 괴롭힘 방지 프로그램(bully-proffing program)을 운영하고 있다. 이 프로그램은 학교폭력 예방을 목적으로 1993년에 시작되었는데, 훈련받은 Bulling Smart Kid들이 신입생(6학년) 각 반에 들어가서 총 4회에 거쳐 프로그램을 실시하며, 전교생을 대상으로 교육하기도 한다. 프로그램의 효과는 기대 이상이었다. 학생들의 언어 및 행동을 통한 폭력이 급속하게 감소되었다. 프로그램이 시작되던 초기에 1,200건이었던 것이 4년 후에는 400건으로 줄어든 것으로 보고되었다. 이 프로그램은 우

1) 이 학교는 빅토리아 시내 중심지에서 서쪽으로 자동차로 2시간가량 소요되는 곳에 있는 Sooke라는 작은 도시에 있다.

신입 또래상담자 환영모임

수성을 입증받아 그 지역 80명의 교사들을 대상으로 학생들이 직접 소개할 정도였다고 한다.

또래상담자의 활동은 상담에서의 '비밀유지'라는 윤리조건 때문에 상당 부분 드러나지 않는다. 필자가 학교 현장에서 면접조사를 하면서 들은 바에 의하면, 초 · 중학교든 고등학교든 많은 또래상담자들이 위기에 처한 친구들을 구해내거나 도와주는 일들이 많았다. 이는 매우 고무적인 일이 아닐 수 없다. 또래상담이라는 활동이 학교 현장에서 유행처럼 번져 가는 이유도 이런 데에 있을 것이다.

■ 학교에서의 또래상담 운영: 안양여자고등학교

안양여자고등학교는 1999년에 처음으로 또래상담자 훈련 및 활동을 시작하였다. 2002년 2월에 1기 또래상담자를 졸업시켰고, 현재 10, 11, 12기 50명의 또래상담자들이 각각 1, 2, 3학년에 재학 중이다. 또래상담자 교육은 1학년을 대상으로 신청자를 모집한 후 안양시청소년지원센터와 연계하여 20시간의 교육훈련을 실시한다. 그리고 지속교육 및 활동에 대한 슈퍼비전이 실시되고 있다. 2008년 안양여자고등학교 또래상담부의 활동 사례 보고(2009)에 근거하여 활동 내용과 실적을 소개한다.

〈또래상담 활동 내용〉

① 개인상담: 학교 전 학급에 각 2명씩의 또래상담자가 배치되어 반에서 일어나고 있는 문제들을 즉시적으로 직접 상담하는 활동

② 사이버상담: 학교 홈페이지와 상담 카페를 활용한 사이버 상담활동

③ 사랑의 우체통: 선생님, 선 · 후배 간의 편지를 배달하는 사랑의 우체국을 운영. 2008년 한 해 동안 2,514건의 사랑의 편지를 배달하였다.

④ 사회심리극: 학교 축제 중에 또래상담반에서 준비하여 공연하는 사회극. 또래들의 공감대 형성에 크게 이바지하고 있는 것으로 평가된다.

⑤ 또래상담동아리연합회 활동: 안양여고가 속해 있는 안양시 고등학교 또래상담동아리연합회 활동에 적극적으로 참여하고 있다. 이런 활동을 통해서 안양지역의 청소년 문제 해결과 단결력 있는 또래상담 활동을 전개하고 있는 것으로 평가되고 있다. 이러한 노력이 인정되어 2001년도 교육인적자원부장관 표창 등 각종 표창을 수상하였다. 이후 장관 표창 5회, 도지사 표창 1회, 도교육감 표창 2회, 한국카운슬러협회장 표창 3회, 시장 표창 6회 등을 수상하였다.

⑥ 지역청소년지원센터 연계활동: 지역청소년상담기관에서의 이메일 상담자활동, 지역상담기관 홈페이지 게시판 상담활동, 사이코드라마 교육, 진로탐색 엑스포 같은 지역단위 행사에 도우미로 참여, 교육방송국 청소년 상담코너 또래상담자 참여 등의 활동을 하고 있다.

〈2007년 활동 실적〉

① 상담내용 실적

구 분	개인상담	사이버상담	합 계
가족	51	26	77
비행	61	11	27
학업/학교 부적응	114	67	181
진로	86	40	126
성	30	5	35
대인관계	93	38	131
성격	55	21	76
정신건강	37	10	47
생활습관/태도	43	23	66
기타 상담	110	72	182
합 계	680	313	948

② 사랑의 우체통 운영 실적

대 상	실적
친구상호 간	3
후배 → 선배	594
선배 → 후배	20
학생 → 교사	878
교사 → 학생	155
학생 → 부모	864
계	2,514

(또래상담지도자: 안양여고 또래상담지도교사 최수경)

2) 대학교

대학교에서도 또래상담이 운영되고 있다. 그러나 그 활동 내용이나 형태는 초 · 중 · 고에서의 그것과 사뭇 다르다. 서울과 지방에 소재한 여러 대학의 상담기관에 또래상담반이 구성되어 있으나, 그 활동은 주로 학교의 부속기관인 학생생활연구소 또는 학생상담센터와 같은 상담기관에서 운영하는 집단상담에 코리더로 활동하는 데 초점이 맞추어져 있다. 모 대학교의 경우에는 '인간관계 훈련집단'에 참석한 경험이 있는 사람들 중 지원자들을 모아 '인간관계 집단 심화과정'을 경험하게 한 후에, 또래상담자로 임명하여 다른 '인간관계 훈련집단'을 보조하도록 하고 있다. 다른 대학의 경우도 크게 다르지 않다. 집단상담 경험자 또는 대학 상담기관의 프로그램에 여러 번 참여한 학생들을 모아 또래상담 모임을 운영하고 있다.

2. 상담기관에서의 또래상담 적용

상담기관에서는 청소년에 대한 상담교육의 일환으로, 또 학교상담의 일환으로 또래상담을 적용하고 있다. 여기서 상담기관이란 문화체육관광부 산하의 청소년상담실, 보건복지가족부, 법무부, 교육과학기술부, 여성부 등 정부 각 부처 산하의 각종 상담센터, 쉼터와 복지관, 종교시설에서 운영하는 상담실, 각종 사회단체 운영 상담실들을 지칭한다.

상담기관에서는 학교 현장에 찾아가 또래상담자를 훈련시키는 방법, 또래상담자 훈련의 일환으로 진행하는 특강 등에 참석, 청소년 또래상담자를 모집해서 동아리로 운영하는 방법 등으로 또래상담을 적용하고 있다.

1) 또래상담지도자 양성

또래상담이 지역에서 활성화되려면 또래상담자를 양성하고 지도할 수 있는 또래상담지도자가 있어야 한다. 또래상담을 사업의 하나로 다루는 상담기관에서는 또래상담지도자 양성교육을 가장 먼저 실시하게 된다.

또래상담지도자로 교육받을 수 있는 대상은 전문상담자, 학교상담교사, 경력 1~2년 이상의 성인 상담자원봉사자, 상담전공 대학원생들이다. 상담기관에서는 이들을 모집하여 직접 또는 외부에서 강사를 초빙하여 또래상담자 양성 및 지도를 위한 교육을 실시하게 된다.

① 전문상담자: 전문상담자가 또래상담지도자로 양성되면, 기관에서 또래상담자를 양성하여 학교로 보내거나, 지역사회에서 공헌하도록 지도하는 역할을 한다.

② 대학원생 또는 상담자원봉사자: 대학원생들의 경우에도 상담자원봉사자에 준하는 활동을 부여받는 경우가 많다. 즉, 학교에서 또래상담자 훈련을 의뢰하는 경우, 학교에 들어가서 또래상담자를 양성하고, 경우에 따라서는 지속적으로 학교상담교사와 함께 또래상담자를 지도하기도 한다.

2) 또래상담자 훈련

기관에서 또래상담자를 훈련시키는 일은 상당히 보편화되어 있다. 상담기관이 설치되어 있는 지역 내 학교에서 전문상담자에게 또래상담자 훈련을 의뢰하는 일이 빈번하기 때문이다. 학교상담교사의 입장에서도 전문상담자의 도움을 받는 것이 효과적이다. 또래상담자 훈련은 주로 다음 세 가지 방식으로 이루어진다.

① 학교의 의뢰에 의한 훈련: 지역의 학교에서 또래상담자들을 일정한 기간 동안 상담기관에 보내 훈련받게 하는 방법이다. 훈련을 마친 후에는 각 학교에서 또래상담 활동을 하게 된다. 학생들이 기관으로 모이면 대개의 경우 학교상담교사들이 학생들을 인솔하기 때문에 자연스럽게 코리더 역할을 하게 되고, 또래상담 훈련에 직접 참여함으로써 이후에 학교에서 또래상담자 양성교육을 실시하는 준비도 된다.

② 자원봉사자 파견: 상담기관에는 상담자원봉사자들이 양성되어 있다. 이들 가운데 또래상담지도자 교육을 받은 자원봉사자들이 있는데, 이들을 학교로 보내어 학교상담교사와 함께 또래상담자를 양성하도록 하는 방법이다. 양성교육이 끝난 후 자원봉사자들이 슈퍼비전을 맡아서 진행하는 경우도 있다.

③ 전문상담자 직접 개입: 전문상담자가 학교에 들어가서 또래상담자들을 직접 양성하는 방법이다. 또래상담이 학교에 처음 정착될 때 이런 방법이 많이 사용된다.

3) 또래상담 동아리 운영

상담기관이 속해 있는 단체의 활동에 참여하는 청소년들에게 홍보하여 또래상담자를 모집하는 형태로 동아리를 조직한다. 경우에 따라서는 또래상담반을 운영할 여력이 없는 학교의 요청에 의해 학생을 추천받아 동아리로 운영하기도 한다. 이런 경우, 학교에서 운영하는 형태와는 다소 다른 활동들이 전개된다. 학교 내에 국한된 활동보다는 지역사회에 공헌할 수 있는 연합 프로그램을 운영할 수 있다는 장점이 있다.

기관에서 또래상담을 적용하는 것은 상당히 제한적인 단점도 가지고 있다. 우선 학생들을 기관의 시간에 맞추어 훈련시키거나 활동하도록 하는데 어려움이 있다. 또 여러 학교 학생들이 참여할 경우, 각 학교의 사정이

또래상담 동아리 활동

다르기 때문에 정기적인 모임을 구성하는 데도 어려움이 따른다. 그런 현실 때문에 현재는 학교와 연계된 형태로 또래상담이 많이 적용되고 있다. 그러나 앞으로 5일제 수업이 이루어지고, 또 근로청소년이나 학교에 소속되어 있지 않은 청소년들을 대상으로 한다면 다양한 적용 형태가 출현할 것으로 기대된다.

4) 지역조직 구성 및 유지

지역 내 여러 학교에서 또래상담반이 운영되다 보면 학교상담교사의 요구에 의해 연구모임이 조직되는 것이 자연스러운 흐름이다. 우리나라의 여러 또래상담 연구모임은 현장에서 직접 또래상담자를 양성하고 지도하는 상담교사들의 요구에 의해서 시작되었다. 이 연구모임이 확대되면, 시나 군단위의 협의회 또는 연합회로 확장되고, 나아가서 도단위의 연합모임으로 커지게 된다.

이렇게 연구모임이 구성되어 유지하거나, 연합회가 출범하게 되는 데는 지역상담기관의 중추적인 역할을 필요로 한다. 연구모임이 지속적으로 운영될 수 있도록 사무국의 역할과 지도 및 계속적인 연수제공이 필요하기 때문이다.

강원도의 경우 강원도청소년상담지원센터를 중심으로 '강원도 또래상담 연구회'가 구성되어 있다(강원도청소년상담지원센터, 2009). 강원도 또래상담연구회는 강원도 지역 내의 초 · 중 · 고교에서 또래상담반을 운영하고

〈표 3-1〉 2008년 강원도 내 또래상담 운영학교 현황

지 역	초등학교 수	중학교 수	고등학교 수	전 체
춘천시	2	9	6	17
홍천시	3	5	1	9
횡성군	1	4	2	7
화천시	1	1	1	3
철원군		2	1	3
양구군	2	3		5
인제군		1	2	3
원주시		7	6	13
평창군			1	1
강릉시		5	5	10
동해시	1	4	1	6
삼척시	1		2	3
고성군	1		2	3
양양군			1	1
영월군		3	1	4
태백시			1	1
정선군	1	2	1	4
속초시			1	1
계	13	46	35	94

있는 상담교사와 강원도 내 청소년상담기관 전문상담자들로 구성되어 있다. 연구회에서는 정기적으로 지도자 계속교육과 슈퍼비전을 실시하고 있으며, 강원도 내 전체 학교에서 운영되고 있는 또래상담반을 총괄하고 있다. 2008년에 실시된 연구회 산하 또래상담반 운영 현황은 〈표 3-2〉와 같다.

〈표 3-2〉 2008년 강원도 내 또래상담 현황

구 분	학교 수	또래상담자 수
초등학교	13	91
중 학 교	46	905
고등학교	35	770
합 계	94	1,766

2008년 현황을 보면, 강원도 또래상담연구회 산하에는 초등학교 13개교, 중학교 46개교, 고등학교 35개교가 소속되어 있고, 총 1,766명의 또래상담자들이 활동하고 있음을 알 수 있다. 강원도 전역에 분포되어 있는 이들 학교 또래상담 동아리들을 관리하는 업무는 지역청소년상담기관의 중요한 업무 가운데 하나다. 만약 청소년상담기관의 지원과 관리가 없다면 광범위한 지역에서 연합회 활동이 이루어지기 어려울 것이다. 그리고 이렇듯 도단위로 관리하는 데 어려움이 있기 때문에 점차로 시단위 또는 군단위의 연합모임이 구성되는 경향도 있으며, 이것은 보다 체계적인 지원과 관리에 도움이 되리라 여겨진다.

3. 또래상담 적용의 확대

또래상담 프로그램은 청소년만을 대상으로 하는 것이 아니다. 다만 현재 우리나라 상황에서 청소년들에 대한 교육이나 상담정책들이 많이 장려되고 있기 때문에 주로 청소년을 대상으로 적용되고 있을 뿐이다.

사실 또래끼리 모여서 일상생활의 고민이나 아픔들을 털어놓고 서로 이야기 나누는 데는 연령의 제한이 없다. 또 연령이 높아질수록 또래의 범위가 넓어지기 때문에 더 다양한 경험을 나누는 집단이 형성될 수도 있다.

전업주부들의 경우, 자녀들과 남편이 등교 또는 출근하고 나면 이웃에 살고 있는 주부들과 모여 커피 마시면서 세상 돌아가는 이야기며, 집안 이야기며, 자녀 키우는 이야기들을 나누는 것은 흔히 볼 수 있다. 만약 이런 모임에 또래상담이 적용될 수 있다면 대단히 큰 효과를 가져올 것으로 기대할 수 있다.

많은 성인들이 미처 부모가 될 준비도 하지 못한 채 부모의 대열에 들어서고 있다. 그래서 결혼 후에 남편 또는 아내와의 갈등이 드러나고, 또 시댁이나 처가와 갈등이 유발되기도 한다. 자녀가 태어나면 또 다른 형태의 갈등이나 고민에 휩싸이게 되고, 자녀가 자라면서 역시 적응하기 어려운 상태에 직면하는 경우가 많다. 이런 갈등을 잘 극복하는 성인들도 많지만, 그렇지 못해 파경에 이르는 경우도 많고, 극복하는 과정에서 겪지 않아도 될 시행착오를 경험하기도 한다. 가정의 불화에서 빚어지는 성인들의 갈등은 사회경제적으로도 큰 손실을 가져온다. 만약 주부들의 모임이나 회사 동료들의 모임 등에 또래상담이 적용될 수 있다면 이런 문제들을 예방 또는 치료하는 효과를 가져올 수 있을 것이다.

경우에 따라서는 신혼인 사람을 대상으로 하는 모임, 취학 직전의 자녀를 둔 부모들의 모임, 사춘기 자녀를 둔 부모들의 모임, 부부 갈등으로 힘들어하는 사람들의 모임, 노년기 외로운 사람들의 모임, 퇴직을 목전에 둔 사람들의 모임 등 주제별 프로그램이 개발되고 적용될 수도 있다.

종교단체에서도 마찬가지다. 특히 정기적으로 사람들이 모이는 특성을 지닌 교회나 성당에서 적용된다면 전 연령에 걸쳐서 큰 도움을 줄 수 있다. 교회의 경우 대학생 또는 청년조직인 대학부(또는 청년부)에서 또래별로 모

사랑의 교회 대학 1부 또래모임
http://univ1.sarang.org/frameindex.asp

이 모임은 같은 해에 태어난 동기들 간의 모임이다.

이 모임에서 선배들은 평생을 함께할 친구들을 만난다(배우자 포함). 이 모임은 매우 편한 모임이다. 어떤 때는 같이 놀고, 어떤 때는 같이 기도하고, 어떤 때는 한 문제를 가지고 토론하면서 서로 간의 관계는 더욱 깊어 간다. 이 모임을 통해 새로 온 친구들이 대학부에 잘 적응하게 된다. 새 또래 환영, 중보 기도회, 생일축하 등을 함께 한다.

임을 구성하여 성장그룹으로 활동하도록 지도하고 있다. 이들은 서로를 돕고, 후배를 돕는 활동을 통해 상호 성장해 가는 것을 목표로 또래모임을 운영하는데, 이곳에 또래상담 활동이 적용될 수 있다.

산업장면도 고려해 볼 큰 영역 가운데 하나다. 직장생활을 하는 성인의 대부분은 많은 시간을 직장에서 동료들과 함께 보내게 된다. 따라서 동료들과는 경쟁관계이면서도 상생의 관계를 유지하게 되며, 자연스럽게 고통이나 아픔을 더불어 나누게 된다. 퇴근 후 괴로움을 토로하는 술자리에서 노래 한 자락에 근심을 털어내려는 직장인들에게 또래상담이 적용된다면 보다 많은 성인들이 효율적으로 도움을 주고받을 수 있을 것이다.

직장에서는 직장 내 상담실을 중심으로 또래상담 조직을 운영할 수 있다. 그런데 이것이 가능하려면 직장 내 '상담실'이 있고, 그곳에서 또래상담자 훈련을 시킬 수 있는 제반 여건이 마련되어야 한다. 1990년대 이후 대기업을 중심으로 상담실이 설치되고 있는데, 아직 중소기업 수준까지는 미흡한 실정이다. 따라서 이 책에서 제시하는 모델을 그대로 산업장면에서 적용하는 데는 한계가 있을 것이다. 하지만 운영모델은 산업장면에 맞게 창의적으로 만들어질 수 있을 것으로 기대된다. 현재 기업 중에는 삼성전기와 삼성전자에서 또래상담을 활용하고 있다. 사업장에 취업한 청년 초기의 사원들이 겪는 대인관계 갈등 및 직장 부적응 문제를 간부와 평사원이 어우러져 해결함으로써 기업의 새로운 문화 코드로 떠오르고 있다. 2002년 이후 기업에서의 또래상담 적용은 다양한 장면으로 확대되고 있으며, 조만간 기업문화 브랜드의 하나로 자리매김할 것으로 보인다.

일례로, 삼성전기에서는 사내 상담실을 통해 다양한 형태로 또래상담교육이 이루어지면서 조직관리 및 인력관리 시스템으로도 활용되고 있다. 이를테면 생산라인의 조 · 반장 중심의 현장감독자들이 또래상담자로 양성된 후, 대인관계나 적응에 어려움을 겪는 조원들의 상담과 멘토링을 하고 있다. 또한 회사 내 동호회나 노사협의회와 연계하여 상담 및 다양한 사회적 활동을 함께 함으로써 조직분위기를 활성화하는 데 기여하고 있으며, 또래상담 전문인력을 양성하여 각 제조 현장에서 발생하는 다양한 문제의 사전예방과 조기개입이 이루어져 생산성 향상에도 긍정적인 영향을 미치고 있다. 또한 GWP[2] 개선과 조직활성화의 일환으로도 또래상담 훈련을 활용하여 구성원들 간의 의사소통 증진과 상호촉진적 관계를 형성하는 데 기여하고 있다.

한편, 군에서는 군 장병들의 병영 부적응과 자살사건 등을 예방하기 위한 전략의 하나로 군 또래상담 적용을 검토하고 있다(최병순, 안현의, 서선우, 강진영, 2008). 군 또래상담은 내무반단위로 상담부 특기병을 배치하여 문제 초기에 또래상담의 특성을 활용한 조기개입을 실시하는 것을 골자로

2) GWP(Great Work Place: 훌륭한 일터)의 개념은 1980년대 초부터 로버트 레버링이 초일류 기업이 가진 공통점을 밝혀내고자 하는 연구에서 시작하여, 20년에 가까운 장기간의 연구를 통해 정립하였다. 그가 밝힌 초우량 기업, 즉 훌륭한 일터란 상사/경영진에 대한 신뢰가 높고, 업무/회사에 대한 자부심(pride)이 강하며, 조직 내 신뢰(trust)가 높고, 동료들 간에 즐겁게(fun) 일하는 회사를 말한다. 이는 구성원과 경영진의 관계, 구성원과 업무와의 관계, 구성원과 구성원의 관계의 질(quality of relationship)이 기업의 경쟁력을 높인다는 것을 입증한다. 아울러 기업이 GWP를 목표로 한다는 것은 구성원들 간에 서로 존중하고 신뢰하며 공정한 조직운영을 통해 즐겁고 열정적으로 일하는 분위기를 창출한다는 의미이므로, 사내 상담실 운영과 또래상담제도가 기여하는 바가 점차 확대될 전망이다.

| 그림 3-1 | 삼성전기 또래상담 모임의 사내인트라넷 커뮤니티 게시판

하고 있으며, 몇몇 부대에서 시범으로 운영된 바 있다.

법무부에서도 2005년 서울소년원에서의 시범운영을 계기로 원생들의 재범방지를 추구하고, 원내 분위기를 '돕는 분위기'로 전환하기 위하여 기존의 반장제도를 또래도우미제도로 변경하였다(노성덕, 정지연, 남선희, 김병관, 2009). 이처럼 기업, 군, 소년원 등으로 또래상담이 확산되고 있는 것은 매우 다행한 일이라 여겨진다. 그러나 확산에 발맞추어 현장에 맞는 프로그램 개발, 운영방안 연구 등이 동시에 수행되지 못한다는 것은 매우 안타까운 일이며, 향후 이에 대한 대책이 필요하다.

알코올 중독자들의 모임이라든지, 약물 중독을 극복하기 위한 모임 등에도 '또래상담적' 의미가 있다. '또래'라는 용어가 다소 '어린아이들'에게 사용되는 듯한 느낌을 주기 때문에 어색할 수 있는데, 그런 경우에는 다양한 용어도 사용될 수 있을 것이다.

현재 우리나라는 아동이나 청소년을 대상으로 하는 상담 정책 또는 활동 등이 체계적이고 조직적으로 적용되고 있다. 그러나 성인을 대상으로 하는 경우는 일회적인 교양강좌 수준에서 진행되고 있는데, 차후로 또래상담을 활용한 성인상담이 시도된다면 다양한 접근이 가능해질 것으로 생각된다.

제2부

또래상담의 운영

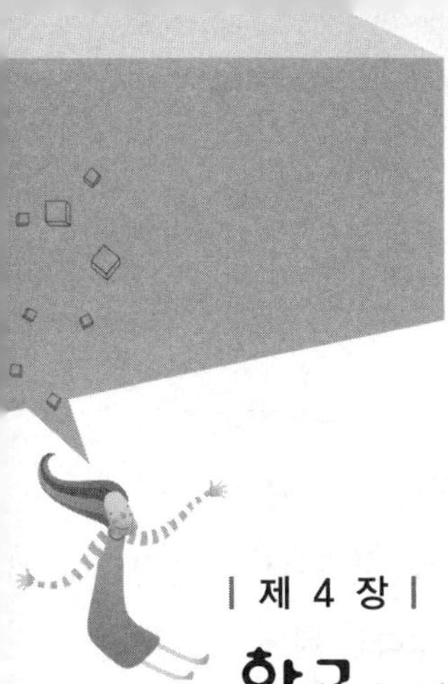

| 제 4 장 |

학교에서의 또래상담 운영모형

또래상담이 다양한 현장에 적용되기 위해서는 현장별로 구체적인 운영모형이 필요하다. 학교 현장, 사회 상담기관, 기업체 등의 다양한 현장에서 적절한 운영모형을 설정, 적용하고 다시 수정하는 일련의 과정을 통해 또래상담의 현장 적용이 활발하게 이루어질 수 있다는 점에서 구체적인 운영모형의 제시는 매우 중요하다고 하겠다. 즉, 운영모형은 또래상담이 현장에 뿌리내리도록 하는 데 하나의 지도와 같은 역할을 한다고 할 수 있다.

흔히 또래상담을 상담적 태도와 기술을 길러 주는 훈련 프로그램으로만 협소하게 생각하기 쉽다. 하지만 또래상담을 일련의 활동과정 및 운동으로 생각한다면, 훈련 프로그램과 훈련의 과정은 전체 또래상담의 일부분으로 자리잡는다. 전체적인 또래상담의 실제를 담아내고자 하는 목표에 따라 이 장에서는 운영모형을 제시하고, 운영의 실제와 훈련 프로그램의 순서로 이야기를 이어 가고자 한다.

운영모형은 또래상담이 적용되는 다양한 현장에 맞게, 그 현장의 독특함을 반영한 형태와 내용으로 제시되어야 한다. 현재 우리나라에서 실제로 또래상담이 운영되고 그에 따라 운영모형에 대한 검증이 이루어지는 현장은 학교라 할 수 있다. 따라서 이 장에서는 학교 현장에서의 운영모형을 중심으로 이야기를 전개하고자 한다. 여기서 제시되는 학교 현장에서의 운영모형은 학교 이외의 다양한 현장에서의 운영모형을 설정하는 데 하나의 모델로서 활용될 수 있으리라 기대된다.

1. 단계별 운영모형

학교에서 또래상담제도를 처음 운영한다고 가정해 보자. 어떤 형태로 또래상담을 운영할 것인지, 어떤 학생을 또래상담자로 선발하고 어떻게 교육시킬 것인지, 또 훈련받은 또래상담자를 어떻게 지도할 것인지 등 또래상담 운영에 대한 일련의 단계적 절차들이 필요하다. 구체적인 운영의 형태는 다양할지라도 이러한 절차를 '단계별 운영모형'으로 제시할 수 있다.

여기서 우리는 또래상담 운영모형을 입문 단계, 기획 단계, 훈련 단계, 활동지도 단계, 평가 단계의 5단계로 나누어 설명하고자 한다. 입문 · 기획 단계는 '준비 단계', 훈련 · 활동지도 · 평가 단계는 '실행 단계'로 묶을 수 있다. 단계별 운영모형은 또래상담이 일련의 활동과정이자 운동이며 각 현장에서 지속적으로 유지, 발전되면서 더욱 풍성해지는 모형이라는 관점에서 구체적인 또래상담 활동과 그에 대한 지도, 그리고 지속적인 연계 등을 강조하고 있다. 즉, 또래상담자를 훈련시키고 각자의 대인관계망 속에서 자연스럽게 활동하도록 하는 것도 중요하지만, 또래상담이 하나의 구심점을 갖고 학교에서 보다 많은 학생들의 만남 속에서 실제로 작동되고 실현되도록 한다는 점에서 '활동지도 단계' 부분의 구체적인 제시가 필수적이다. 학교 현장에서의 5단계 운영모형에 대해서는 제5장에서 자세하게 기술하기로 한다.

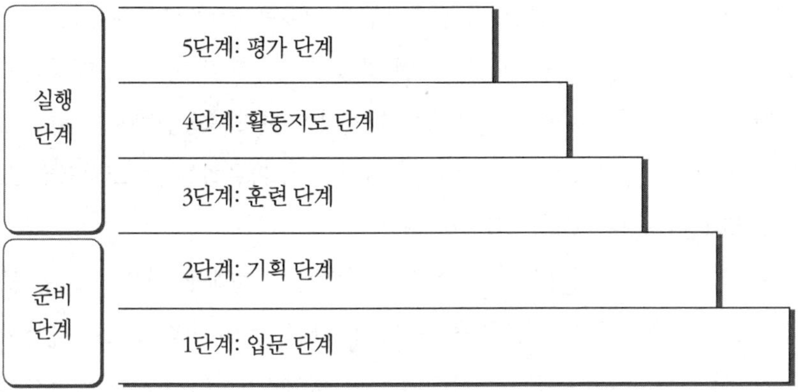

| 그림 4-1 | 5단계 운영모형

2. 또래상담 운영의 다양한 형태

위 하교 현장에서 학생들이 따로 훈련을 받고 활동을 함께 할 수 있는 시간을 교과목 속에 편성하기는 쉽지 않으며, 그렇다고 우리의 학교 현실에서 수업 시간 후에 모든 것을 과외로 진행한다는 것은 교사나 학생 모두에게 무리다. 그러므로 학교 현장의 제도적, 행정적 절차 속에서 또래상담이 적용될 수 있는 방안을 모색해야 한다.

이에 가장 적합한 운영 형태는 '특별활동반(C.A.)으로서의 또래상담반' 형태라고 할 수 있다. 우리나라 중 · 고등학교의 모든 학생들은 각각 하나의 특별활동반에 소속되어야 한다. 그러므로 특별활동반의 하나로 또래상담반을 등록하게 되면, 교과목의 하나로 편성되어 있는 특별활동 시간에 또래상담반 모임을 갖고 나름대로의 프로그램을 진행할 수 있다는 장점이 있다. 한편, 특별활동 시간에 모여서 기본적인 훈련을 받고 또래상담 활동에 대한 지도도 이루어질 수 있지만, 그것이 특별활동반의 하나라는 시간적, 공간적 한계를 뛰어넘으려면, 그리고 학교 전체에 좀 더 영향력 있는 활동으로 자리매김하려면 또 하나의 요건을 갖추는 것이 필요하다. 또래상담지도자와 또래상담자들의 일상적인 만남이 가능해야 하며, 또래상담반이 학생들의 생활로 한발 더 다가갈 수 있어야 한다. 그 일환으로 학교에 설치되어 있는 상담실을 또래상담반의 구심으로 활용하는 '학교상담실 소속의 또래상담반'을 고려해 볼 만하다.

학교의 상담실은 학생들이 '찾아오는 상담실'로 변화될 필요가 있다. 문제를 일으킨 학생들이 '불려가는 상담실'이라는 이미지만으로는 다양한 학생들의 상담에 대한 욕구를 충족시킬 수 없다. 그런데 문제는 상담실에 몇몇 전문상담교사 또는 일반교사가 상주할 뿐 학생들과의 교류가 매우 미약하다는 점이다. 이러한 한계를 극복할 수 있는 유력한 방법의 하나로, 학교상담실을 학생들과 긴밀하게 교류하는 접점으로 하는 또래상담반 활용 방안이 고려될 수 있다. 상담실에 상주하는 교사가 또래상담반을 지도하는 체제만 형성된다면 또래상담반 모임과 또래상담자들의 일상적인 교류가 상담실을 매개로 이루어질 수 있고, 또래상담자들과 일반학생들의 교류 또한 촉진될 수 있는 공간이 확보되는 것이다. 또한 또래상담은 또래상담자들 간의 긴밀한 관계 속에서 서로 피드백을 주고받으면서 이루어지는 성장까지도 목표로 한다. 따라서 또래상담자 선배와 후배들 간의 지속적인 연계가 필요하다. 또한 학교 안에서도 하나의 특별활동반, 상담실 소속 등의 한계를 넘어서서 더욱 광범위하게 활동을 전개할 수 있으려면 학교 공식 동아리로서의 또래상담반 형태가 유용하다.

물론 학교 현장에서의 또래상담 운영 형태는 현장에 따라 다르게 적용될 수밖에 없다. 예를 들어, 또래상담에 관심이 있는 교사가 상담실 또는 상담부 소속이 아닌 상태에서 시도하고자 한다면, 특별활동반으로서의 또래상담반 형태를 채택하여 소수의 또래상담자들을 양성하는 쪽으로 집중해야 할 것이다. 하지만 이러한 경우라도 또래상담의 기본 취지에 맞게 또래상담 문화를 확산시키는 것에 대해 간과하지 말고 상담부 소속으로 자리를 옮긴다든지, 축제 기간에 학교 전체의 관심을 끌어내기 위한 이벤트를 벌인다든지 하는 식으로 적극적 모색을 계속할 필요가 있다. 이 과정에서 지역의 청소년상담실이나 또래상담지도자들과의 연계 또한 큰 도움이 될 것이다.

| 제 5 장 |

학교에서의 또래상담 운영의 실제

앞서 언급한 바와 같이 또래상담은 학교 현장의 요구와 상황에 따라 다양한 형태로 운영될 수 있으며, 그에 따라 다양한 운영방식을 구사할 수 있다. 이 장에서는 또래상담 프로그램을 학교 현장에 적용하고자 할 때 준비하고 고려해야 할 사항 등을 짚어 보고, 실제적인 훈련과 운영을 위한 지침을 제공하고자 한다. 물론 여기에 제시되는 내용 중 일부는 현장에 따라서는 큰 비중을 차지하지 않고 생략할 수 있는 부분이 있을 것이며, 또 여기에 제시하지 않았지만 현장 상황에 따라 심도 있게 고려해야 할 사항도 있을 것이다. 따라서 이 장에서 제시하는 운영지침은 고정된 절차라기보다는 학교에 또래상담을 적용하기 위해 고려해야 할 기본적인 사항을 안내한 것이라고 이해하고 융통성 있게 활용되었으면 하는 바람이다. 전체적인 이해를 위해 단계별 내용을 제시하면 [그림 5-1]과 같다.

위의 그림에서 입문 · 기획 단계는 '준비 단계', 훈련 · 활동지도 · 평가 단계는 '실행 단계'로 크게 구분할 수 있다. 1년을 기준으로 활동이 이루어지는 학교 현장에서 1년에 1번씩 준비 단계와 실행 단계가 연속적으로 전

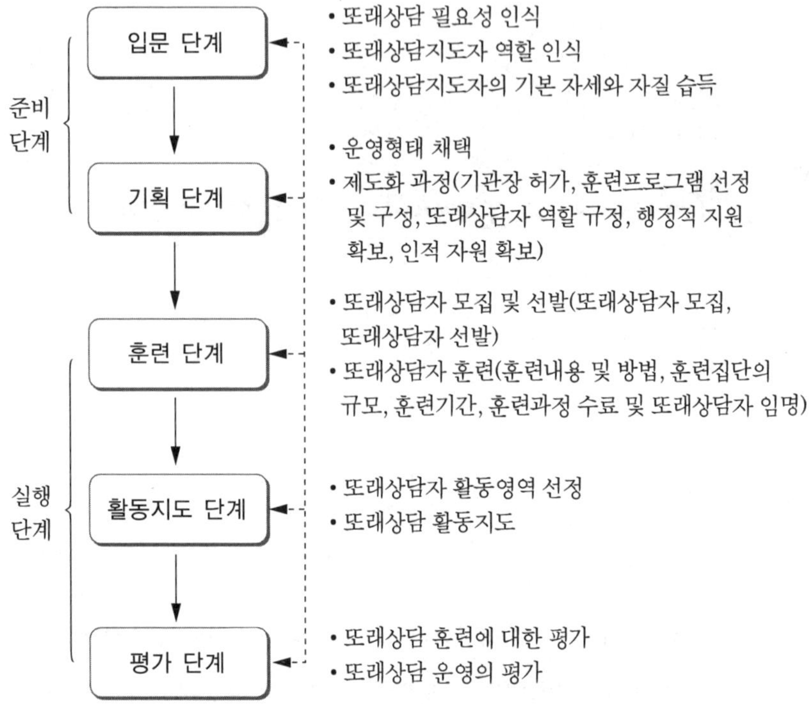

| 그림 5-1 | 학교에서의 또래상담 운영과정

개될 것이다. 평가의 내용은 이후에 다시 또래상담을 운영할 때 각 단계에 반영된다는 점에서 순환적 의미를 갖는다.

1. 입문 단계

아직 또래상담이 학교에 제도적으로 정착되지 못한 시점에서 또래상담의 출발은 관심을 갖고 열의를 보이는 한 교사에 의해서 이루어진다. 교사 자신의 개인적 준비가 시작 단계의 대부분이라고 생각해도 과언이 아니다. 왜냐하면 약간의 관심과 시도로 출발하기에는 여기에 교사가 들여야 하는 시간과 노력이 만만치 않기 때문이다. 다행히 최근에는 단순한 학생지도만으로 청소년들의 다양한 문제에 접근할 수 없다는 자각에서, 그리고 학교현장에서 상담을 더욱 활성화시킬 수 있는 방안이 필요하다는 문제의식에서 또래상담에 관심을 갖는 교사들이 점차 많아지고 있다는 점은 하나의 소중한 씨앗이라고 할 수 있다.

씨앗이 발아하려면 햇빛과 바람, 물, 애정을 보이는 사람의 손길에 이르기까지 많은 요건들이 갖추어져야 한다. 여기서 가장 중요한 요건이 또래상담의 필요성에 대한 인식, 학교에 또래상담을 정착시키기 위한 또래상담지도자의 역할에 대한 인식, 마지막으로 또래상담을 교육하고 분위기를 조성할 수 있는 기본적 자세와 자질 습득 등 또래상담지도자의 준비다.

이를 위해 우선 또래상담에 대한 기존의 출판물과 연구물, 나아가 이 책을 숙독하는 데 이르기까지 또래상담에 대한 학습의 과정이 필요하다. 개인적인 학습뿐만 아니라 한국청소년상담원이나 청소년 상담기관에서 운영하는 또래상담지도자 연수에 참여하여 구체적인 프로그램 내용과 진행방식의 모델을 접할 수 있다. 결국은 자신의 성격과 구상에 맞게 재창조하는 작업이 있어야 하지만, 한발 앞서 시작한 이들의 노하우와 경험담을 충분히 듣는 것 또한 의미 있는 일이다.

또한 모든 학생들과 학교의 분위기에 이르기까지 상담적 관점에서 접근할 수 있도록 상담적 자세와 자질을 습득하는 지속적인 과정이 있어야 한다. 전문상담교사 과정이나 상담관련 대학원 등에서 상담을 더 깊이 공부하거나, 그런 정규 과정이 아니더라도 다양한 책과 프로그램 등을 활용하여 상담에 대한 공부와 실습이 이루어져야 또래상담자들의 생생한 경험을 함께 나누고 적절하게 지도해 나갈 수 있을 것이다.

또래상담지도자로서의 자질을 습득하는 것이 중요하다고 한다면, 그 역할을 잘 수행하기 위해 갖추어야 할 자질들을 먼저 짚어 보아야 할 것이다. 또래상담지도자로서의 인간적 자질과 전문적 자질의 세부내용은 〈표

5-1〉, 〈표 5-2〉에 제시하였다.

입문과정에 대한 언급에서 한 가지 첨가하고 싶은 것은 바로 **또래상담지도자 역시 또래상담적 분위기 속에서 키워진다는** 점이다. 즉, 개인적 열의나 관심 속에서 무던히 또래상담을 시도하는 방법도 있지만, 또래상담을 학교에 적용하고자 하는 또래상담지도자 스스로 자신의 생활과 일에 있어서 또래상담적 경험을 갖는 것이 중요하다.

학교 현장이나 청소년 상담기관에서 또래상담을 고민하고 시도하고 있는 동료들과의 또래상담적 관계, 그리고 학교 현장의 또래인 동료 교사들과의 또래상담적 관계, 이 두 가지를 강조하고 싶다. 또래상담지도자들과의 또래상담적 관계는 서로 정보와 경험을 주고받고 격려하는 수준에서 힘이 될 것이며, 동료 교사들과의 또래상담적 관계는 또래상담을 학교에 정착시키기 위한 든든한 지원세력이 되며 학교의 분위기 자체를 또래상담적인 것으로 만들 수 있다. 생활의 모든 영역에서 또래상담적 마인드를 갖고 시도해 보자!

〈표 5-1〉 또래상담지도자의 인간적 자질

항 목	구체적 내용
인간에 대한 신뢰와 수용능력	개인의 생각, 감정, 의견, 태도 등을 있는 그대로 수용하고 존중하는 상담자적인 태도. 비록 청소년이라 해도 적절한 훈련과 준비가 이루어진다면 주변의 또래들에게 도움을 줄 수 있고 서로의 성장과 건강한 발달을 촉진할 수 있다는 신념
정확한 자기이해와 자신감	자신의 목표, 정체성, 동기, 요구, 가치관, 정서 등에 대한 자각과 이해. 스스로에 대한 믿음과 신뢰
탐구정신과 창의성	또래상담 훈련 내용에 대한 충분한 파악에 더하여, 집단구성원의 특성과 집단역동에 걸맞게 프로그램을 적용하는 탐구정신. 현장에 맞는 적용방안을 끊임없이 개발해 가는 창의적 노력
융통성과 유머감각	다양한 특성과 욕구를 갖고 있는 청소년들에 맞게 융통성 있게 프로그램을 적용하는 능력. 청소년과 눈높이를 맞출 수 있는 유머감각

〈표 5-2〉 또래상담지도자의 전문적 자질

항 목	구체적 내용
상담 전반에 대한 지식과 경험	또래상담 훈련은 일방적 지시나 교육으로 이루어지는 것이 아니라 다양한 집단체험과 상담과정을 통해 심층적으로 이루어지므로, 개인상담 및 집단상담과 관련된 지식과 경험이 필요함
인간행동의 이해 및 의사소통 능력	청소년의 심리상태, 동기 등 인간행동에 대한 기본적인 이해 능력. 참여자들과의 적극적인 상호작용을 가능케 하는 의사소통 능력
훈련목표에 대한 명확한 인식	각 단계의 훈련목표에 대한 명확한 인식. 훈련목표의 배경이 되는 이론적 지식
집단체험 활동 지도 능력	청소년들이 관심을 갖고 참여하게끔 하는 흥미 있는 활동이나 게임을 포함한 다양한 집단체험 활동을 이끌어 가는 능력

2. 기획 단계

입문 단계가 지나면 그다음으로는 학교 현장에서 또래상담을 구체화하기 위한 방안의 모색이 필요하다. 이러한 기획에서 또래상담지도자는 기획자로서의 주도성과 창조성을 발휘해야 하며, 그 구상을 현실화할 수 있는 활동력과 추진력이 필요하다.

1) 운영 형태의 채택

자신의 학교에서, 자신의 현재 수준에서 적용가능한 또래상담 운영 형태를 채택해야 한다. 적절한 운영모형을 채택하기 위해서는 두 가지 측면을 충분히 검토해야 한다. 이는 환경적 측면과 또래상담지도자 개인적 측면이다.

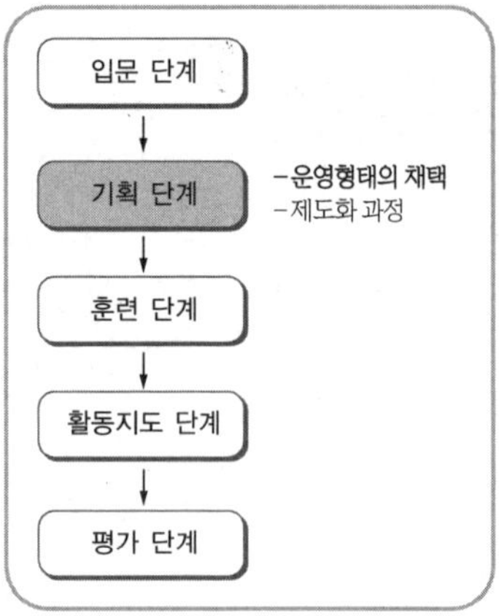

우선 **환경적 측면**이란 학교의 전통이나 분위기 등이다. 예를 들어, 입시 위주의 분위기가 지배적인 인문계 고등학교에서는 또래상담자들의 활동 자체가 상당히 제한적일 수밖에 없다. 그렇다면 특별활동 시간에 이루어지는 또래상담자들의 훈련과 그들의 성장 자체에 초점을 맞출 수도 있을 것이다. 또한 교사의 이동이 잦은 국공립학교의 경우 또래상담지도자가 지속적으로 활동하기 어렵다는 한계가 있으므로, 그 점을 숙지하고 또래상담 활동이 학교 내에 뿌리내릴 수 있도록 여러 가지 방안을 모색해야 할 것이다. 상담실의 고유 활동으로 정착시키는 방법도 하나의 대안이 될 수 있다.

실제 또래상담이 학교에 적용될 때는 어떤 특정한 목표를 달성하기 위한 프로그램으로 도입되기도 한다. 외국에서는 다양한 문제영역(예를 들어, 성교육, 약물남용 예방, 집단따돌림 예방 등)을 타깃으로 그 문제를 감소시키거나 예방하기 위한 프로그램으로 또래상담이 활용되기도 한다. 즉, 또래상담자를 양성하되 그들을 또래들과의 성교육집단 또는 예방 프로그램의 리더로 활동하게끔 하는 등의 방식이다. 학교 차원의 어떤 목표나 제도적 필요성에 맞추어 또래상담이 도입될 경우, 이처럼 나름대로 분명한 활동목표를 갖고 시작될 수 있다.

두 번째 **또래상담지도자 개인적 측면**이란 지도자의 준비 정도나 성격적 특성 등을 의미한다. 만약 또래상담지도자가 활동성에 대해서 지나치게 부담스러워한다면, 그의 개인적 특성에 맞는 운영 형태를 채택해야 한다. 즉, 10명 내외의 또래상담자들과 집중적인 경험을 함께 하는 식으로 접근할 수 있겠다. 이때 또래상담자들의 성장과 또래상담지도자의 경험 자체가 큰 목적이 될 것이다. 지도자 자신의 준비 정도와 성격적 특성에 따라 또래상담 운영 형태, 인원, 또래상담지도자의 역할 등을 좀 더 구체적으로 결정해야 하며, 그에 따라 목표를 설정하고 또래상담을 운영해야 한다.

2) 제도화 과정

(1) 학교장의 허가

학교에서 또는 어떤 기관에서 새로운 제도로서 또래상담을 적용하는 데 있어 학교장의 허가와 협조를 얻는 것은 중요한 절차다. 학교장이 또래상담에 대한 인식이 부족하고 새로운 제도의 도입에 있어 융통성이 부족하다면 허가가 쉽지 않을 수도 있다. 이러한 경우에는 구체적인 자료 제시와 더불어 충분한 홍보와 설득, 또래상담 운영의 효과를 적극적으로 설명하기 등의 노력을 통해 학교장의 협조를 얻어 낼 수 있어야 한다.

(2) 훈련 프로그램의 선정 및 구성

본격적으로 또래상담자를 양성하기 위해서는 또래상담자로서의 자질과 태도, 기술을 습득할 수 있도록 체계화된 훈련 프로그램이 준비되어야 한다. 훈련 프로그램의 내용을 구성하는 데 있어서는 훈련의 목표를 분명히 해야 하며, 피훈련자들이 충분히 소화할 수 있는 수준의 내용으로 일관성 있게 구성해야 한다. 강의, 집단활동, 집단상담 등의 다양한 방법이 활용될 수 있는데, 프로그램의 내용이 피훈련자들에게 하나의 지식으로 전달되는 것이 아니라 자신에 대한 이해와 변화의 과정으로 이어질 수 있도록 적절한 방법을 선택해야 한다.

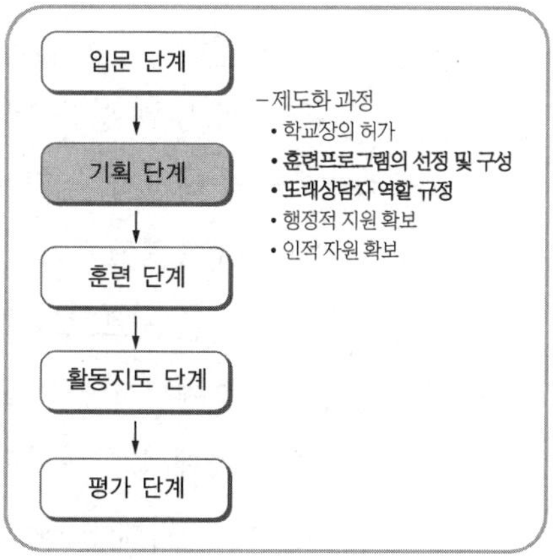

보통 또래상담 훈련 프로그램의 내용으로는 기본적인 인간관계 훈련, 의사소통 훈련, 상담조력 훈련 등의 내용이 포함된다. 이 각각의 내용은 기

본적인 인간에 대한 태도와 관계 형성의 방법을 습득시키고, 경청, 수용, 공감 등 의사소통의 핵심내용을 훈련시키며, 도움을 필요로 하는 또래에게 적절한 도움을 제공하는 태도와 방법을 익히는 데 초점을 맞춘 것이다.

훈련 프로그램은 지도자가 피훈련자들의 연령과 수준, 훈련방식 등을 고려해서 다양하게 구성할 수 있다. 하지만 이미 또래상담 훈련 프로그램으로 제시된 내용들이 있으므로 이를 참고하거나 활용하는 것이 바람직하며, 또래상담자들의 지속적인 성장과 자기이해를 위해서 다양한 상담 프로그램과 집단체험 활동을 도입할 수도 있다. 또래상담 훈련 프로그램에 대해서는 제3부에서 다시 자세하게 다루어질 것이다.

(3) 또래상담자 역할 규정

또래상담자 훈련은 일차적으로 또래상담자 자신의 훈련과 성장에 초점을 맞추어야 한다. 또래상담자 자신의 변화가 있을 때 주변의 또래들에게 영향력이 있기 때문이다. 또래상담자의 역할과 활동을 과도하게 기대하거나 경직되게 규정하였을 경우 당사자에게 부담이 되며, 자칫 또래와의 관계에서도 위화감을 줄 수 있다. 따라서 **또래상담자들의 개인적 성장, 집단적 성장** 등이 일차적인 목표가 되어야 한다.

하지만 또래상담 본래의 취지와 의미를 살리려면 이들의 적극적 활동이 무엇보다도 중요하다. 또래상담자들의 개인적, 집단적 성장 역시 활동과정과 그에 대한 평가 작업을 통해서 더욱 촉진될 수 있다. 그러므로 또래상담자들의 개인적, 집단적 역량을 고려하여 **활동내용과 영역, 역할 등을 부여**하는 것이 중요하다.

우선 훈련 프로그램에서 다루어진 내용을 실습해 보도록 과제를 부여하는 수준에서 활동이 모색되어야 하며, 훈련이 마무리된 이후에는 학급, 생활 현장에서 구체적으로 어떠한 활동에 초점을 맞출 것인지 합의해야 한다. 이를 위해 또래상담자들과 지도자 간의 충분한 의사소통을 거쳐야 하는데, 지도자의 반 발짝 앞선 제안과 지도가 발휘되어야 할 부분이다. 또래상담자들의 집단적 역량이 어느 정도 확보되고 또래상담반의 위상이 어느 정도 확립되었다면, 다시 한 번 도약하기 위하여 이벤트성 활동을 벌일 수도 있다. 예를 들어, 축제 기간에 심리극을 공연한다거나 신입생들을 위한 집단상담에 도우미로 참여하는 등의 활동이 이루어지기도 한다. 이러한 활동을 하면서 또래상담자 개개인과 또래상담반의 성장으로 그 성과가 축적될 수 있도록 이끄는 것이 중요하다.

이와 같이 또래상담자의 역할과 활동에 대해서는 단계적인 시도가 필수적이지만, 적어도 또래상담지도자가 어떠한 역할과 활동을 중심으로 또래상담반을 이끌어갈 것인지 비전을 갖고 임해야 할 것이다.

(4) 행정적 지원 확보

또래상담반의 운영과 관련된 행정적 절차들을 밟고 지원을 확보하는 과정을 의미한다. 우선 또래상담 운영계획서 또는 사업계획서를 작성해야 하며, 이것을 검토하는 학교의 행정 라인에서 충분한 이해와 협조가 이루어질 수 있도록 제시하여야 한다. 학교에서 대부분의 특별활동반은 별도의 예산 없이 운영되고 있으나, 또래상담반의 의미와 역할 등에 대해서 학교 측의 지지가 가능하다면 약간의 운영비를 지원받을 수 있다. 또는 학교상담실 또는 상담부의 하위 체계로 설정하여 상담실 운영비의 일부를 지원받는 방안도 있다. 예산의 지원은 학교 내 또래상담반의 위상과 관련하여 상징적인 의미를 갖는다. 그러므로 시작하는 단계부터 예산을 확보하는 것은 어렵지만, 이러한 방향으로 학교 측과 공감대를 형성해 나가는 것이 바람직하다.

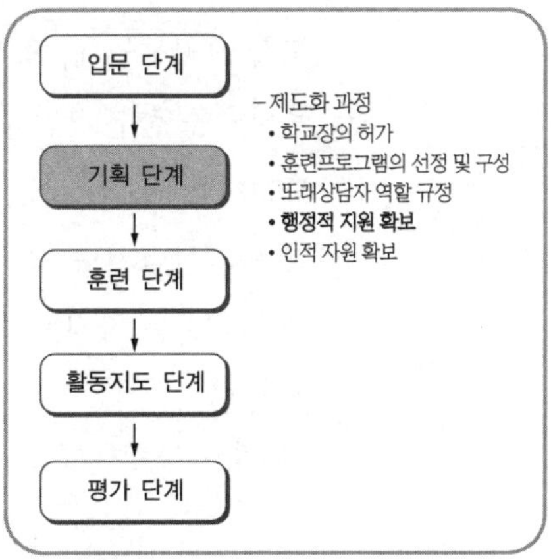

행정적 지원에 있어서 훈련 및 활동시간 확보,

그리고 보상체계의 마련은 중요한 내용이 된다. 우선 '**훈련 및 활동시간 확보**'의 문제는 또래상담반을 특별활동반의 하나로 운영할 경우 자연스럽게 해결되는 부분이다. 즉, 대부분의 학교에서 매주, 격주, 매월로 진행되는 특별활동 시간을 활용하여 훈련 및 활동을 해 나가면 된다. 매주 특별활동 시간이 배당되지 않는 경우, 간격을 두어 모임을 가진다면 또래상담반의 활동력을 키워 나가는 데 한계가 있다. 그러므로 정규 특별활동 시간 이외에도 잠깐씩 모임을 갖는 방법을 적극적으로 모색하는 것이 좋다. 학교에 따라서는 방과 후나 자율학습 시간 등을 활용할 수도 있으며, 방학 중에 1박 2일 또는 일주일 동안 매일 집중적으로 훈련을 실시하기도 하는데, 이러한 경우에도 매주 또는 격주로 정기적인 모임을 가지면서 훈련과 활동을 병행해 나갈 수 있도록 행정적 지원 또는 협조를 받도록 한다.

또한 '**보상체계 마련**'에 대해서도 관심을 가져야 한다. 물론 또래상담반에 가입하여 훈련받고 활동하는 과정에서 대인관계 능력이 향상되고 자기이해가 높아지며 성장해 나가는 경험 자체가 가장 큰 보상이라고 할 수 있다. 하지만 또래상담반의 위상을 높이고 활동력을 신장시키기 위해서는 보상체계의 제도화가 도움이 된다. 이를 위해서는 또래상담 훈련 수료증, 또래상담 배지, 또래상담자 수첩을 수여하는 등 학교 또는 외부 상담기관 등에서 명예를 주는 방법이 있다. 그리고 요즘에는 학생들에게 봉사활동 점수가 요구되는데, 또래상담자들의 활동을 또래상담 활동기록에 근거하여 봉사활동 점수로 인정해 주는 적극적 방안도 모색할 수 있다. 이와 같이 제도화하는 과정에서는 특히 또래상담 본래의 취지와 의미가 퇴색하지 않도록 또래상담지도자의 각별한 관심과 지도가 요구된다. 즉, 또래상담 활동에 참여하는 학생들이 점수를 따는 수단으로 전락하지 않도록 주의할 필요가 있다.

(5) 인적 자원 확보

학교에서 또래상담반의 활동이 원활하게 이루어지기 위해서는 학교 안팎의 지지세력을 확보해야 한다. 즉, 학교 내에서는 담임교사들과 관련 교사들의 관심과 협조가 필요하고, 또 하나의 지지세력으로서 지역의 상담기관이나 타 학교 또래상담반 등과의 연계가 도움이 된다.

먼저 **학교 내의 지지세력 확보** 측면에서는 학교 내에서 **교장 선생님과 동료 교사들**의 적극적 협조를 끌어들일 필요가 있다. 이를 위해서는 평소 또래상담지도자가 교직원 동료들 사이에서 좋은 관계를 맺고 신뢰를 쌓아 두어야 할 것이다. 어떤 사람이 하는 일인가에 따라 그 일을 보는 시각이 달라지는 것은 어쩔 수 없는 현실이다. 또한 지속적으로 또래상담에 대해서, 또래상담반의 활동에 대해서 동료 교사들과 공유하는 작업을 해야 할 것이다. 이를 위해 교직원 연수시간에 짤막하게 또래상담을 소개하며 함께 간단한 활동 프로그램을 체험하거나, 교지나 교직원 회보, 학교 홈페이지 등의 공간에 또래상담자의 경험이나 활동 효과 등을 게재하여 알리는 등의 홍보 활동을 지속적으로 해 나가야 한다. 이 과정에서 또래상담의 가능성과 전망에 대해서 긍정적 시각을 공유함으로써 또래상담 활동이 학교에 뿌리 내릴 수 있는 좋은 토양을 가꾸어 갈 수 있다.

특히 **담임교사들**의 경우 학급에서 임원이나 영향력 있는 학생들이 또래상담 활동에 참여하는 모습에 대해 약간은 경계할 수도 있다. 열심히 활동하는 또래상담자에게 담임교사의 경계는 불필요한 부담이 될 수 있다. 담임교사들과의 지속적 접촉을 통해 또래상담자 개개인의 성장과정이나 학급 내에서의 역할 등을 긍정적으로 바라보는 분위기를 조성해야 한다. 이는 또래상담자들의 성장과 활동을 격려하고 측면 지원하는 또래상담지도자

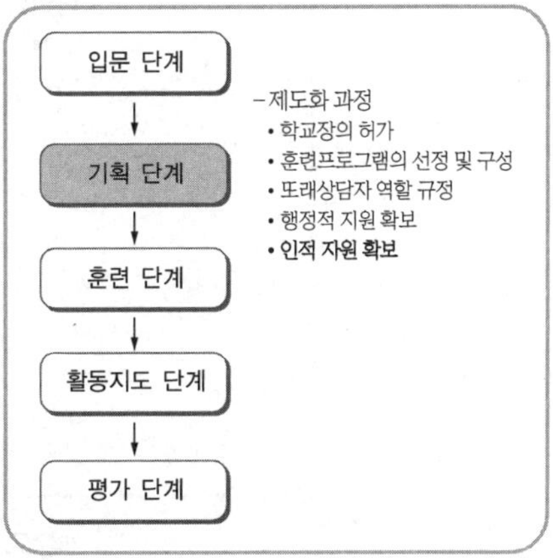

의 역할이라고 할 수 있다.

다음으로 학교 밖의 지지세력 확보에 대해 생각해 보자. 우선 지역 내 상담기관 등과의 연계체제 구축이다. 현실적으로 또래상담지도자가 또래상담 운영에만 전념할 수 있는 상황이 아니므로, 지도자 한 사람이 다양한 프로그램을 적용하기에는 어려움이 따른다. 지역 내 상담기관과의 연계체제가 상시적으로 이루어지기는 어렵다. 하지만 상담기관의 실무를 담당하는 상담자와 관계를 터놓고, 필요하다면 또래상담자들을 대상으로 하는 특강의 강사로 초빙할 수도 있고, 좀 더 전문적인 상담이 필요한 학생들을 의뢰해 주는 체계를 만들 수도 있다. 학교 내의 또래상담지도자가 또래상담반 활동의 주무자가 되어야 하지만, 때에 따라서는 상담기관측에 또래상담 훈련이나 재교육 등을 의뢰할 수도 있다. 상담기관의 방문과 현장 실무자들과의 만남 등도 또래상담반 활동의 일부로 도입할 수 있다. 또한 지역 내의 다양한 청소년기관, 사회복지시설, 그 외 다양한 기관 및 시설과 필요에 따라 연계하는 방안도 모색할 수 있다.

또래상담지도자에게는 함께 또래상담 활동을 생각하고 촉진해 나갈 동

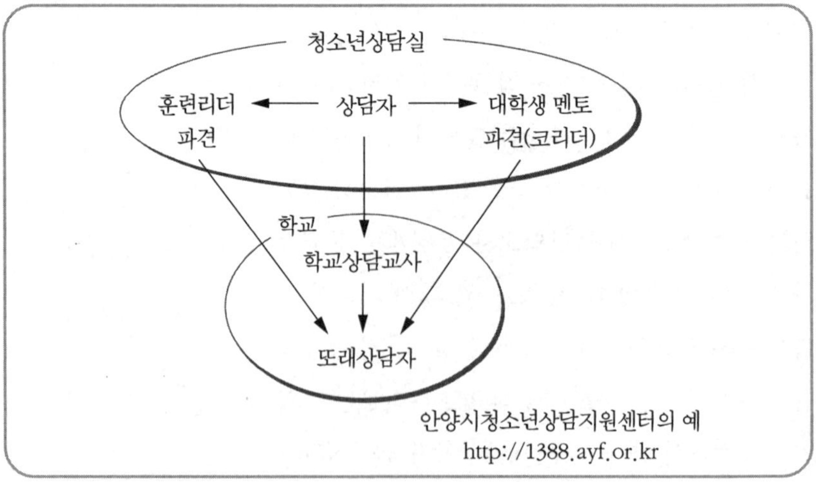

〈학교와 지역상담실 연계체제 구축의 예〉

료가 필요하다. 교내 상담부의 동료 교사들과 이 작업을 함께 한다면 더없이 좋겠지만, 대부분의 지도자들이 개인적으로 이 일을 추진할 수밖에 없는 실정이다. 이때 또래상담반을 이끄는 과정에서 겪는 다양한 어려움들을 함께 논의하고 방법을 찾아나갈 수 있는 동료들이 필요하다. 동료들과의 관계에서 지도자는 에너지를 재충전하고, 자신의 성장을 도모할 수 있는 것이다. 또래상담지도자들이 네크워크를 형성한다면 좋을 것이다. 나아가 또래상담반 간의 연계 활동을 기획하여(예: 또래상담자 재교육 공동진행, 지역 내에서의 캠페인 공동주최 등) 또래상담자들 간의 교류를 도모할 수도 있다. 이러한 활동은 지역 내 상담기관과 지역 내 학교 또래상담반 전체의 연계로까지 확장되는 모태가 될 것이다.

3. 훈련 단계

1) 또래상담자 모집 및 선발

(1) 또래상담자 모집

좋은 또래상담자를 양성하기 위해서는 자질 있는 또래상담 훈련 대상자를 모집해야 한다. 이를 위해 적극적인 홍보로 또래상담에 대한 인지도를 높이고 자질 있는 학생들이 자원할 수 있도록 유도하는 것이 필요하다. 홍보를 통해 또래상담자가 되고자 하는 학생들을 모집하는 것뿐만 아니라, 교내에서 일반학생들과 교사, 교직원들에게 또래상담을 홍보하는 첫 단계로서의 의미도 지닌다.

홍보를 위해서는 다양한 방법이 활용된다. 우선 포스터나 전단지를 제작하여 배포하는 방법, 또래상담에 관여하는 교사들이 수업시간을 이용하여 간단하게 홍보하는 방법 등이 있다. 지속적으로 또래상담반이 운영된다면

또래상담 할 사~람,
모두 모여라!

친구에게 먼저 다가가서
기쁨도 슬픔도 함께 나누는
또래상담자…
또래상담은 또래상담자와
친구를 함께 키워 준답니다.

▣ 또래상담 소개와 면접:
___년 __월 __일 __시 상담실

○○ 학교 또래상담반

〈또래상담자 모집안내문 예〉

상급학년 또래상담자가 후배들에게 직접 홍보하고 자질 있는 후배들을 물색하는 방법도 효과적이다. 요즘은 학교들은 거의 홈페이지가 있으므로 이 공간을 활용하는 것도 좋을 것이다.

(2) 또래상담자 선발

또래상담자를 어떻게 선발할 것인가? 이에는 또래상담 훈련에 참여를 희망하는 학생은 누구나 참여하도록 하는 방법과 추천이나 일정한 기준에 의해 선발하는 방법이 있다. 전자의 경우, 우수한 학생에게만 훈련의 기회를

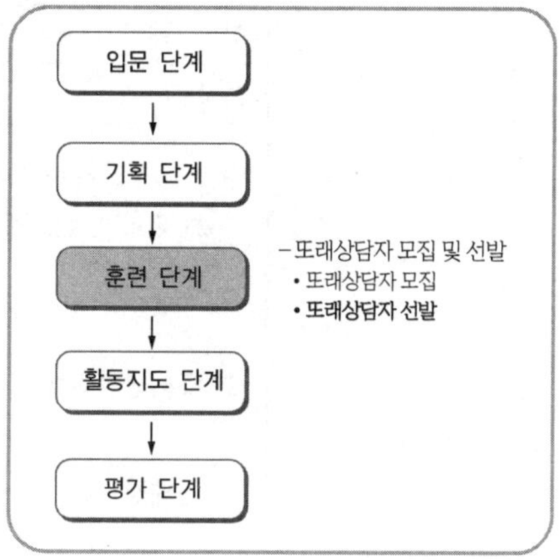

주는 것보다 희망하는 학생에게 훈련을 통한 변화의 기회를 주고 이들이 자신의 또래집단에서 긍정적 영향력을 발휘할 수 있도록 한다는 취지다. 반면 훈련받은 또래상담자가 좀 더 적극적이고 주도적인 역할을 수행하도록 하려면 자질 있는 또래상담자를 훈련대상으로 선발하는 후자의 방법을 선택할 수 있다. 하지만 자원하는 학생이 많다면 어쩔 수 없이 선발의 과정을 거치게 되는데, 이때 선발기준이 필요하다.

가장 많이 활용되는 선발의 기준은 담임교사나 또래 친구들 또는 선배들의 추천에 의해 또래상담 훈련에 참가할 학생을 선발하는 것이다. 담임교사로부터 친구들 사이에서 영향력이 큰 자질 있는 학생들을 추천받을 수 있는데, 새 학기에는 학생들을 충분히 파악하지 못한 상태이므로 이전 학년의 담임교사로부터 추천을 받는 것도 방법이다. 한편, 또래상담 훈련을 희망하는 학생이나 추천받은 학생들을 대상으로 또래상담지도자가 면접을 거쳐 참가 학생을 선발할 수도 있다. 이 과정에서 또래상담 훈련에 대한 준비도와 동기를 높일 수 있다는 이점도 있다. 선배 또래상담자들이 면접하는 것도 하나의 방법이다. 이와 같이 면접에 의해 또래상담 참가 학생을 선발하는 경우, 면접 내용에는 또래상담자 지원동기, 기대 정도, 개방성, 긍정적 태도 등을 포함시킬 수 있을 것이다.

또래상담 훈련 참가자를 모집, 선발하는 방법은 다양하므로 학교 현장에 맞게 융통성 있게 적용되어야 한다. 하지만 어떤 방법을 선택하든 또래상담 훈련의 취지를 이해하고 또래상담 활동에 대한 자발적 동기를 갖고 있는 학생들을 선발해야 한다. 성적이 우수하거나 교사들의 시각에서 모범적인 학생들이라고 해서, 그들의 참여동기는 고려하지 않고 참여시킨다면 훈련 및 활동의 성과가 미흡할 수 있기 때문이다.

이 름		성별	남 · 녀	___학년 __반 __번
전화번호			E-mail	

* 또래상담자 선발을 위해서 몇 가지 질문을 드립니다. 응답한 내용은 공개되지 않으므로 편안하고 솔직하게 답해 주십시오.

1. 또래상담반에 가입하고자 하는 동기는 무엇입니까?

2. 또래상담반에서 배우고 싶은 부분은 무엇입니까?

3. 또래상담자로서 어떤 활동을 하고 싶습니까?

4. 자신의 장점은 무엇입니까?

5. 자신의 단점은 무엇입니까?

6. 또래상담반의 활동에 대해서 제안하고 싶은 것이 있다면 적어 주세요.

〈또래상담반 가입신청서 예〉

2) 또래상담자 훈련

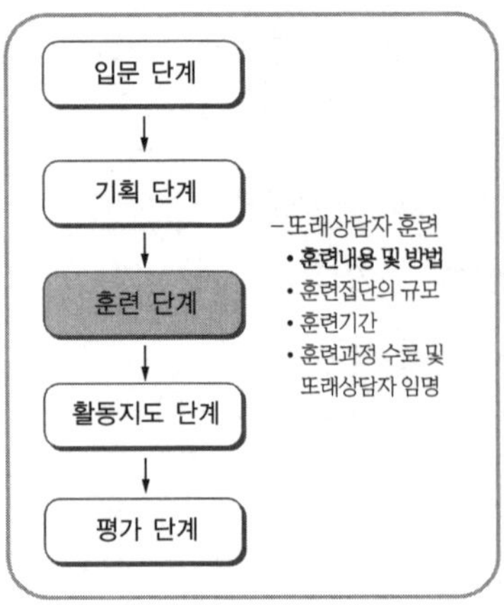

또래상담자를 모집하고 나면 일련의 훈련과정을 거치게 된다. 또래상담자 훈련 프로그램을 어떻게 선정하고 구성할 것인가, 그리고 훈련의 구체적 내용과 지침은 무엇인가에 대해서는 제3부에서 상세하게 다루게 된다. 여기서는 또래상담 훈련과 관련하여 훈련내용 및 방법, 훈련집단의 규모, 훈련기간, 보충 훈련내용 등에 대해서 개괄적으로 다룰 것이다.

(1) 훈련내용 및 방법

훈련내용으로는 개발되어 있는 구조화된 프로그램들을 활용할 수 있다. 이러한 프로그램에는 기본적인 인간관계 훈련, 의사소통 기술, 상담조력 기술 등 또래상담자 양성을 위한 훈련내용들이 체계적으로 구조화되어 있다. 물론 개발되어 있는 프로그램들을 학교의 현실에 맞게, 교육기간과 시간 등에 맞게 약간은 재구조화할 필요가 있을 것이다.

그 외에 심성수련 등의 다양한 집단활동 프로그램들을 활용하는 방안도 있다. 자아성장 프로그램, 심성수련 프로그램 등은 기본적으로 자기이해 및 인간관계에 초점을 맞추고 있다. 또래상담지도자가 프로그램의 목적에 맞게 적절한 활동을 활용할 수 있다. 예를 들어, 자기이해 및 자기성장을 목적으로 한 때 해당되는 프로그램을 활용할 수도 있다. 하지만 이러한 경우에도 또래상담자 양성 프로그램을 근간으로 하면서 적절한 내용들을 첨가하는 방식으로 진행하는 것이 바람직하다.

훈련방법은 일방적인 강의보다는 모델링, 실습, 집단경험, 피드백 과정, 역할놀이 등을 통해 이루어지므로, 또래상담지도자는 집단역동을 잘 파악하고 훈련생들이 자발적으로 참여하여 충분히 경험할 수 있도록 촉진적인 역할을 할 수 있어야 한다.

(2) 훈련집단의 규모

보통 또래상담 훈련은 10~15명 정도의 소그룹이 효과적이다. 일방적인 강의 위주가 아닌 집단활동과 실습을 중심으로 이루어지므로, 참가자들이 충분히 상호작용할 수 있는 인원으로 하는 것이 좋다. 한편, 그 이상으로 인원이 많아질 경우 프로그램의 취지를 유지하려면 보조진행자를 두어야 한다. 전체를 대상으로 교육이 이루어지더라도 소그룹별로 토의하고 경험하도록 하며, 이때 보조진행자가 소그룹 진행을 도울 수 있다. 보조진행자는 훈련받은 선배 또래상담자가 될 수도 있고, 외부 상담기관과 연계되어 있는 자원봉사자의 도움을 받을 수도 있다.

(3) 훈련기간

또래상담자 훈련에 요구되는 시간은 훈련에서 다루는 내용과 심도에 따라 다양할 수 있다. 대체로 학교 현장 적용을 위해 개발된 프로그램들은 학기단위로 적용하게끔 되어 있다. 기초적인 훈련은 보통 한 학기 동안 10~12회기 총 15~20시간 정도 이루어지는 것이 보통이다. 이후 재교육이나 심화과정 또는 보충교육 등의 형태로 별도의 훈련이나 교육이 이루어질 수 있다.

(4) 훈련과정 수료 및 또래상담자 임명

일반적으로 학기별로 훈련과정이 진행되므로 한 학기가 끝나면 자연스럽게 훈련이 일단락된다. 훈련과정 수료는 일련의 과정을 통해 또래상담자로서의 준비가 갖추어진 학생들을 격려한다는 의미를 갖는다. 일단 참가한 학생들이 또래상담 훈련을 수료했다는 것을 하나의 성취로 간직할 수 있도록 배려하면서, 이 과정에서 새롭게 또래상담자로서의 활동과 교육 등에 적극적으로 참여할 사람들이 한 차례 걸러질 수 있을 것이다. 물론 훈련을 받은 모든 학생들이 이후의 활동에도 참여하는 것이 바람직하겠지만, 그것이 현실적으로 어렵다면 또래상담 활동의 정예부대를 꾸려낸다는 의미도 갖게 된다.

보통 또래상담 훈련을 통해 개인적으로 도움을 받은 학생들은 이후의 활동과정에도 적극적으로 참여한다. 이들을 위해 정식으로 또래상담자 임명식을 가질 수도 있다. 물론 학생들의 준비 정도를 가늠하여 수료식과 임명식을 겸할 수도 있고, 아니면 수료 이후 약간의 활동 교육을 거쳐 임명식을 따로 가질 수도 있다. 보통 훈련 프로그램이 학기단위로 운영되므로, 학기말에 수료식을 갖는 것이 적절하다. 또한 이어지는 방학 중에 또래상담 활

또래상담 훈련 수료증

수료번호 :

성　　명 :
주민등록번호 :

위의 사람은　　　년　　월　　일부터　　　년　　월　　일까지 본교 상담실에서 주최한 또래상담 훈련과정을 마쳤으므로 (총 ○○시간 중 ○○시간 참가), 이 수료증을 수여합니다.

년　　월　　일

○○ 학교장

〈또래상담 훈련 수료증 예〉

임 명 장

학년　반　번
성　명:

위 학생은 급우와 주변 청소년들에게 진정한 친구가 될 것을 다짐하고 또래상담자로서 활동하고자 하므로, 본교의 제　　기 또래상담자로 임명합니다.

년　　월　　일

○○ 학교장

〈또래상담자 임명장 예〉

동에 대한 보충교육을 가진 다음 개학 직후에 또래상담자 임명식을 갖는 것도 하나의 방법이다.

이와 같은 수료식과 임명식 등의 절차는 단지 또래상담반 내에서의 행사로 할 수도 있지만, 학교 내에서 또래상담의 위상을 높이기 위하여 교장선생님이나 관련교사, 외부기관(지역 상담실 등) 관련자들의 입회 하에 가질 수도 있다. 해당 학교 교장의 명의로 또래상담자 임명장을 줄 수도 있다.

4. 활동지도 단계

또래상담 훈련 이후의 본격적인 활동을 통해서 또래상담자들은 더욱 성장해 간다. 하지만 주위 친구들에게 관심을 갖고 다가가서 함께 이야기를 나누고 필요한 도움을 주는 또래상담의 과정이 말처럼 쉬운 것은 아니다. 각자 나름대로의 어려움을 겪게 마련이고, 또래상담을 함께 하는 친구들이나 또래상담지도자와의 또래상담적 관계를 통해서만 지속적 활동이 가능하다. 어떠한 활동이든 동료들과의 관계, 의사소통 등이 매우 핵심적인 동인이 된다. 이 지속적인 과정은 또래상담 활동을 유지시키는 핵심요인이다. 여기서는 또래상담자 훈련과 임명 이후에 활동지도 단계에서 고려되어야 할 점들에 대해서 언급한다.

1) 또래상담자 활동영역 선정

또래상담자가 또래들 속에서 할 수 있는 역할과 활동은 다양하다. 가까운 친구로서 심리적인 지원을 해 주는 것에서부터 갈등을 해결하고 문제해결 및 예방을 위한 적극적인 도움을 제공하는 것까지도 생각해 볼 수 있다. 이처럼 생활 현장에서 조용하고 자연스럽게 또래들과 함께 하는 것만으로도 또래상담자의 활동이 이루어지지만, 학교에 따라서는 구체적인 활동영역을 선정하고 또래상담자들에게 역할을 부여하는 경우도 있다.

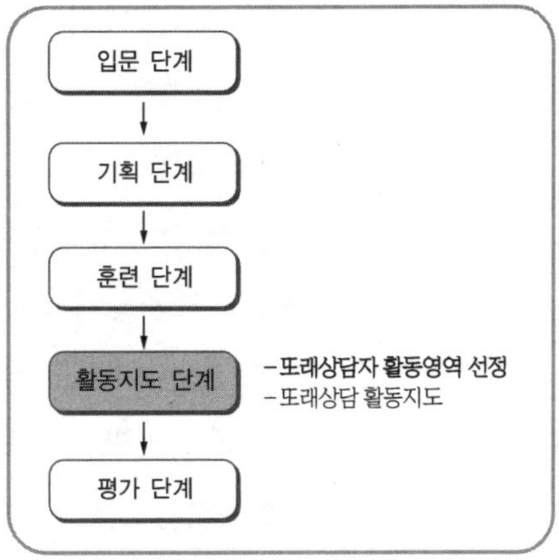

예를 들어, 1학년 때 또래상담 훈련을 받고 활동해 온 2학년 또래상담자들이 신입생들이 참여하는 몇 회기의 구조화된 집단상담에 도우미로 활동하는 경우가 있다. 이때 이들의 활동과정은 학교에 처음 들어와서 적응을 잘 못하거나 친구관계가 아직 어려운 신입생들에게 하나의 돌파구가 되어 줄 수 있고, 이들에게 또래상담에 대한 인식을 심어 주는 계기도 된다. 실제로 이와 같은 운영방식으로 학교 내에서 또래상담반이 쉽게 뿌리 내린 학교들도 있다. 이 경우에는 이들을 집단의 도우미로 활동하게 하는 것에 그치지 않고 그 활동에 대한 점검과 평가, 그리고 이후에도 함께했던 후배들을 계속 챙겨 주는 등의 방식으로 활동지도가 이루어질 수 있다.

또한 또래상담반이 학교 축제 기간에 이벤트를 개최하거나 간단한 심리학적 지식들을 또래들에게 전달하는 식의 행사를 갖는 것도 하나의 활동이 될 수 있다. 필요하다면 지역 내의 상담기관이나 다른 학교의 또래상담반 등과 연계하여 활동내용을 만들어 나갈 수도 있다.

2) 또래상담 활동지도

또래상담 활동을 하면서 또래상담자는 다양한 문제상황을 접하면서 어려움에 직면할 수 있다. 지도자는 또래상담자가 겪는 어려움이 무엇인지 잘 살펴보아야 한다. 또래상담자 자신의 심리적 불편감을 덜어 주고 문제상황에 효율적으로 대처할 수 있도록 지속적인 활동지도가 필요하다. 이를 위해 또래상담자 개개인에 대한 관심과 배려도 필요하지만, 활동과정 속에서의 다양한 경험들을 나누고 서로 도움을 주고받을 수 있는 장도 마련해야 한다. 이러한 모임을 정기적인 특별활동 시간에 가질 수도 있고, 이것으로 부족하다면 일주일에 한 번 정도 점심시간이나 방과 후에 모임을 갖는 방법도 있다. 또래상담자들끼리, 그리고 또래상담지도자와 함께 서로의 경험을 나누고 도움을 주고받는 과정이 지속적으로 이루어질 때, 또래상담자들의 성장도 가능하고 또래상담 활동에 계속 참여하도록 이끌 수 있다. 다음으로는 또래상담 활동지도의 다양한 내용과 측면에 대해 언급하고자 한다.

활동경험 나누기 또는 사례지도(슈퍼비전) 등은 활동지도의 기본이다. 공식적인 사례지도는 아니라 할지라도, 간단한 일지를 작성하도록 하고 함께 점검하거나 자유롭게 또래상담 사례를 나누는 등의 방법을 사용할 수 있다. 또래상담 일지에는 상담받은 또래의 신상이 노출되지 않도록 유의해야 하며, 또래상담 내용에 대한 지도와 또래상담자의 지속적 성장을 위한 일지 작성임을 분명하게 인식시켜야 한다.

또래상담 경험과 사례에 대한 실제적 지도가 가장 중요하지만, 그 외에 다양한 심화교육을 병행 또는 첨가할 수 있다. 다양한 문제영역들을 간접적으로 접하고 연습해 보는 방법도 있다. 요즘은 인터넷을 통해 상담 사이트들로부터 다양한 상담사례들을 얼마든지 접할 수 있으므로 교육자료로 활용할 수 있을 것이다. 문제의 내용과 정도에 따라서는 다른 전문기관이나 상담전문가 등에게 의뢰해야 할 경우도 있을 수 있으므로 의뢰체계를 마련해 놓는 것도 중요하다. 의뢰체계를 마련할 때, 또래상담을 인식하고 지원해 줄 수 있는 지역의 청소년 상담실과 1차적 연계를 설정하는 것이 좋다. 그리고 이러한 의뢰 절차의 필요성에 대해 또래상담자들과 사전에 공유하도록 해야 한다.

또한 청소년 시기의 다양한 문제들(예를 들어, 이성교제, 성 문제, 연예인을 좋아하는 것, 진로, 학업 등)에 대해서 함께 정보를 공유하고 자유롭게 토론하는 과정을 통해 또래상담자들의 의식을 확장시켜 나갈 수 있다. 이때 또

또래상담 일지

또래상담자 : 학년 반 번 이름 __________

1. 일시 :
2. 장소 :
3. 상담을 하게 된 경위

4. 상담내용 및 현재상황

5. 앞으로의 계획

★소감(느낀 점 · 어려운 점 · 의문점 등)

제출일 : 년 월 일

확인자 : ________________ (인)

〈또래상담 일지 예〉

래상담지도자는 주제별 이슈에 대해 어느 한 방향으로 정해놓고 집단을 이끄는 것이 아니라 학생들이 다양한 시각으로 자유롭게 의견을 교환할 수 있도록 분위기를 조성하는 것이 바람직하다.

그 외에도 지역 내의 상담기관이나 청소년기관 등을 탐방하며 상담과 청소년 문제 등에 대한 보다 깊이 있는 이해를 도모할 수 있고, 다양한 봉사활동이나 청소년활동에 참여함으로써 경험의 폭을 넓히고 또래상담자들의 결속력을 높일 수도 있다.

5. 평가 단계

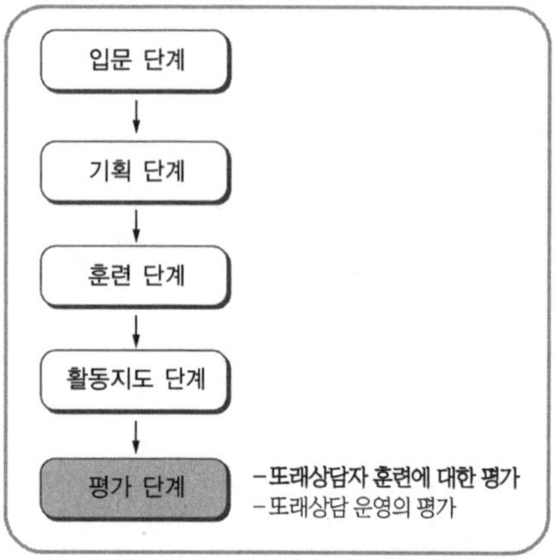

마지막으로 또래상담 훈련 및 또래상담반 운영에 대한 '평가 단계'를 언급하고자 한다. '프로그램 평가'란 프로그램의 효과를 검증해 보거나 프로그램의 수정을 위한 자료를 수집하는 등의 활동을 의미한다(김계현, 2000). 여기서의 효과검증은 연구방법론과 절차에 있어 까다로운 경험과학적 연구에서의 효과검증과는 달리 실용적 측면이 강조된다는 점에서 차이가 있다. 또한 프로그램이 원래 계획하고 목표로 하는 내용을 충분히 담아내는지, 부족한 점은 무엇이고 더 보완해야 할 점은 무엇인지 검토하는 것은 프로그램을 지속적으로 발전시키기 위해 꼭 필요한 부분이라고 할 수 있다.

또래상담지도자가 학교 현장에서 또래상담반을 더욱 발전적으로 운영하고 지도자로서의 자신의 정체성을 유지하기 위해서도 평가를 통한 지속적인 탐색의 과정은 큰 의미를 갖는다. 또한 학교 현장에서 학교 운영의 책임자인 교장과 교감, 다른 교사들, 나아가 학부모들에게까지 또래상담 활동의 의미와 효과 등을 보다 설득력 있게 전달하기 위해서도 평가자료를 축적하는 것은 중요하다.

1) 또래상담 훈련에 대한 평가

또래상담 훈련에 대한 평가는 두 가지 측면에서 이루어질 수 있다. 첫째, 또래상담 훈련을 통해 목표로 하는 내용이 어느 정도 달성되었는지, 둘째, 참가자들이 훈련의 내용과 과정을 어떻게 받아들이는지 검토하는 것이다.

우선 또래상담 훈련이 과연 효과적이었는지, 훈련에 참가한 청소년들에게 어떤 측면에서 얼마나 효과가 나타났는지 등이 평가의 초점이 될 수 있다. 예를 들어, 또래상담 훈련이 청소년들의 대인관계 능력, 의사소통 능력 등의 향상을 목표로 한다고 할 때, 실제 그 능력이 향상되었는지 관련 척도를 활용하여 알아볼 수 있다. 보통은 통제집단 없이 프로그램의 시작 전과 종료 후에 동일한 척도를 실시하여 통계적으로 그 효과를 검증하는 방법을 사용한다. 이러한 방법은 전통적인 연구방법론의 맥락에서 이해할 수 있다. 자세한 내용은 '제4부 또래상담 연구'를 참조하기 바란다.

또래상담 훈련 프로그램 평가서

1. 프로그램 내용

	매우 부족	부족	보통	만족	매우 만족
1-1. 들어가기	1	2	3	4	5
1-2. 친한 친구 되기	1	2	3	4	5
1-3. 대화하는 친구 되기	1	2	3	4	5
1-4. 도움 주는 친구 되기	1	2	3	4	5

2. 프로그램 진행방법

2-1. 강의	1	2	3	4	5
2-2. 연습	1	2	3	4	5
2-3. 실제로 해 보기	1	2	3	4	5

3. 가장 인상 깊었던 점, 도움이 된 점을 기록해 주세요.

4. 아쉬운 점이나 보완되어야 할 점을 기록해 주세요.

5. 그 외에 건의사항이 있으면 기록해 주세요.

출처: 한국청소년상담원.

〈또래상담 훈련 프로그램 평가서 예〉

또 다른 초점으로 또래상담 훈련에 참가한 청소년들이 경험하는 것이 무엇인지, 변화되는 부분은 무엇인지 청소년들에게 직접 물어보는 방법이 있을 수 있다. 간단한 주관식 질문지나 면접을 통해서 청소년들이 스스로의 경험을 보고하도록 하는 것이다. 이러한 내용은 또래상담 훈련의 내용과 의미 등을 더욱 생생하게 전달하는 데 효과적인 자료로 활용될 수 있으며, 또래상담지도자의 활동에 대한 직접적인 피드백으로서 지도자로서의 활동 의욕을 유지 또는 고양시키는 역할을 하게 된다.

그 외에 보통 어떤 강연회나 프로그램의 참여자들로부터 직접적으로 평가를 받아 본다. 또래상담 훈련과정에 대해서도 그 내용(각 회기의 내용), 교육 및 훈련방식, 지도자, 물리적 여건(훈련 장소, 시간), 기타 소감 등을 간단하게 받아 볼 수 있다. 이러한 내용은 훈련과정의 보완과 개선을 위한 자료로 활용가능하며 각종 보고자료로도 의미를 갖는다.

2) 또래상담 운영의 평가

학교 현장에서는 또래상담자 양성을 위한 훈련과정뿐만 아니라 하나의 제도(system)로서의 또래상담반 운영과 활동이 비중 있는 평가의 차원이 된다. 이 부분을 또래상담 운영에 대한 평가라고 할 수 있다.

또래상담반으로서의 활동, 즉 훈련을 통해 학습한 것을 실제 친구들과의 관계에서 적용하고 그 경험을 동료들 및 또래상담지도자와 논의하는 활동과정이 평가의 대상이 될 수 있다. 또래상담 연구의 경우, 훈련과정과 활동과정을 나누고 그 전후에 대해 몇 차례에 걸쳐 척도를 실시하는 방식으로 수행된 연구들이 있다.

우선 훈련받고 활동하는 또래상담자뿐만 아니라 또래상담자 주변의 또래 학생들, 또래상담자가 활동하는 학급, 또래상담반이 활동하고 있는 학교 전체의 분위기에서 어떤 변화가 있는지 검토하는 방법이 있다. 척도를

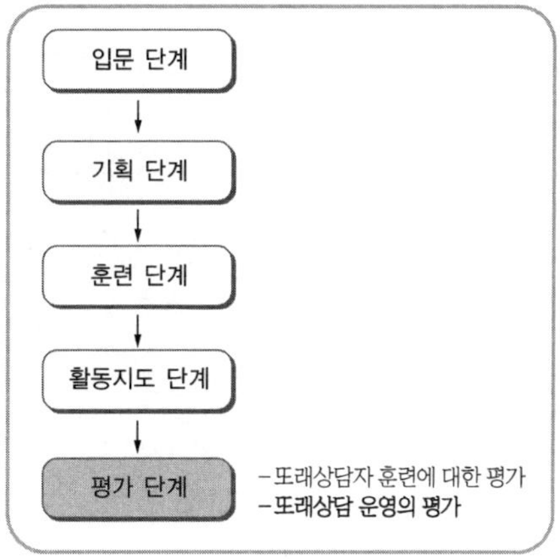

활용한 통계적 효과검증이 어렵기는 하지만, 제도로서의 또래상담 전반에 대한 평가라는 의미가 있다. 즉, 또래상담반이 매년 특정한 활동목표, 예를 들어 왕따 예방, 성교육, 중도탈락 예방 등의 목표를 두고 활동하며, 그러한 목표가 얼마나 달성되었는지 다양한 지표들을 통해서 확인하는 방식이다.

또 하나는 학교 내에서 또래상담반의 활동과정 전반에 대한 지도자로서의 평가다. 즉, 또래상담반 신입생 모집에서의 어려움이 있다면 그 이유는 무엇이고 어떤 대책을 세울 수 있는가, 또래상담반 학생들의 자발성이나 응집력이 부족하다면 그 원인은 무엇이고 대안은 무엇인가, 학교 내에서 또래상담반의 위상을 높이고 활동을 홍보하는 방안으로 어떤 활동을 시도해 볼 수 있을까 등의 질문을 계속 하면서 집단활동 지도자로서의 역할을 지속해 나가는 것을 의미한다. 또래상담지도자가 이러한 또래상담 운영 전반에 대한 평가와 대안 마련 등을 지속하려면 또래상담에 대한 상당한 에너지와 열의가 필요하다.

한편, 이러한 에너지와 열의를 계속 만들어 나가기 위해서도 평가 단계를 통해 또래상담지도자 스스로가 피드백을 받고 자질을 향상시켜 나가는 과정이 의미를 갖는다. 평가 단계를 거치면서 얻어진 평가 결과는 다음 해에 또래상담반을 운영할 때 입문 · 기획 · 훈련 · 활동지도 등 각 단계에 반영된다는 점에서 순환적인 단계 모형임을 다시 한 번 강조한다.

제3부

또래상담 프로그램의 실제

- **제6장** 또래상담 프로그램의 내용
- **제7장** 또래상담 훈련 방법
- **제8장** 또래상담 프로그램 구성을 위한 활동 모음

| 제 6 장 |

또래상담 프로그램의 내용

학교 또는 기관에서 또래상담 프로그램을 운영하려 한다고 가정해 보자. 여기서 또래상담 프로그램이란 무엇을 의미하는가? 우선 학교나 기관의 요구와 상황에 맞게 또래상담의 목적을 설정하고, 또래상담자를 선발하여 훈련시키고, 이들의 또래상담 활동을 지도하는 일련의 과정 전체, 즉 또래상담을 제도화하고 운영하는 시스템으로서의 또래상담 프로그램을 의미한다. 이는 또래상담 프로그램의 포괄적인 의미를 일컬으며, 이 내용은 제2부에서 이미 다루었다.

그러나 좁은 의미에서 보자면, 학교/기관의 또래상담 운영체제 안에서 또래상담자를 양성하기 위한 구체적인 훈련 프로그램을 의미한다. 사실 또래상담이 성공적으로 운영되기 위해서는 유능한 또래상담자를 양성하는 것이 무엇보다 중요하다. 잘 훈련받은 또래상담자는 주변의 또래와 친밀하고 협조적인 관계를 형성하며, 적절한 도움을 줄 수 있기 때문이다. 또래상담의 주체가 되는 또래상담자의 수준이 또래상담 운영의 수준을 결정짓는다 해도 과언이 아니다. 따라서 또래상담자 훈련은 또래상담 운영에서 가장 중요한 부분이라고 할 수 있다. 제2부에서 넓은 의미의 또래상담 프로그램, 즉 학교에서의 운영 시스템을 다루었다면, 제3부에서는 또래상담자를 양성하기 위한 구체적인 훈련 프로그램에 초점을 맞추고 있다.

유능한 또래상담자를 양성하기 위해서는 또래상담자로서의 자질과 기술을 습득할 수 있도록 별도로 마련된 훈련 프로그램을 통해 체계적인 교육이 이루어지는 것이 바람직하다. 훈련 프로그램의 내용은 무조건 많을 필요는 없지만, 또래상담자의 역할을 수행할 수 있는 기본적인 내용을 포함시켜 일관성 있게 구성하여야 한다. 훈련시키고자 하는 내용에 따라 강의나 워크숍 또는 집단상담 등의 여러 가지 방식으로 프로그램이 진행될 수 있을 것이다. 또한 훈련기간은 반드시 장기적일 필요는 없지만, 피훈련자들이 훈련내용을 충분히 소화할 수 있을 만한 기간이 확보되어야 한다.

이제부터 또래상담 훈련 프로그램에 어떠한 내용이 포함되어야 하고 그 방식은 어떠해야 하는지를 살펴보고, 또래상담자 훈련에 실제 적용할 수 있는 프로그램들을 예시하고자 한다.

1. 또래상담 프로그램의 내용 구성

또래상담자를 양성하기 위해 어떠한 훈련내용이 포함되어야 하는가는 장차 또래상담자가 어떠한 역할과 기능을 맡게 될 것인가에 따라 달라진다.

우선 또래상담자가 일상생활 속에서 또래들과 자연스러운 유대관계를 맺으며 친구들의 고민을 들어주고 깊은 우정을 맺어 간다면, 일단 그것만으로도 또래상담자의 역할을 충분히 해낸다고 할 수 있다. 그렇다면 혹자는 이렇게 말할 것이다. “친구들과 친하게 지내며 우정을 맺어 가는 것쯤이야 청소년들에게는 자연스러운 일이 아닌가? 굳이 별도의 훈련이 필요하겠는가?”

우리는 이러한 의문에 대해, 우정을 맺어 가는 것도 배워야 한다고 말하고 싶다. 요즈음 아이들이 이기적이고 자기중심적이라는 이야기들을 많이 한다. 그래서 왕따니 집단따돌림이니 학교폭력 등의 문제도 많아졌다. 물론 경쟁적인 입시 위주의 분위기를 탓하기도 하지만, 사회 · 인지적인 측면에서 청소년기는 자아중심적인 경향이 강한 시기다. 그래서 자기와 생각이 다른 상대방은 틀렸다고 배척하게 되며, 끼리끼리 파당을 만들게 되는 것이다. 동시에 청소년기에 또래관계의 비중은 매우 커진다. 따라서 또래친구들과 보다 새롭고 성숙한 관계를 성취하는 것이 중요한 발달과업으로 등장한다. 결국 건강한 또래관계를 맺고 우정을 발전시켜 가기 위해서는 자기중심성을 극복하고 친구관계를 유지하기 위한 사회적 기술을 배우는 것이 필요하다.

이러한 사회적 기술을 익힌 또래상담자들이 그들의 친구들과 자연스럽게 유대를 맺으며 우정을 발전시켜 가게 되면, 청소년들의 또래관계가 보다 긍정적으로 확산되어 갈 수 있으리라고 본다. 그러한 의미에서 또래상담 훈련은 청소년들에게 서로가 진정한 친구가 되는 방법을 가르치는 것이다.

또래상담 프로그램은 사회적 기술에 초점을 맞추어 구성될 수 있다. 이를테면 상대방에게 주의를 기울이고 경청하는 태도, 대화하는 방법, 상대방과의 갈등을 다루는 방법, 타인의 자존심을 위협하지 않으면서도 자기 생각을 표현할 수 있는 능력 등을 기본적인 내용으로 담을 수 있다.

경우에 따라서는 또래상담자가 특정한 문제나 어려움을 지닌 또래친구에게 구체적으로 개입할 수 있도록 전문적인 훈련을 받을 수도 있다. 초기 또래상담 훈련 프로그램이 주로 의사소통 훈련모델에 입각하여 경청하기, 의사소통 기술 및 대인관계 기술 등의 내용이 주를 이루었다면, 최근에는 학교폭력 예방을 위한 또래중재 프로그램이나 약물남용 방지를 위한 또래상담 프로그램, 진로탐색을 위한 또래상담 프로그램 등 특정 문제영역별로 훈련 프로그램이 세분화되고 있다. 만일 또래상담자에게 이러한 특정 역할을 맡긴다면, 이 역할을 수행할 수 있는 기본 훈련이 이루어지도록 프로그램이 구성되어야 할 것이다.

또래상담 훈련 프로그램의 내용 구성을 위한 지침

1. 학교 현장에서 또래상담 운영에 대한 기대와 요구를 파악하라.
2. 본인이 계획하는 또래상담 운영의 목적과 목표를 명확히 하라.
3. 또래상담자의 역할과 활동에 대해 어떠한 기대를 하고 있는지 점검하라.
4. 또래상담 운영의 목적과 목표에 도달하기 위해 습득해야 할 기술과 태도를 추출하라.
5. 습득해야 할 기술과 태도를 훈련할 수 있는 일련의 활동들을 수집 또는 개발하라.
6. 수집된 활동들은 체계적이고 일관성 있는 위계에 따라 훈련 프로그램으로 구성하라.
7. 훈련 프로그램의 내용과 활동은 피훈련자의 수준에 맞추라.

2. 또래상담 프로그램의 기본 요소

또래상담자가 하는 역할에 따라 또래조력자, 또래도우미, 또래중재자, 또래교사, 또래지도자, 또래멘토 등 다양한 명칭으로 불리는 것처럼 여러 가지 문제영역에 따라 다양한 또래개입 프로그램이 개발되고 있다. 그 역할과 훈련내용이 조금씩 다를지라도 또래상담은 기본적으로 또래들과 지지적인 관계를 형성하고 도움을 주는 일을 수행할 수 있는 내용이 프로그램에 담겨 있어야 한다. 미국의 NAPPP(National Association of Peer Program Professionals)는 또래상담 프로그램[1]에 포함되어야 할 기본적인 핵심내용을 제시하였는데, 훈련과정에 대한 부분에서 다음과 같이 언급하고 있다.

> "일단 또래상담자로 선발되면 또래상담자 역할을 수행하기 위한 지식과 기술을 습득할 수 있도록 훈련 프로그램이 제공되어야 한다. 훈련 프로그램은 프로그램의 목표를 반영하고 있어야 하며, 적용되는 대상의 필요와 특징, 연령에 적합해야 한다. 또한 적절한 교육과정과 훈련전략을 활용해야 하며, 또래상담연합회의 기준과 윤리강령을 따라야 한다. 피훈련자는 훈련의 모든 과정에 참여해야 하며, 기술을 최대한 발전시킬 뿐 아니라 인간적인 성장을 꾀하도록 한다. 또한 훈련은 완결되는 것이라기보다는 지속적인 과정으로 보는 것이 바람직하다."

한국청소년상담원 또래상담 프로그램의 경우, 청소년 또래상담의 기본 정신을 '친한 친구 되기' '대화하는 친구 되기' '도움 주는 친구 되기'로 삼고 있으며, 또래상담자가 이러한 역할을 수행하기 위한 다양한 형태의 구체적인 훈련 프로그램으로 제시하고 있다. 필자 모두 한국청소년상담원의 또래상담 프로그램 개발에 참여하고 또 학교 현장에 보급하면서, 청소년 또래상담 프로그램의 기본 요소는 적절한 것으로 판단되었다. 물론 또래상담이 운영되는 상황과 또래상담자에게 요구되는 역할에 따라 프로그램은 다양한 내용을 포함하게 되지만, 기본적으로 다음 네 가지 영역을 기본적인 내용으로 삼고, 현장의 요구에 맞게 변형이 이루어질 수 있다.

첫째, 자기이해 측면이다. 또래상담자가 자신의 내적 특성을 이해하는 것, 특히 자기 자신에 대한 긍정적인 이해와 수용은 타인을 돕는 역할을 수

---

1) NAPPP에서는 또래 프로그램이 다양한 형태로 구성될 수 있지만, 기본적으로 갖추어야 내용을 기준으로 제시하고 있다. 여기서 프로그램이라는 것은 단순히 훈련 프로그램뿐만 아니라 또래조력체제를 운영하는 전 과정을 프로그램으로 보고 준비와 기획, 또래조력자 선발 및 훈련, 평가까지 모두 포함하고 있다. 또래조력(peer helping)은 또래상담(peer counseling)을 비롯하여 다양한 또래조력활동을 모두 포함하는데, 여기는 본문의 맥락에 맞춰 또래상담이라고 하였다.

행하는 데 있어서 중요한 밑받침이 된다.

둘째, 대인관계 측면이다. 또래상담자가 또래들에게 도움을 주기 이전에 주변의 또래들과 긍정적인 대인관계를 형성하는 것이 무엇보다 중요하다. 이를 위해 또래상담자의 대인관계 능력—이를테면 자신과 다른 타인 존중하기, 편견 극복, 자신의 친구관계에 대한 조망능력 등—을 향상시킬 수 있는 내용이 포함될 필요가 있다.

셋째, 의사소통 측면이다. 또래상담자가 전문상담자가 가지는 고도의 상담기술을 익힐 필요는 없다. 대신 상대방의 이야기를 경청하고 공감하며, 적절한 자기표현을 할 수 있는 의사소통 능력을 기른다면 또래들의 일상적인 고민을 들어주는 데 도움이 될 수 있다.

넷째, 도움행동에 관한 것이다. 흔히 또래상담자가 하는 역할은 일상적인 친구관계 속에서 아주 작은 도움행동에서부터 출발한다. 사소하지만 도움이 필요한 친구에게 관심을 보이는 것에서부터 전문적인 상담기관을 안내하는 일까지, 또래상담자가 할 수 있는 역할을 찾아봄으로써 또래상담자의 정체성을 가지는 데 도움이 될 수 있다.

참고로 NAPPP에서 제시하고 있는 또래개입 프로그램 지침에서는 또래상담자 훈련내용에 포함되어야 할 기본적인 요소를 다음과 같이 제시하고 있다(http://www.peerprogramprofessionals.org/publications/publications/standards/).

1. 또래상담자의 역할에 대한 교육
   가. 또래상담 프로그램에 대한 안내
   나. 돕는 사람의 특성(배려, 수용, 진실성, 이해, 정직성)
   다. 자기인식
   라. 긍정적인 모델이 되기: 건강한 삶 살기
   마. 충고, 해결책을 제시하거나 가치를 심어 주려는 유혹에서 벗어나기
   바. 적극적인 경청기술

사. 또래상담자의 한계 인식

아. 개인과 집단에 대한 신뢰감 형성하기

자. 또래상담자들 간의 지원체제 형성

차. 행동기준과 윤리강령 개발

2. 비밀보장 문제

또래상담자와 도움을 받는 또래 간에 이루어지는 대화는 비밀이 보장되어야 하지만, 다음 세 가지 경우에는 예외다.

가. 또래상담자와 내담자 또 타인의 안전에 위험이 있다고 판단될 때

나. 아동학대, 성적 학대, 가족역기능, 정신질환, 자신과 타인을 해할 위험, 약물 및 알코올 남용이 있는 경우

다. 또래상담자의 경험이나 전문성을 벗어나는 상황(문제)일 때

(또래상담자가 예외상황을 확인할 수 있는 방법과 자신의 한계와 책임을 인식하고 전문가에게 연결할 수 있게 한다든지, 적절한 정보제공을 할 수 있는 내용이 또래상담 훈련 프로그램에 필수적으로 포함되어야 한다)

3. 의사소통 기술

가. 언어적 · 비언어적 의사소통의 기본 원리

나. 적극적인 경청기술(경청, 공감 등)

다. 촉진적인 반응(질문하기, 명료화하기, 요약하기 등)

라. 다양한 상황에서의 의사소통기술(예: 신입생을 만났을 때, 다른 나라 다른 문화권의 학생과 대화할 때 등)

4. 문제해결 및 의사결정 전략

의사결정 단계(문제 확인－대안 브레인스토밍－결과 예측－계획 실행－결과 평가)

5. 기타 문제(주제)[2)]

가. 인간행동에 대한 기본 이해(전문상담자 수준까지는 아니더라도 또래상담자는 다음과 같은 개념에 어느 정도 익숙해 있어야 한다.)

2) NAPPP에서 또래개입 프로그램이 갖추어야 할 내용을 제시한 지침에는 또래상담자가 개입할 수 있는 다양한 문제영역까지 감안하고 있다. 특히 청소년뿐만 아니라 준전문상담가로서 성인동료상담까지 포함하고 있다. 때문에 이들이 다루게 되는 내용도 위기전화상담을 비롯해 다양한 영역에 걸쳐 있는 것을 알 수 있다.

-행동의 동기 및 강화요인에 관하여
-사회문화적 영향과 차이
-개인 및 집단역동

나. 집단촉진기법
다. 또래교사전략
라. 위기관리
마. 갈등해결
바. 특수한 요구가 있는 집단
사. 위기전화상담 관리
아. 특수 문제영역(물질남용, 중도탈락, 우울과 자살, 10대 임신, 아동학대, 성병, 폭력, 가족관계 등)
자. 의뢰기관 및 서비스, 프로그램에 대한 정보

일반적으로 또래상담자 훈련은 관심 기울이기나 경청, 공감적 대화, 명료화와 피드백 주기 등과 같은 의사소통 기술에 초점을 두고 있다. 그러나 또래상담자는 구체적인 의사소통 기술 외에 기본적으로 인간에 대한 깊은 이해와 인간관계의 역동을 이해할 수 있는 능력을 필요로 한다. 또한 또래관계의 역동성과 인간관계의 본질을 이해할 수 있는 능력이 있어야 하며, 또래상담자 자신이 인간에 대한 이해를 깊이 함으로써 인간에 대한 조망과 문제해결 조력능력을 기르는 것들이 포함된다. 그리고 이러한 훈련기술이 효과적으로 적용되고 활용되기 위해서는 훈련과정에 다양한 실습내용을 포함해야 한다.

3. 또래상담 프로그램 개관

여기서는 현장에서 많이 활용되고 있는 대표적인 또래상담 프로그램의 내용을 소개하고자 한다. 각 프로그램의 구성을 살펴보면 또래상담자를 양성하기 위해 각각 어떤 측면을 강조하고 있는지를 이해할 수 있을 것이다. 대표적인 국내 프로그램인 한국청소년상담원의 또래상담 프로그램을 비롯하여 캐나다, 미국 등지에서 또래상담 프로그램의 기본 모형으로 활용되고 있는 여섯 가지 프로그램을 소개하고자 한다.

1) 한국청소년상담원의 단계별 또래상담 프로그램

배경 한국청소년상담원은 우리나라 중·고등학교 현장에 또래상담이 정착될 수 있도록 1994년부터 또래상담운영사업을 벌여 온 만큼 국내 또래상담 프로그램의 모체가 되는 다양한 프로그램을 개발해 오고 있다. 1994년부터 매년 개발되어 온 또래상담 훈련 프로그램은 1998년에 통합본(제5권)으로 개발되었고, 2000년도에는 이를 초·중·고등학교 수준별로 교육할 수 있도록 나선형 교육과정의 형태를 띤 단계별 또래상담 프로그램으로 발전시켰다(이상희, 노성덕, 이지은, 2000). 단계별 또래상담 프로그램 개발 이후 한국청소년상담원에서는 기초훈련 프로그램을 더 이상 개발하지 않고 있다. 다만 단계별 프로그램을 '활동지'로 재편집하여 웹상에서 제공하는 '웹교재' 형식으로 개발·탑재하였다.

구성 초·중·고 단계별 또래상담 프로그램의 구성은 〈표 6-1〉과 같다.

진행방식 한국청소년상담원의 또래상담 프로그램은 11회기로 구성되어 있으며, 한 회기는 50~90분으로 운영된다. 각 회기는 도입-활동-소감 나누기-정리의 과정을 거치게 되는데, 도입 부분에서는 해당 회기에서 배우게 되는 활동과 관련된 촉진게임을 활용하여 학생들의 참여 동기를 높이도록 구성되어 있다.

대상 초등학교 고학년 및 중·고등학생

특징 단계별 또래상담 프로그램은 동일한 주제를 초·중·고등학교 수

〈표 6-1〉 한국청소년상담원의 단계별 또래상담 프로그램 구성

단 원	목표 및 내용
들어가기	• 또래상담 프로그램 오리엔테이션 • 집단에 대한 친밀감과 신뢰감 형성
친한 친구 되기	• 또래상담자들의 친구관계 증진과 인성적 측면 성장 –친구의 의미 인식 –친구관계 점검 –친구관계 증진(타인의 관점 이해하기, 서로 존중하기, 친구에게 다가가기 등)
대화하는 친구 되기	• 상대방의 마음을 이해하고, 효과적인 의사소통으로 대화를 이끄는 방식을 습득 –경청연습과 공감하기 –의사소통의 걸림돌 –대화전략(생기리전략, 어기역차전략, 잠하둘셋, 나–전달법)
도움 주는 친구 되기	• 또래들 속에서 도움을 주고, 문제해결에 도움이 되는 전략 습득 –도움 주는 대화(원무지계전략) –친구사이 갈등 대처 –도움되는 활동들
마무리	• 배운 내용을 정리하며 느낀 점과 실행할 점 나누기 • 프로그램의 내용과 진행에 대해 평가하기

준별로 내용을 달리 구성하였기 때문에 학교급별 연계가 가능하며, 지속적인 훈련이 가능한 나선형 교육과정의 형태로 제작되었다는 점이 가장 큰 특징이다. 단계별 프로그램의 내용은 해당 발달연령에서 강조해야 할 측면에 비중을 두어 달리 구성되어 있다. 따라서 훈련받는 학생들의 발달수준에 맞춰 탄력적으로 운영할 수 있다는 장점이 있다. 이를테면 '친한 친구 되기' 단원이 끝나더라도 이 단원의 내용에 대해 심화훈련이 필요하다면 상위 단계의 내용으로 반복학습이 가능하도록 되어 있다.

2) 한국청소년상담원의 군 솔리언 또래상담 훈련 프로그램

배경 군 상담의 효과성을 높이기 위해 또래상담을 적용한다. 군대 내 병사의 대부분이 발달단계상 청소년기에 해당하기 때문에 또래집단의 영향을 많이 받을 것으로 전제한다. 특히 상대적으로 폐쇄적이고 수직적인 위계질서가 강조되는 군대 문화적 특성상 개방적이고 평등한 인간관계를 지향하는 일반상담보다는, 동료에게 고민을 이야기하고 논의하는 방식인

〈표 6-2〉 한국청소년상담원의 군 솔리언 또래상담 프로그램 구성

단 원	내 용
1부 들어가기	• 강사 소개 • 솔리인 또래상담 소개 • 규칙 정하기 • 모둠 나누기 • 자기 소개하기
2부 좋은 군 솔리언 되기	• Ice Break • 되고 싶은 군 솔리언 • 타입으로 만나는 나
3부 대화하는 군 솔리언 되기	• Ice Break • 잘 듣는 것은 기본 • 대화를 잘 이끌어 가는 전략 • 정서조절 • 도움 주기 위한 상담전략(Career advising)
4부 도움 주는 군 솔리언 되기	• Ice Break • 이럴 때는 어떻게 하지?(Coachong) • 실패는 성공의 어머니(Learning form experience) • 새로운 동료를 환영합니다
5부 마무리	• 마음의 선물 주기 • 대화 종합 연습 • 상장 주기 • 프로그램 평가

또래상담이 더 효과적이라고 판단했다. 이 프로그램은 한국청소년상담원에서 초, 중, 고, 대학 등 학교를 중심으로 이루어지고 있는 솔리언 또래상담 프로그램을 기반으로 군에서의 동료상담자의 역할과 기술 함양을 목적으로 개발된 것이다. 군 솔리언 또래상담 프로그램은 군 병사들의 심리적 건강을 돕고, 군대 내 사고예방과 건강한 군 문화 확산에 기여할 것으로 기대한다(양미진, 신효정, 송미경, 2008).

구성 군 솔리언 또래상담 프로그램의 구성은 〈표 6-2〉와 같다.

진행방식 군 솔리언 또래상담은 2일 동안 집중적으로 이루어진다. 군의 특성상 주 1회 프로그램 운영이 어렵기 때문이다. 따라서 군의 일정과 상황을 고려한 2일 프로그램 운영 방식을 추천하고 있다.

대상 군 사병 중 또래상담자 훈련 희망 병사가 그 대상이다. 향후 상담병과가 신설되거나 혹은 상담부특기 제도가 실시된다면 또래상담병을 소대단위 부특기병으로 임명하고, 대대단위 이상에서는 또래상담병을 주특기로 부여하여 상담병과에 배속하는 것도 기대해 볼 만하다. 이 경우 또래상담자는 주특기 또는 부특기병이 되고, 또래상담지도자 역할은 상담병과에 배속된 하사관 또는 장교가 맡게 되리라 기대해 본다.

특징 군 솔리언 또래상담 프로그램은 군대 내 사고 예방과 군 상담문화 확산을 통하여 군조직의 적응 증대를 목적으로 하고 있다(양미진 등, 2008). 이러한 목적에 맞게 프로그램은 부대 내 동료 병사들의 어려움을 조기에 발견하여 적절한 도움을 주도록 하는 데 초점을 두고 있다. 따라서 학생들을 대상으로 하는 프로그램이 주로 '대화하기'에 초점이 맞추어져 있다면 군 솔리언 또래상담 프로그램은 코칭, 진로에 대한 조언, 군 내 특정 업무에 대한 구체적인 가이드 등에 초점을 맞추는 특징을 보인다.

3) 소년원 또래상담 프로그램

배경 소년원 또래상담 프로그램은 법무부 범죄예방정책국에서 소년원생들의 원내 적응을 지원하고, 서로 돕는 문화를 소년원 내에서 정착시키기 위하여 외부전문가에게 연구 의뢰를 하면서 시작되었다(노성덕, 정지연, 명선희, 김병관, 2010). 법무부에서는 또래상담 프로그램을 적용하여 궁극적으로 청소년들의 사회적응을 촉진함으로써 재범을 방지하고자 하는 목적을 가지고 있었다. 이 프로그램 적용을 계기로 소년원은 원내 반장을 '또래도우미'로 개칭하고 전체 소년원에 프로그램을 확산시키고자 했다.

구성 소년원 또래상담 프로그램의 구성은 〈표 6-3〉과 같다.

〈표 6-3〉 소년원 또래상담 프로그램 구성

	회기	내용	
첫째 날	1	• 들어가기 • 집단원 알기	–당신의 이웃을 사랑하십니까? –콜라주로 자신을 소개
	2	• 오리엔테이션 • 집단신뢰감 형성	–기본 규칙이 있는 빙고판에 몇 가지 더 추가한 뒤 빙고게임! –규칙을 서약서에 쓰고 사인을 한다. –들어가기/또래상담의 정의/누가 또래상담자인가?(헤르미온느, 지니) –조 이름 정하고 구호 외치기 –또래상담자의 역할, 기대 등에 관한 문제를 주고 ○, ×로 답한다(조별 1명씩 나와서 ○× 맞힌다.).
둘째 날	3	• 다가가는 상담자 되기 (1)	–질문에 대한 답을 조별로 돌아가며 하나씩 얘기, 순위에 없으면 포스트잇을 붙인다. 후에 떼기에서 가장 늦게 떼는 사람이 벌칙 –자신이 상담을 의뢰했던 친구를 떠올린 뒤 그 경험을 나눈다.
	4	• 다가가는 상담자 되기 (2)	–다가가는 느낌, 다가오는 느낌, 경험하는 활동 1, 2 –다가가기 역할극(맞아맞아상, 그럴싸상) –마니또 게임 –다가가기 연습–일지기록 –과제: 일지(3일 실시)

셋째 날	5	• 대화하는 상담자 되기 (1)	–게임을 통해 언어–비언어 중요성 실감 –듣기/안 듣기 게임 –경청의 기본자세를 익힌다.
	6	• 대화하는 상담자 되기 (2)	–질문법! 제대로 알면 성공이 보인다!: 말풍선에 개방형 질문 넣기 –어기역차 시청각 자료 –어기역차 실습(한 명씩 실습, 배경음악–어기야디어야~~) 후 역할 연기 –과제 제시
넷째 날	7	• 도움 주는 상담자 되기 (1)	–말풍선을 이용한 합리적 사고 연습, 합리적 사고를 통해 마음 다스리는 법 배우기 –노랑 토끼, 흰 토끼 게임을 통해 화가 나지만 참아야 하는 상황 체험 –시청각 자료(잭 니콜슨 주연의 〈성질 죽이기〉) 본 후 연습
	8	• 도움 주는 상담자 되기 (2)	–두 명이 한 짝이 되어 한 명은 눈을 가리고 한 명은 안내 –원무지계 시청각 자료 –원(빨), 무(노), 지(초), 계(파) 판에 알맞은 내용 넣기 –원무지계 실습
마지막 날	9	• 도움 주는 상담자 되기 (3)	–워밍업 게임(지금까지 게임 중 가장 기억에 남는 게임 재방송) –나의 좋은 점, 아쉬운 점에 대한 집단원 생각을 듣고 소감 발표 –마음의 선물을 나누고 자신이 받은 선물을 공개한 후 소감 발표 –마니또가 누구이며, 어떻게 관심 가져 주었는지 소감 –또래상담자의 역할 시청각 자료
	10	• 평가 및 마무리	–프로그램 요약 PPT 자료 보면서 전 과정을 복습, 요약 –프로그램 평가 및 마무리 –수료증 수여식 및 축하파티

대상 소년원 내에 재원 중인 청소년 중 차기 '또래도우미', 즉 반장 후보자를 훈련 대상으로 한다.

진행방식 소년원생들은 일정한 장소에서 공동생활 한다는 특징을 가지고 있다. 따라서 일주일에 2회 정도 훈련을 실시하는 것이 적합하다. 일주일에 1회 훈련을 진행하면 간격이 길어 학습의 전이 효과를 기대하기 어렵다. 그리고 매일 훈련하면 실제 생활 장면에서 연습하고 피드백 받기가 용이하지 않다. 훈련은 귀납법적인 방식이 좋다. 'Ice Break → 실제 경험 →

배우기 → 과제 및 생활 장면 연습 → 피드백' 순환 과정으로 진행한다.

특징 소년원 또래상담 프로그램은 소년원 내 생활적응을 일차적으로 돕는 데 초점을 두기 때문에 '생활 갈등 중재' '또래 교수 활동: 검정고시, 자격증 취득 조력활동' '원 생활 적응 조력' 등을 강조한다. 그래서 훈련 프로그램의 예시와 과제 등이 실제적인 생활상의 조력활동을 진행하도록 맞추어져 있으며, 갈등을 해결하는 데 필요한 자질을 향상시키는 것에 관심을 가지고 있다. 하지만 소년원의 특성상 훈련받은 청소년이 어느 정도 활동할 수 있는지가 미지수이기 때문에(퇴원 시기가 제각기 다르고, 어느 경우엔 또래도우미로 임명된 지 1, 2개월 만에 퇴원하기도 한다.) 실제적인 활동에 어느 정도 쉽게 익숙하게 할 것인가가 훈련의 관건이 된다.

4) 배런호스트의 Curriculum Guide for Student Peer Counseling Training

배경 이 프로그램은 Varenhorst(1980)에 의해서 캘리포니아 팔로알토(Palo Alto) 지역에서 11년간의 연구를 통해 개발되었다. 이것은 또래상담 학생과 이들을 지도하는 또래상담지도자의 훈련을 목표로 하고 있다.

구성 프로그램 전체 내용은 단계적인 방식으로 진행되고 있다. 초기에는 가장 기초적인 기본 기술부터 시작하여 특별한 관심 영역으로, 집단 응집력에 있어서도 초기에는 중립적인 내용으로부터 시작하여 더욱 개인적인 내용으로 진행하고 있다. 프로그램 내용 구성은 첫 7회기는 기본기술 훈련으로 이루어지며, 이후 8회기는 특별한 문제영역을 다루는 것으로 이루어져 있다. 구체적인 내용은 〈표 6-4〉와 같다.

진행방식 각 회기는 60~90분가량이 소요되는데, 지도자의 계획에 따라 한 회기 프로그램을 더 작은 분량으로 나누어 여러 번 진행할 수도 있다. 한 회기는 다음의 원칙에 따라 진행된다.

〈표 6-4〉 배런호스트(1980)의 또래상담 프로그램 구성

단 원	내용
기본기술 훈련 (7회기)	• 일대일 관계 • 의사소통 기술-질문하기 • 경청하기 • 비언어적인 의사소통 • 낯선 이 대하기 • 어른 대하기 • 의사결정 과정과 가치
특수문제 영역 (8회기)	• 상담 권유, 상담 프로그램 소개 • 가족 문제 • 또래관계 문제 • 약물 및 건강 문제 • 성 문제 • 죽음의 문제 • 민감한 문제 • 의뢰

1. 회기의 주제에 관한 개관 및 논의
2. 학생들에게 요구되는 학습활동
3. 훈련 동안에 무엇이 일어났는지, 또 어떤 것을 경험했는지, 그리고 그 주제와 연관된 특별한 강조점이 무엇이었는지를 분석 논의

이와 더불어 대부분의 회기에서 피훈련자에게 숙제가 할당되기도 하는데, 지도자의 필요에 따라 선택할 수 있도록 하였다. 선행연구에 따르면, 숙제를 할당하는 것은 기술을 더욱 빨리 습득하고 훈련 이외의 장면에서 기술을 더욱 적절히 응용할 수 있다는 점에서 권유되고 있다.

지도자의 역할에 있어서 교수자의 역할도 중요하지만 '본보기(modeling)'의 역할도 강조된다. 이는 지도자가 훌륭한 선생님의 역할을 하는 것 이외

에 학생들에게 가르치는 의사소통 기술이나 다른 공감적 기술들을 자유롭게 표현하고 사용하여 그 자체로 또래상담의 본보기가 될 수 있어야 함을 강조하고 있다. 진행에 있어 또 한 가지 특이한 점은 학생들에게 번갈아가며 수업 관찰자가 되어서 '관찰자 보고(observer's report)'를 쓰게 한다는 것이다. 이는 특별한 '관찰하기' 강의가 아니더라도 매 회기 집단을 관찰하게 함으로써 학생들로 하여금 능숙한 관찰력을 습득하게 하기 위함이다.

대상 이 프로그램의 혜택 대상은 주로 소외되고 사회적으로 위축된 학생들이며, 다른 프로그램에 비해 훈련경험이 전혀 없는 개인들에게는 다소 어렵다는 평가를 받고 있다.

특징 이 프로그램의 가장 큰 특징이라면 훈련에서 '직접교수(Instructional) 기법'을 사용한다는 점이다. 이는 집단상담적 접근과는 달리 일정한 기술과 기법들을 명확하게 가르치고 훈련시키는 방법이다. 물론 전통적인 교수방법이 학생들을 훈련시키는 데 있어서 효과적이지 못하다는 비판을 받고는 있지만, 저자는 그 이유를 명확한 교수 자료(material)의 부재로 인해 지도자 자신이 혼란스러워서 비롯된 것이라 보고 있다. 명확한 자료가 있고, 지도자가 무엇을 훈련해야 하는지를 정확하게 파악한다면, 이러한 직접교수 방법이 다른 여타의 방법보다 더욱 효과적이라고 제안하고 있다. 또한 이러한 교수기법을 중심에 두고 다양한 토론과 경험 논의를 도입하기도 한다.

이와 더불어 또 하나의 눈에 띄는 특징은 지도자의 '강의계획안(lesson plans)'에 있다. 다른 모든 프로그램들도 마찬가지겠지만, 이 프로그램에서는 각 회기를 진행함에 있어서 지도자의 면밀한 준비를 강조하고 있다. 각각의 모든 회기에는 지도자가 성취해야 할 '과제(leaders task)'가 명시되어 있으며, 때때로 돌발 상황에서 대처할 수 있도록 '지도자 주의사항(notes to leaders)'까지 제시하는 세밀함을 보인다. 이와 더불어 또래상담지도자의 배경과 경험의 다양함에 따른 차이를 극복시키기 위하여 지도자가 그때 그때 사용할 수 있는 자료들을 부록으로 첨가하였다.

5) 틴달과 그레이의 Peer Power Books

배경 Tindall과 Gray(1985)는 또래상담자 훈련의 주목적이 효과적인 상담기술과 태도를 습득하는 것이라고 보았다. 그러므로 또래상담자 훈련을 위해서 반드시 세부적 기술을 단계별로 가르치는 프로그램이 필요하다고 여겨, 구체적인 상담기술과 태도를 익힐 수 있도록 체계적인 프로그램을 구성하였다.

구성 프로그램은 두 권으로 나누어져 있는데, 1권은 또래상담자로서의 기본적인 기술을 습득할 수 있도록 구성되어 있으며, 2권은 각 활동영역마다 활용할 수 있는 적용부분으로 구성되어 있다. 구체적인 내용은 〈표 6-5〉에 제시되어 있다.

진행방식 또래상담자 훈련에 요구되는 시간은 훈련에서 다루어지는 내용과 심도에 따라 다양하다. 기초수준(제1단계~제3단계)에서는 15~20시간이 일반적이며, 재교육 및 심화과정(문제영역별 훈련)이 있는 경우는 그 이상의 훈련기간을 설정하고 있다.

대상 청소년 이상

특징 Peer Power 프로그램은 세부적인 상담기술과 태도를 가르치기 위해 Trux와 Carkhuff(1967)의 통합된 교육-경험적 양식(didactic-experiential)에 기초하여 이루어졌다. 집단상담을 통해 얻게 되는 자기와 타인을 긍정적으로 이해하는 것은 또래상담 훈련의 주목적이 아니라 본다. 오히려 효과적인 상담기술과 태도를 습득하는 과정에서 자기이해가 부수적으로 이루어질 수 있다고 본다. 따라서 이 프로그램은 철저하게 기술 중심적이며, 전통적인 훈련자 중심의 강의와 더불어 피훈련자들이 새로운 학습내용을 적극적으로 경험하고 활용할 수 있는 실습과정을 담고 있다.

〈표 6-5〉 틴달과 그레이(1985)의 Peer Power Books 구성

프로그램	내 용
'PEER POWER' Volume I '효과적인 또래 조력자 되기'	• 또래상담의 정의와 개관 • 주의(attending)기술 • 의사소통의 걸림돌 • 공감기술 • 요약기술 • 질문기술 • 진실성기술 • 자기주장기술 • 직면기술 • 문제해결기술 • 또래상담 행동으로 옮기기 등
'PEER POWER' Volume II '또래 조력기술 적용하기'	• 약물 및 알코올 남용–중재와 예방 • 스트레스 관리–행복을 향해 가기 • 자기존중감 향상시키기 • 리더십 훈련 • 개인교습을 통한 또래조력 • 소집단 촉진하기 • 학급집단 이끌기 • 섭식장애 문제 인식하기 • 자살 예방 • 상실에 대한 대처 • 또래상담에 대한 윤리적 고찰 • 자기평가

6) 카아와 선더스의 Peer Counseling Starter Kit

배경 이 프로그램은 Rey Carr를 주축으로 하여 캐나다 University of Victoria의 Peer Counseling Project의 연구와 세미나를 통해 만들어진 것으로, 캐나다 전역에서 널리 활용되고 있다(Rey Carr & Gregory Saunders,

1998).

구성 이 프로그램은 다음과 같이 3부로 구성되어 있다.

- 1부－또래상담에 관한 일련의 Q & A로 Peer Counseling Project 팀이 캐나다 지역을 순회하며 공식적인 또래상담 워크숍을 통해 받았던 또래상담에 관한 필수적인 질문과 답으로 구성되어 있어 처음 또래상담을 접하는 사람들에게 유익한 안내서가 되어 준다. '왜 또래상담이 필요한가?' '또래상담 프로그램이란 무엇인가?'와 같은 기본적인 질문에서부터 '부모들의 반응' '또래상담자의 저항'과 같은 개별적이고 구체적인 질문과 그에 대한 답으로 구성되어 있으며, 계속적으로 새로운 질문들이 첨가되고 있다.
- 2부－또래상담 훈련자료가 두 단계로 나뉘어 있는데, 첫 단계에서는 공감적인 경청 등의 의사소통기술을 익히고, 두 번째 단계에서는 배운 기술을 적용하면서 지도감독을 받는 단계다. 구체적인 내용은 〈표 6-6〉에 제시되어 있다.
- 3부－부록에 해당되는 내용으로 각 훈련회기에서 사용되는 보조자료들, 추후의 프로그램 향상에 대한 필요성 및 제언과 함께 또래상담관련 자료의 목록이 포함되어 있다.

진행방식 1단계 훈련은 약 12회기로 이루어지고, 각 회기는 60~90분 정도 소요되며, 일주일에 두 번 정도의 훈련을 권하고 있다. 교육적이면서도 경험적인 방법으로 훈련이 진행되며, 학생들의 자발적인 참여를 권하고 있다.

대상 중 · 고등학생

특징 이 프로그램에서 가장 눈에 띄는 특성은 각 회기의 진행이 경험적인 접근으로 이루어진다는 것이다. 경험적 학습 사이클(experiential learning

〈표 6-6〉 카아와 선더스(1998)의 또래상담 훈련 프로그램 구성

단계	내용
1단계: 기본기술 훈련 단계	• 주의집중 기술(언어적, 비언어적) • 의사소통 장애물에 대한 자각(효과적인 의사소통에 있어서 다양한 유형의 장애물과 그것들의 효과 • 좋은 경청기술(공감적인 경청에 초점) • 비위협적인 상황을 만드는 방법 • 피드백과 한계를 포함한 반응(직면) • 자기노출('나-전달법'과 '너-전달법') • 가치의 개념에 대한 소개 • 윤리, 비밀보장, 의뢰 절차에 관한 이해 • 문제해결과 의사결정 기술 • 공동체 자원에 대한 정보 • 필요에 따른 여타의 기술들
2단계: 훈련 후 지도감독 단계	훈련받은 또래상담자가 실제로 배운 기술들을 적용하게 되면서 상담전문가와 연구 집회를 통하여 사례를 지도감독받게 된다. 이 시기에는 주로 또래상담자의 직접적인 경험, 필요, 관심에 따른 피드백, 직면, 지지, 문제해결 등을 다루게 된다.

cycle)이라고 소개되는 회기 진행방식은 참여자들의 경험담을 그날 배울 주제와 연결시켜 관련 기술과 내용을 습득할 수 있도록 하는 것이다. 즉, 실제적인 기술을 가르쳐 주기에 앞서 학생들의 경험을 먼저 이야기하게 하고, 그 속에서 학습해야 할 태도와 기술을 이끌어 내는 방식으로 이루어진다. 일방적인 교수방식에 비해 직접 느끼고 경험하여 스스로에 대해 반영적 사고를 할 수 있도록 한다는 점이 가장 큰 특징인데, 이에 대해서는 다음 장의 또래상담 훈련 방법에서 자세하게 설명할 것이다.

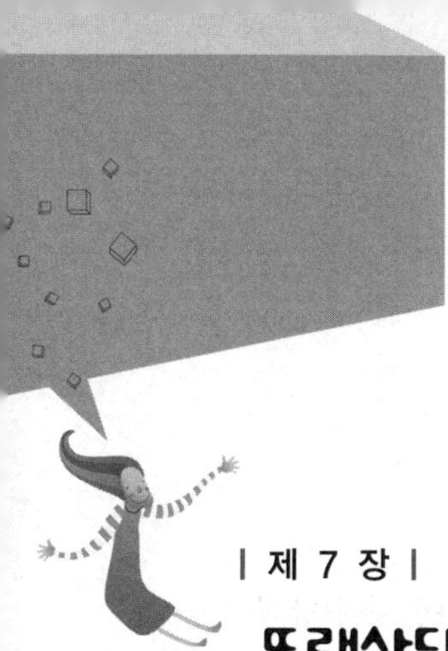

| 제 7 장 |

또래상담 훈련 방법

또래상담자를 양성하기 위한 훈련 프로그램은 대부분 집단상담 혹은 집단지도의 형태로 구성되어 있다. 따라서 또래상담자를 양성하고 지도하는 또래상담지도교사는 집단상담을 운영할 수 있는 기본적인 능력을 갖추어야 한다. 그러나 전문상담교사가 아니면서 이러한 집단상담의 전문적 기술을 터득하고 있기란 어렵다. 다행히 또래상담 훈련 프로그램은 치료적인 목적의 집단상담과는 달리 교육적인 내용이 상당부분 가미되어 있고, 구조화된 집단상담 활동으로 제공되어 있는 것들이 많다. 따라서 또래상담지도교사는 이미 만들어진 집단 프로그램이나 제8장의 예시활동을 잘만 활용해도 집단을 잘 운영할 수 있을 것이다.

이 장에서는 또래상담 훈련 프로그램을 진행하는 데 필요한 다양한 집단운영 기술과 또래상담 훈련 한 회기를 진행하는 요령을 다루고 있다.

1. 또래상담 훈련 방식

또래상담 훈련 프로그램을 운영하는 지도자는 다양한 훈련방식에 능숙해져야 하는데, 이는 훈련의 목적과 내용에 따라 적합한 훈련방식을 택하여 효과적으로 집단을 운영할 수 있도록 하기 위해서다. 다음에 제시되는 다양한 훈련방식들은 서로 배타적인 것이 아니며, 경우에 따라서는 한 회기에 여러 가지 방식을 사용하여 집단을 운영할 수도 있다.

1) 촉진활동

촉진활동이란 간단한 놀이나 게임, 도구 등을 활용해서 집단원들의 마음을 열게 하고 참여동기를 유발시키기는 그룹 활동을 말한다. 일명 ice-breaking이라고도 하는데, 집단원들이 처음 만났을 때 서먹서먹하고 어색한 분위기를 깨고 빠른 시간 안에 집단에 참여할 수 있도록 하기 위한 것이다. 특히 청소년들의 경우, 교육내용과 관련된 재미있는 촉진활동을 도입부분에 활용하면 동기유발을 높일 수 있다.

촉진활동은 그 시간에 하게 될 내용과 관련이 있는 활동을 선택하는 것이 바람직하다. 흔히 한 회기(50~90분) 중에 처음 5~15분 정도의 도입부분에 촉진활동을 하게 되는데, 나이가 어릴수록 활동적인 게임이나 놀이활동을 더 많이 가미하게 된다. 경우에 따라서는 이러한 촉진활동 자체만으로도 교육적인 체험이 될 수 있다.

효과적인 의사소통 기술을 습득하기 위해 여러 가지 대화전략을 직접 배울 수도 있지만, 경청게임(p. 195)과 같은 촉진활동을 활용할 수도 있다. 이 활동은 아주 짧은 시간 동안 재미있는 놀이처럼 진행되며, 경청의 중요성을 체험할 수도 있는 효과가 있다. 이 게임을 하고 나서 상대방의 어떤 태

촉진활동으로 즐거워하는 또래상담자

도를 보니까 잘 듣는 것 같은지, 상대방이 내 말에 경청하니까 말하기가 어떠했는지, 또 상대방이 어떻게 하니까 경청하지 않는 것 같고 그럴 때 어떤 기분이 드는지를 이야기하면서 효과적인 경청방법과 경청의 중요성을 체험할 수 있다. 이렇듯 촉진게임은 그 시간에 배울 내용으로 연결시켜 주는 동기유발의 효과를 가질 뿐만 아니라, 촉진게임을 깊이 있게 활용하면 그 자체만으로도 의미 있는 활동이 될 수 있다.

2) 직접교수

직접교수(instruction)란 또래상담자들이 습득해야 할 기본적인 태도와 구체적인 기술을 가르칠 때 직접적으로 명확하게 교육하고 훈련시키는 방법이다. 또래상담 훈련이 일반 집단상담과 구별되는 점은 후자가 집단경험을 통해 자기와 타인에 대한 깊이 있는 이해와 성장이 목적이라면, 또래상담 훈련에서는 구체적인 의사소통 기술, 상담기술을 습득하고 타인을 돕는 측면이 강조된다. 따라서 또래상담에 필요한 구체적인 내용을 효과적으로 전달하기 위해서는 직접적인 교수가 병행된다. 배런호스트(1980)도 또래상담자들에게 일정한 기술과 기법을 명확하게 교육하고 훈련시키기 위하여 직접교수 기법을 강조하고 있다.

또래상담 프로그램에서 직접적인 교수방법을 통해 훈련이 이루어지는 부분은 주로 의사소통 기술, 대화전략을 습득하는 과정이다. 이를테면 제8장 프로그램 활동 모음에서 여러 가지 대화전략으로 소개된 기술—생기리전략, 어기역차전략, 잠하둘셋전략, 원무지계전략—들은 지도자가 그 개념과 방법을 명확하게 가르치는 직접적인 교수로 이루어진다. 직접적인 교수방식이 효과를 거두기 위해서는 다음과 같은 사항들이 지켜져야 한다.

첫째, 지도자 자신이 가르치는 내용에 대해 충분히 숙지하고 있어야 한다. 이를테면 대화전략의 하나인 '생기리전략'이나 '어기역차전략'을 가르치기 위해서는 학생들에게 전달해야 할 기본적인 내용을 숙지하고 있어야 함은 물론이고, 이 전략의 근거가 되는 로저스의 '공감적 이해'에 대한 깊은 이해가 있어야 한다.

둘째, 필요한 기술과 전략을 직접적인 교수방식으로 가르친다 하더라도, 참여자들의 동기유발이 된 상태에서 이루어져야 한다. 따라서 촉진활동과 다양한 집단경험을 도입활동으로 두고 자연스럽게 교수내용과 연결될 수 있도록 하여야 한다.

셋째, 직접적인 교수방식으로 필요한 기술과 전략을 가르쳤다 하더라도, 충분한 연습을 통해 숙달되는 과정까지 이어져야 한다. 이를테면 의사소통 기술의 하나인 '나-전달법'과 같은 자기표현 기술을 가르친다는 것은 분명한 개념과 방법을 직접적으로 명확하게 제시한 다음, 역할연습과 충분한 실습을 통해 체득할 수 있도록 해야 하는 것이다.

3) 역할연습

역할연습(role play)은 또래상담자를 훈련시킬 때 다양한 목적으로 활용할 수 있는데, 또래상담 훈련에서는 크게 두 가지 형태의 역할연습이 주로 활용된다. 우선 구체적인 의사소통전략을 배우고 연습하기 위한 실습과정에서 역할연습을 활용하는 방법이다. 이는 두 사람이 상담자와 내담자의 역할을 맡아 훈련과정 중에 배운 대화전략을 직접 실습하는 방법이다. 또 다른 형태의 역할연습은 여러 가지 갈등상황이나 문제상황을 설정하고 각각 역할을 재연해 봄으로써 각자의 입장을 여러 각도에서 조망해 볼 수 있는 계기를 마련하고 문제해결책을 찾도록 하는 방법이다. 이러한 역할연습은 설정된 문제상황에 따라 두 사람 이상이 참여하는 역할극의 형태로 진행된다.

역할연습을 쉽게 적용하기 위해서는 예시상황을 먼저 제시하고 참가자들이 역할을 나누어 연습할 수 있다. 구체적인 의사소통전략을 연습하기 위해 가상상황을 설정하고, 그 속에서 또래상담자와 내담자의 역할을 맡아 실제적인 연습을 하게 된다. 이때 제시되는 가상상황은 훈련참가자들이 비교적 보편적으로 인식하고 있는 고민이나 문제상황을 예문으로 만들 수 있다. 이렇게 설정된 가상의 상황은 직접적인 자기 문제가 아니기 때문에 큰 무리 없이 객관적으로 상황을 경험해 볼 수 있다는 장점이 있다. 그러고 난 후 자신의 경험을 공개하고 이야기로 엮은 후, 이를 가지고 역할연습을 하게 할 수도 있다. 처음부터 자신의 경험을 소재로 할 경우 참가자들이 자기 문제를 노출해야 하는 부담을 느낄 수 있지만, 가상상황으로 역할연습을 한 후에는 자연스럽게 연결될 수 있을 것이다.

또한 역할연습을 하고 난 후에는 반드시 역할을 맡았던 사람들의 느낌과 경험을 발표하면서 정리하는 작업이 필요하다. 실제로 해 보니까 어떠했는지, 상대방이 이런 말을 하니까 어떤 기분이 들었는지, 그런 입장에 처했을 때 상대방의 어떤 말이 도움이 되었는지 등에 대한 피드백을 나누면서 역할연습을 통해 얻은 소중한 교육적 체험의 의미를 더 깊이 있게 느낄 수 있게 되는 것이다.

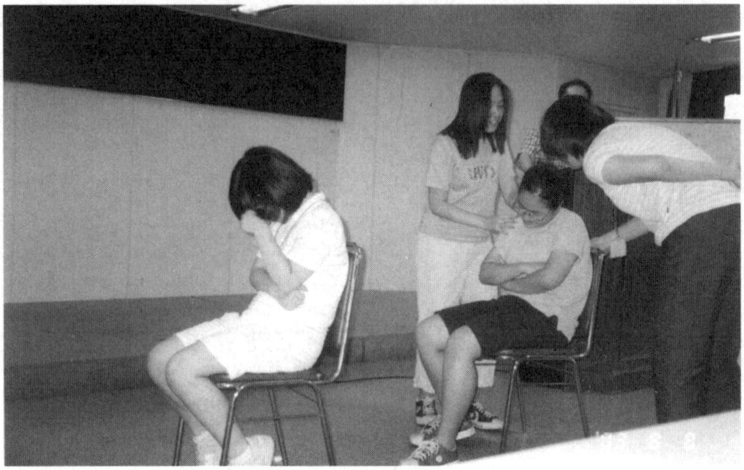

역할연습하는 장면

4) 모델학습

인간의 행동은 타인의 행동을 관찰하고 모방하는 것을 통해 발달한다는 주장은 Bandura나 Vygotsky 등의 이론으로 널리 알려져 있다. 또래상담 훈련에서 중요한 모델은 바로 또래상담지도자다. 타인에 대한 배려, 적절한 의사소통 기술, 의사결정 능력 등은 일상생활 혹은 훈련과정 중에 지도자가 보여 주는 자연스러운 모습을 통해 학생들이 은연중에 배우게 된다.

경우에 따라서는 모델학습(modeling)을 역할시연으로 활용하기도 한다. 이를테면 여러 가지 문제상황에서 또래상담자가 해야 할 역할을 지도자가 그룹 앞에서 시연함으로써 훈련생들이 배울 수 있도록 하는 것이다. 제시된 예시문이나 상담사례를 지도자와 훈련생이 역할을 나누어 시연함으로써 상담장면에서 발생할 수 있는 사태에 대처하는 방법 등을 배울 수 있다. 만약 또래상담자 그룹을 지도하는 지도자가 2인 이상일 경우에는 보다 잘 짜여진 상담역할극 또는 역할시연을 훈련생들에게 보여 줄 수도 있을 것이다.

5) 경험적 학습 사이클

또래상담 훈련에서는 또래상담에 필요한 기술적인 측면을 습득하는 것 못지않게 집단구성원들이 서로의 경험과 감정, 생각과 의견을 교환하는 상호작용을 통해서 또래상담에 필요한 인성적 측면을 학습하고 성장하도록 유도한다. 이러한 과정은 주제와 관련된 집단원의 경험과 생각을 서로 교환하고 지금-여기(here and now)에서의 상호작용을 촉진시켜 상호이해를 증진시키는 데도 도움이 된다. 이 방법은 주제와 관련된 학습을 풍부하게 하며 개인의 생각을 발전시켜 주는 효과가 있다. 이를테면 다음 장에 소개되는 또래상담 훈련의 예시활동 중 '도움 주는 활동 찾기'(p. 235)에서 각자 자신의 경험에 비추어 친구가 어떻게 해 주었을 때 도움이 되었는지를 이야기하면서, 자신이 또래상담자로서 '친구를 돕는 활동이 무엇인지' 서로의 생각을 교환하면서 또래상담자의 역할을 깊이 있게 인식할 수 있다.

이와 같이 또래상담자 훈련과정은 피훈련자들이 특정한 주제에 대해 깊이 생각하고 자신의 감정과 체험을 교류하는 집단상담의 형태로 진행되기도 하며, 또래상담을 하기 위해 필요한 새로운 기술을 습득하는 과정도 담고 있다. 로젠롤 등(Rosenroll et al., 1998)은 이러한 집단지도와 집단상담이 가미된 방식으로 경험적 학습 사이클(experiential learning cycle)을 제시하고, 이 사이클에 맞추어 프로그램을 진행하고 있다.

경험적 학습 사이클이란 집단원들이 자신이 직접 느끼고 경험한 것에서 의미를 찾아내고 성찰함으로써 학습내용을 내면화할 수 있도록 하는 것이다. 경험적 학습 사이클은 [그림 7-1]과 같이 4단계의 순환과정으로 설명된다. 예를 들어 자세히 설명하기로 하자.

첫째, 구체적 경험 단계다. 이 단계에서는 그 시간에 다룰 주제와 관련하여 개인이 경험한 것을 공유하게 된다. 예를 들어, 효과적인 의사소통 기술

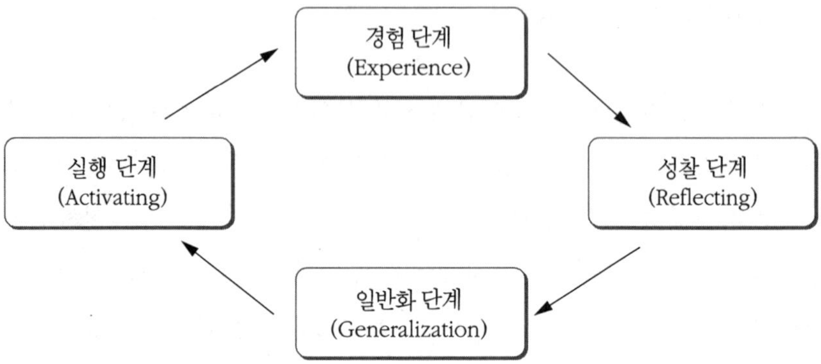

| 그림 7-1 | 경험적 학습 사이클

을 배우는 시간이라면, 구체적인 의사소통 기술을 가르쳐 주기 전에 참가자들에게 다른 사람과 이야기가 잘 이루어졌던 경험과 그렇지 못했던 경험을 서로 말하게 하는 것이다.

둘째, 성찰 단계로, 자신의 경험 속에서 각자 가지게 되는 의미와 느낌, 생각을 반영해 보는 단계다. 즉, 다른 사람과 이야기를 잘했던 경험과 그렇지 못했던 경험을 나누면서 각 경험의 공통적인 요소가 있는지 확인해 보는 것이다. 말하자면 구체적인 경험을 이야기하면서 생각해 보니까, '상대방을 이해하려는 마음을 가지니까 의사소통이 잘 되더라' 혹은 '내가 이야기할 때 상대방이 전혀 대꾸를 해 주지 않고 관심이 없으니까 이야기를 잘 못하겠더라' 등의 경험 속에서 의미를 발견하는 작업이 이루어진다.

셋째, 일반화 단계로, 자신의 경험 속에서 발견한 의미에 따라 일반원리를 학습하는 단계다. 개인의 경험 속에서 끌어낸 의미와 그 시간에 가르치게 될 원리와 지침을 연결시키는 과정이라 할 수 있다. 앞서 제시한 예에서 '상대방의 관점을 이해하는 것' '상대방의 이야기에 관심을 가지는 것' '간단한 맞장구' 등의 일반원리를 끌어내어 가르치게 되는 것이다.

넷째, 실행 단계다. 개인의 경험 속에서 끌어낸 의미를 일반원리로 연결시켜 학습이 이루어지고 나면, 실제 장면에서 실행해 보게 하는 것이다. 이

과정은 시간 중에 역할극이나 연습 등을 통해 이루어질 수도 있고, 일상생활 중에서 충분히 체득할 수 있도록 적용 과제로 제시할 수도 있다. 실제 장면에서 실행한 경험은 이후에 관련내용을 배우는 시간에 다시 경험 단계로 연결되는 것이다.

경험적 학습 사이클은 학생들의 경험에서 출발하여 프로그램에서 가르치고자 하는 구체적인 기술과 연결시켜 의미 있는 학습이 이루어질 수 있도록 한다는 점에서 의의가 있다. 또한 이 과정이 구조화된 집단상담 과정을 진행하는 데에 안내역할을 하므로 기억해 두면 유용하게 활용할 수 있을 것이다.

다음 장에 소개되는 예시활동 중 '나의 좋은 친구'(p. 164)는 이러한 과정을 활용한 활동이라 할 수 있다. 즉, 좋아하는 친구에 대한 경험을 말하면서 좋은 친구의 의미를 도출하고, 도출된 내용을 직접 연습하게 하는 방식이다. 이 외에도 많은 활동들이 경험적 학습 사이클 원리에 따라 이루어질 수 있는데, '먼저 긍정하기'(p. 212) 활동에서 이 과정을 자세하게 명시해 놓았으므로 참고하기 바란다.

6) 연습 및 과제수행

훈련시간 중에 배운 또래상담자의 태도, 또래상담의 기법과 전략을 내면화하기 위해서는 실제적인 연습이 필요하며, 이를 위해 과제를 제시할 수 있다. 이를테면 의사소통능력을 향상시키기 위해 프로그램 시간 중에 배웠던 내용을 실제 장면에서 적용해 보고, 경험을 별도의 시트지에 적어 오게 할 수 있다. 아주 간단한 내용이라도 충분히 체득할 수 있도록 연습과제를 제시하는 것이 효과적이다.

이때 과제는 어렵거나 부담스럽지 않으면서도 자연스럽게 또래상담자로서의 인성적 자질과 기술적 측면의 발전을 가져다줄 수 있는 것으로 한다.

특히 다른 사람을 배려하고 친절을 베푸는 이타행동은 실제로 직접 해 보는 것이 가장 효과적이다. 이타행동을 재미있게 시도해 볼 수 있는 방법으로 제시한 '나는 ○○○의 수호천사'(p. 255) 활동은 파트너를 정하되 누구인지를 밝히지 않고 은밀하게 선행을 베풀고 일정기간이 지난 후에 나의 수호천사가 누구였는지를 확인하게 하는 것이다.

2. 또래상담 훈련의 한 회기 진행 방법

또래상담 훈련은 일련의 활동으로 구성된 여러 회기를 통해 이루어진다. 이때 회기(session)란 한 번에 이루어지는 집단상담 활동의 단위를 말하는 것으로, 학교 현장에 따라 수업시간 1시간을 1회기로 운영할 수도 있고, 2시간을 1회기로 운영할 수도 있다. 중 · 고등학교 또래상담반의 경우

단계	내용
준비 단계	회기를 시작하기 전에 그 시간에 필요한 준비사항을 점검하고, 회기에서 다룰 내용을 숙지한다.
↓	
도입 단계	본 활동과 관련이 있는 촉진활동이나 ice-breaking 활동을 통해 집단원들의 참여동기와 흥미를 유발시킨다.
↓	
활동 단계	또래상담자로서 기본적으로 익혀야 할 핵심기술과 내용을 습득하는 과정으로, 경험학습 사이클, 직접적 교수, 역할 연습 등 다양한 방식으로 진행된다.
↓	
소감 나누기	무엇을 느끼고 배웠는지 소감을 나눔으로써 자신의 체험과 성과를 선명하게 자각할 수 있도록 돕는다.
↓	
정리	소감 나누기로 정리를 대신할 수 있으며 지도자의 피드백, 회기에서 다룬 내용을 요약, 과제 제시 등으로 회기를 마무리한다.

| 그림 7-2 | 또래상담 훈련의 한 회기 진행 방법

격주로 이루어지는 특별활동시간을 이용하는 예가 많은데, 이 경우 격주로 만나는 2시간을 1회기라 할 수 있다.

각 회기는 잘 짜여진 계획에 따라 진행하고, 구성원들의 자발적인 참여가 이루어지도록 하는 것이 중요한데, 다음과 같은 순서를 기억하고 있으면 회기 운영에 도움이 될 것이다.

1) 준비 단계

교과수업과 마찬가지로 또래상담 훈련을 시작하기에 앞서 충분한 준비가 필요하다. 특히 각 회기마다 다양한 집단활동이 진행되므로 그 회기의 진행 방법을 숙지하고 회기 진행을 위해 필요한 여러 가지 준비사항을 미리 갖추는 것이 중요하다. 준비사항은 워크시트와 필기도구, 공이나 기타 다른 게임도구, 협동화 작업에 필요한 종이, 크레파스, 가위, 풀 등과 같은 구체적인 준비물이 필요할 때도 있고, 활동하기에 넓은 공간, 사유롭게 움직일 있는 안전한 장소 등과 같이 환경적인 준비가 필요한 경우도 있다. 구체적인 준비물을 챙기는 것 못지않게 지도자가 해당 시간을 어떻게 진행할 것인가에 대해 미리 계획하고 준비하는 것도 매우 중요하다. 회기 내용을 잘 모르거나 준비가 불충분한 경우 지도자는 자신감이 부족해지므로 해당 시간에 다룰 내용을 충분히 숙지하는 것은 가장 중요한 준비라고 할 수 있다.

2) 도입 단계

또래상담 훈련의 다양한 집단활동은 집단원들이 적극적으로 참여할 때 비로소 그 참맛을 느낄 수 있다. 특히 지도교사가 일방적으로 리드하기보다는 집단원들의 자발적인 참여와 활발한 상호작용이 있을 때 의미 있는 체험을 하게 된다. 이러한 역동적인 분위기를 유도하기 위해서는 촉진활동 혹은 ice-breaking 활동을 통해 집단원들의 참여동기와 흥미를 유발시키는 것이 필요하다. 서먹서먹한 분위기를 깨기 위해 제시되는 촉진활동은 재미있는 활동이나 게임을 사용하기도 하는데, 되도록 해당 시간에 다룰 본 내용과 관련이 있는 활동을 하는 것이 바람직하다.

제8장에 제시되는 집단활동 예시에는 본 내용과 연결하여 사용할 수 있는 촉진활동이 소개되고 있다.

3) 활동 단계

활동 단계는 한 회기의 본론에 해당되는 부분으로 또래상담자로서 기본적으로 익혀야 할 핵심기술과 내용을 습득하는 과정을 말한다. 즉, 각 회기의 활동 단계에서 다루는 내용이 또래상담 훈련 프로그램의 구성내용이라고 이해하면 된다. 이를테면 대인관계 증진을 위해 친구에게 한걸음 다가가기 위한 방법이나, 효과적인 의사소통 방법을 습득하기 위해 다양한 의사소통전략을 배운다든지 하는 구체적인 내용이 포함된다.

또래상담지도자는 또래상담 훈련을 위한 전체 프로그램의 구성내용을 충분히 숙지하고 있어야 회기를 진행하는 데 도움이 된다. 낱개의 회기단위로 끊어지는 심성수련활동과 달리, 또래상담 훈련 프로그램은 또래상담자가 습득해야 할 일련의 기술과 태도를 일정한 구조로 구성한 것이므로, 전체 내용을 알아야 각 회기 간의 연계성 있는 진행이 가능하다.

또한 활동 단계는 다양한 방식으로 이루어지는데, 습득해야 할 기술과 태도에 따라 집단상호작용을 통한 경험학습 사이클로 운영되기도 하고, 기술과 내용을 직접 가르치기도 하고, 역할연습을 활용하기도 하는 등 다양한 방식을 적용하게 된다. 또래상담지도자는 가르쳐야 할 구체적인 내용과 기술에 따라 적합한 방식을 활용하기 위해 앞에서 소개한 다양한 훈련방식에 익숙해질 필요가 있다.

4) 소감 나누기

한 회기를 마치기 전에 집단원들이 체험하고 배운 것에 대한 소감을 나누도록 한다. 또래상담지도자는 '오늘 훈련 회기에서 어떤 것을 느꼈나요?' '지금 기분은 어떤가요?' 혹은 '이 시간에 새롭게 깨달은 것이 있다면 무엇인가요?' '무엇을 배웠나요?' 등과 같은 질문으로 집단원들이 회기 중에 경험했던 체험과 느낌을 이야기할 수 있도록 촉진한다. 이러한 소감 나누기는 그 회기에서 얻은 체험과 성과를 좀 더 선명하게 부각시키기도 하고, 구성원들로부터의 피드백을 통해 참여자들이 얼마나 그 시간에 몰입했었는지를 가늠하게 한다. 또한 집단원들이 어려워하는 부분이 무엇인지 확인하고, 회기에 좀 더 주력해야 할 것이 무엇인지에 대한 계획을 세우는 데 도움이 된다.

5) 정리

회기를 마무리하는 단계로, 집단원들이 각자 자신의 소감을 나누면서 자연스럽게 한 회기를 정리할 수 있다. 또한 또래상담지도자가 집단원들의 소감 나누기를 듣고, 그에 대한 자기느낌을 표현하는 것으로 그 시간을 정리할 수도 있다. 경우에 따라서는 회기 중에 배운 중요한 내용을 다시 한 번 요약해서 설명해 줄 수도 있고, 회기에 배운 내용의 의미를 제시해 주면서 마무리할 수도 있다. 소감 나누기로 자연스럽게 회기를 정리할 수도 있고, 필요하면 그 회기에 배운 구체적인 기술과 전략을 실제 생활에서 적용해 보도록 숙제를 제시하는 경우도 있다.

| 제 8 장 |

또래상담 프로그램 구성을 위한 활동 모음

또래상담자를 훈련시키기 위해 기존의 또래상담 프로그램을 그대로 사용할 수도 있지만, 학교 현장의 요구와 학생들의 수준 등을 고려하여 또래상담지도교사가 직접 훈련 프로그램을 제작해야 할 때가 있다. 이 장에서는 또래상담자를 양성하기 위한 훈련 프로그램을 구성하고자 할 때 참고할 수 있는 예시활동들을 모아 놓았다.

아래에 제시되는 집단활동 프로그램은 어디까지나 예시활동이다. 따라서 제시된 모든 내용을 그대로 다 해야 한다는 부담을 가질 필요도 없으며, 제시된 방식을 그대로 따르지 않아도 된다. 경험이 많은 또래상담지도교사는 여기에 제시된 내용보다 더 좋은 프로그램과 노하우를 가지고 있을 수도 있다. 그러나 처음 또래상담반을 시작하고자 하는 지도교사는 정작 또래상담자들을 어떻게 교육시킬 것인가라는 벽에 부딪히게 될 것이다. 이 장은 바로 그러한 신임 또래상담지도교사를 위한 것이다. 또래상담지도교사는 본 예시활동 중에 본인이 의도하는 또래상담 훈련의 목적과 부합되는 내용들을 발췌하여 사용할 수 있을 것이다.

"구슬이 서 말이라도 꿰어야 보배"라는 말이 있다. 다양한 활동 프로그램이 제시되어 있지만, 또래상담지도를 맡은 교사가 기대하는 목적에 맞게 활동내용을 구성할 수 있어야 한다. 물론 재량시간이나 심성수련의 개별활동에 본 예시 프로그램의 한 가지를 사용할 수도 있다. 그러나 또래상담자를 양성하기 위해서는 적어도 한 학기 혹은 10~15시간 정도의 기본 훈련이 이루어지기 때문에, 교육내용을 사전에 계획하고 구성하여야 체계적인 교육이 이루어질 수 있을 것이다.

그런데 또래상담 프로그램의 예시활동을 수집 · 제시하면서 당면한 어려움이 있었는데, 동일한 집단활동이 서로 다른 프로그램에서 활용되고 있다는 점이다. 이미 기존의 집단상담에 널리 활용되고 있는 다양한 집단활동들이 또래상담 프로그램에도 포함될 수 있다. 그러나 각 집단활동들을 막연히 '재미있고' '좋으니까' 선택하는 것이 아니라, 또래상담 훈련의 목적과 내용에 부합되는 것을 선별하는 안목이 중요하다. 이 장에서는 되도록 또래상담 훈련에 부합되는 예시활동으로 구성하다보니, 이미 널리 활용되고 있는 한국청소년상담원의 단계별 또래상담 프로그램(이상희 등, 2000)의 내용이 대부분 포함되어 있음을 밝힌다.

소개되는 예시활동은 다음과 같은 범주로 제시하였다.

1. 집단 초기의 친밀감 형성 및 프로그램 오리엔테이션을 위한 활동
2. 대인관계 증진을 위한 활동
3. 의사소통기술 향상을 위한 활동
4. 조력행동의 훈련을 위한 활동
5. 국내에서 빈번하게 사용되는 집단상담 활동

또래상담 훈련의 기본 내용은 제6장에서 언급한 바와 같이 자기이해, 대인관계, 의사소통, 조력기술 측면을 포함한다. 이 중 자기이해와 관련된 예시활동은 대인관계 측면이나 기타 집단활동에 상당부분 포함되어 있어서

별도의 범주로 제시하지 않았다. 대신 또래상담 훈련집단을 구성하고 활발한 상호작용을 유도하는 데 도움이 되는 초기의 친밀감 형성과 오리엔테이션을 위한 예시활동을 제시하였다. 그 외 우리나라 집단상담 프로그램에서 빈번하게 사용되는 집단활동도 함께 제시하였다.

제시된 예시활동으로 또래상담자 훈련 프로그램을 구성할 때 유념해야 할 사항은 다음과 같다.

첫째, 프로그램을 구성하기에 앞서 또래상담자의 역할 및 또래상담반의 활동에 대해 미리 상정해야 한다. 프로그램의 내용은 훈련의 목적에 부합되도록 체계적이고 일관성 있게 구성되어야 하기 때문이다.

둘째, 또래상담자에게 어떠한 역할을 부여하든 간에 또래상담자가 지녀야 할 기본적인 대도와 능력을 습득할 수 있는 훈련 프로그램 내용을 포함시키도록 한다. 또래상담 프로그램의 기본적인 내용은 제6장에서 언급한 NAPPP의 기본훈련 요소를 참조할 수 있을 것이다. 또한 이 책에서 제시하는 네 가지 범주—자기이해, 대인관계, 의사소통, 조력기술—를 그대로 따를 수도 있다. 물론 또래상담자의 발달연령에 따라 동일한 범주라도 활동내용과 수준은 달라질 수 있다.

셋째, 또래상담 훈련이 시작되기 전에 훈련과정 전체에 대한 프로그램을 구성해 놓는 것이 바람직하다. 진행상황에 따라 훈련의 내용을 변경 혹은 보충할 수도 있지만, 그렇다 하더라도 미리 훈련과정에 대한 밑그림을 가지고 출발하는 것이 중요하다.

넷째, 프로그램의 내용은 피훈련자의 수준에 맞아야 한다. 아무리 좋은 내용일지라도 이해하기 어렵거나 너무 쉬운 경우, 의도하는 훈련효과를 나타내기 어렵다. 프로그램을 진행해 가면서 피훈련자들의 반응을 점검하여 그들이 소화하기 쉬운 형태로 맞추려고 노력해야 한다.

다섯째, 프로그램의 분량은 충분히 습득할 수 있는 정도로 해야 한다. 학교 여건에 따라서는 1~2주 간격으로 한 학기에 걸쳐 이루어질 수도 있고 방학을 이용한 집중훈련을 통해 이루어질 수도 있지만, 확보될 수 있는 시간 안에 다룰 수 있는 만큼의 내용으로 구성되어야 한다.

〈표 8-1〉 또래상담 프로그램 구성을 위한 활동 모음

1. 친밀감 형성 및 오리엔테이션을 위한 활동	3. 의사소통기술 향상을 위한 활동
1-1. 점점 더 가까이, 점점 더 친하게	3-1. 일방통행, 양방통행
1-2. 자기소개-별칭짓기	3-2. 경청 게임
1-3. 자기소개-나처럼 해 봐요! 요렇게~!	3-3. 의사소통의 걸림돌
1-4. 이름표 게임	3-4. 공감훈련 1-감정에 귀 기울이기
1-5. 소개와 사귐을 위한 다양한 방법	3-5. 공감훈련 2-감정 인식하기
1-6. 다양한 조편성 방법	3-6. 공감훈련 3-내 입장에서의 이해, 친구 입장에서의 이해
1-7. 찰흙으로 빚은 우정	3-7. 공감훈련 4-앵무새 놀이
1-8. 신뢰감 게임-한번 믿어 보시라니까……	3-8. 대화전략 1-구체적으로 표현하기
1-9. 누가누가 닮았나	3-9. 대화전략 2-먼저 긍정하기
1-10. 또래상담 오리엔테이션	3-10. 대화전략 3-생기리전략
1-11. 집단규칙 정하기	3-11. 대화전략 4-어기역차전략
2. 대인관계 증진을 위한 활동	3-12. 대화전략 5-잠하둘셋
2-1. 나의 좋은 친구	3-13. 대화전략 6-나 전달법
2-2. 친구의 의미-친구란?	3-14. 대화전략 7-질문기법
2-3. 친구의 의미-영화로 보는 친구의 의미	4. 조력행동의 훈련을 위한 활동
2-4. 우리는 단짝 친구	4-1. 도움 주는 대화-원무지계전략
2-5. 나의 친구관계-지도 만들기	4-2. 도움 주는 활동찾기
2-6. 친구 다시 보기 1-달라진 점 찾기	4-3. 갈등이해 1-세상에 이런 일이
2-7. 친구 다시 보기 2-나의 시각, 너의 생각	4-4. 갈등이해 2-갈등을 찾아라
2-8. 친구 다시 보기 3-나와 너 다시 보기	4-5. 갈등이해 3-친구 사이 갈등이해
2-9. 친구 다시 보기 4-사실과 의견 구별 게임	4-6. 갈등중재 1-원무어지계전략
2-10. 친구와의 우정곡선	4-7. 갈등중재 2-화난 마음 돌아보기
2-11. 친구 사이 걸림돌	4-8. 선입견 넘어서기-의사결정 게임
2-12. 친구 사이에 있었던 일	4-9. 또래상담자의 자기관리
2-13. 친구에게 먼저 한 걸음을!-얼음땡 놀이	4-10. 나는 ○○○의 수호천사
2-14. 친구에게 다가가기-성벽 뚫기 게임	4-11. 도움 주는 곳 안내하기
2-15. 함께 그리는 친구	5. 그 외에 사용할 수 있는 집단상담 활동

1. 친밀감 형성 및 오리엔테이션을 위한 활동

1-1. 점점 더 가까이, 점점 더 친하게

목적: 가벼운 인사말부터 점진적으로 깊이 있는 자기소개를 함으로써 집단원 간에 친밀감과 신뢰감을 형성한다.

준비물: 신문지(2인 1장씩)

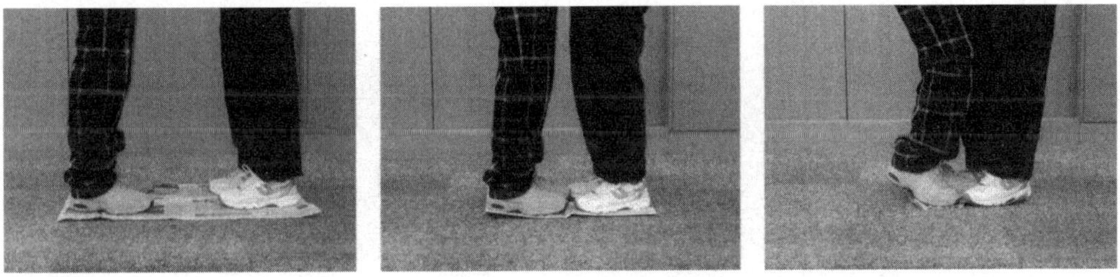

신문지를 이용한 자기 소개

진행방법:

1) 두 사람이 짝이 되어 완전히 펼친 신문지 위에 마주 보며 올라선다.
2) 간단한 자기소개(형식적인 자기소개)를 한다.
3) 신문지를 반으로 접어 그 위에 올라선다(두 사람의 거리가 조금 더 가까워진다).
4) 가까워진 만큼 좀 더 친밀한 자기소개를 한다('자신의 장점 한 가지 혹은 요즘 관심사 말하기').
5) 신문지를 한 번 더 접어 그 위에 두 사람이 함께 올라선다(두 사람의 거리가 완전히 밀착된다).
6) 밀착된 만큼 더 내면적인 자기공개로 소개한다('요즘 내 고민 한 가지 말하기').

* 두 사람의 거리가 좁혀지면서 점점 더 친밀한 의사소통이 가능하도록 개방적인 소개를 유도할 수 있다. 자기 꿈 이야기하기, 상대방 칭찬하기 등……

변형:

1) 둘씩 한 쌍이 되어 자기소개를 한 다음, 나의 파트너를 집단원에게 소개하는 시간을 가질 수도 있다.
2) 신문지가 없을 경우 두 사람이 앞으로 나란히 팔을 세워 간격을 조정하며 진행할 수도 있다.

1-2. 자기소개-별칭짓기

목적: 다른 사람에게 보여지고 싶은 모습을 별칭으로 소개함으로써 집단원들의 이해와 친밀감을 가지게 한다.

준비물: 이름표 혹은 자신의 별칭을 소개할 수 있는 종이

진행방법:

1) 자신을 잘 나타내는 별칭을 짓는다.
2) 이때 이제까지 남들로부터 들어 왔던 별명이 아니라, 집단 안에서 불리고 싶은 별칭을 만든다.
3) 자신의 별칭을 말하면서 왜 이런 별칭을 만들었는지를 설명한다.

변형: 별칭을 지으면서 자신의 장점 세 가지, 남이 모르는 나의 비밀 한 가지씩 함께 발표할 수도 있다. 비교적 초기에 자기노출을 유도하면서 집단원 간의 친밀감을 증진시킬 수 있다.

1-3. 자기소개-나처럼 해 봐요! 요렇게~!

목적: 간단한 행동으로 자신을 표현해 봄으로써 자연스럽게 자기노출을 유도하며 집단원들 간의 이해와 친밀도를 높인다.

준비물: 집단원들이 둥글게 설 수 있는 공간

진행방법:

1) 집단원들이 둥글게 둘러선다. 이때 옆사람과 부딪히지 않을 정도의 공간을 확보한다.
2) 먼저 한 사람이 자신의 이름(또는 별칭)을 말하면서 한 발짝 앞으로 나와 서면서 동작을 만들어 자신을 표현한다(이때 동작은 자신을 잘 나타낼 수 있는 모습도 좋고, 그냥 하고 싶은 동작을 취해도 좋다).
3) 한 사람의 소개가 끝나면, 나머지 사람들도 한 발짝 앞으로 나와 그 사람의 이름(또는 별칭)을 함께 말하면서 그 사람의 동작을 그대로 따라한다.

1-4. 이름표 게임

목적: 서로 잘 모르는 참여자들이 빠른 시간 안에 친해지도록 하여 집단 과정에 적극적으로 참여하도록 한다.

준비물: 이름표(참가자들의 이름표를 미리 만들어 놓으면 더 좋다. 이름표의 한 면에는 한눈에 이름이 들어올 정도로 크게 쓰고, 다른 한 면에는 취미, 특기, 나이, 사는 곳, 좋아하는 음식, 좋아하는 색상 등 그 사람을 나타낼 수 있는 정보를 기입한다. 물론 이 정보는 교육 시작 전에 받아 둔다. 미리 이름표를 만들지 못했다면, 첫 시간에 각자 자신의 이름표를 쓰게 한 다음 제출하게 한다)

진행방법:

1) 첫 시간에 모이면 자신의 이름표가 아닌 다른 사람의 이름표를 받게 된다. 지도자는 이름표를 뒤섞어서 참가자들에게 무작위로 한 장씩 나누어 준다.
2) 참가자들은 자신이 받은 이름표의 뒤에 적힌 정보를 암기할 시간을 가진다. 정보의 양에 따라 다르겠지만 일반적으로 3~5분이 적당하다.
3) 참가자들이 이름표의 내용을 다 암기한 후 진행자는 게임의 법칙을 설명한다. 대략 다음과 같다.

"이름표를 가슴에 부착하십시오. 네-아주 보기 좋습니다. 누구의 이름인지도 모르는 이름표를 가슴에 달고 계신 기분이 어떠십니까? 자, 지금부터 모두 일어나셔서 마음대로 다니시면서 서로서로 인사를 나누십시오. 물론 진짜 자신은 감춘 채 가슴에 달고 계신 그분, 분명히 우리들 중에 계신 '이름표의 주인' 역할을 해 주시는 겁니다. 단, 주의할 사항은 혹시 인사를 하고 다니시다가 자기 이름표를 만나더라도 절대 아는 척하거나 눈치채게 하시면 안 됩니다. 지금부터 자기의 가짜 이름, 취미, 특기, 나이, 사는 곳, 출신지, 좋아하는 음식, 좋아하는 색상 등 소개할 수 있는 모든 것들을 서로 나누시기 바랍니다. 시작!"

4) 가능하면 자기 앞사람에게만 신경을 집중할 수 있도록 경쾌한 음악이 조금은 크게 들리면 좋다. 인사가 거의 끝난 것 같으면 음악을 끈다. 그러면 자동적으로 대화가 멈추게 된다.
5) 이제 이름표의 주인이 누구인지를 밝히는 시간이다(만약 시간이 없다면 돌아가며 자기 이름표를 찾아가도록 한다. 하지만 충분한 시간이 있다면 다음과 같이 진행해도 좋다).

"모두 자리에 앉아 주십시오. 맨 앞에 계신 분, 잠깐 일어나시죠. 어때요, 재미있으셨나요? (답을 들은 뒤) 모두 자신이 가지고 계신 이름표의 주인도 만나셨겠네요? 표정을 보니 대충 눈치를 채신 것 같은데, 그럼 첫 번째 참가자께서 먼저 이름표의 뒷면을 크게 읽어 주시죠. (읽는다) 좋습니다. 그럼 그분이라고 생각되는 참가자에게 직접 갖다 주십시오!"

6) 이런 식으로 모든 사람이 이름표를 주인이다 싶은 사람에게 갖다 주도록 한다. 여러 장을 받는 사람도 생기고 한 장도 받지 못하는 사람도 있을 것이다.

이 과정을 통해 참가자들은 빠른 시간 안에 친해지며, 서로에 대해 알게 된다.

변형: 위의 방법을 진행하기에 시간이 충분하지 않다면 다음과 같이 진행할 수 있다. 모든 참가자가 원형으로 둘러앉는다. 참가자들이 직접

이름표의 앞과 뒷면을 적는다. 다 적었으면 이름표를 섞은 뒤 다시 한 장씩을 꺼내 갖는다. 한 명씩 돌아가며 앉은 자리에서 일어나 자신을 소개한다. 물론 이름표의 인물이 자신인 양하면서 자기소개가 모두 끝나면 자기가 가진 이름표의 주인을 추측하고 이름표를 갖다 준다.

출처: www.kaskorea.org/edu_way(초판 발행 당시 인용)

1-5. 소개와 사귐을 위한 다양한 방법

목적: 집단원들이 초기에 서로 친해지는 것은 집단교육 및 상담에서 매우 중요한 출발점이다. 따라서 또래상담지도자는 초기 친밀감 형성을 위해 다양한 소개 프로그램을 익혀서 참가자들의 동기수준과 상황에 맞게 시의적절한 방법을 구사할 수 있도록 한다.

준비물: 진행방법에 따라 다름

진행방법:

1) 자신을 스스로 소개하기
   ① 자신의 이름, 학년, 반 소개하기(가장 단순한 형태의 소개법)
   ② 교육장소로 오는 도중에 가장 인상에 남았거나, 계속 머릿속에서 떠나지 않았던 생각을 소개하는 방법
   ③ 자신을 가장 잘 나타내는 단어 혹은 명사를 들어 자신을 소개하는 방법
   ④ 바닥에 깔린 사진이나 그림 혹은 엽서 중에서 한 장을 골라 자기 자신, 현재 자신의 심리상태 혹은 남들이 평가하는 자신이라고 소개하는 그림사용법(photo-stand)
2) 옆사람을 소개하는 몇 가지 방법
   ① 옆사람을 인터뷰하여 소개하기
   ② 옆사람을 인터뷰한 뒤 마치 물건인 양 '생산년도, 생산지, 물건의 특성' 등을 소개하는 홈쇼핑 게임(소형 게임 코너에 소개되어 있습니다.)
   ③ 옆사람을 인터뷰한 뒤 그 내용을 '선거벽보'나 '지명수배전단'에 담아 소개하기(소형 게임 코너에 소개되어 있습니다.)
   ④ 전지 두 장을 길이 방향으로 길게 이어 붙인 뒤, 그 위에 파트너를 누이고, 매직펜으로 그 사람의 윤곽을 따라 그린다. 그리

고 그 그림의 내면과 외면을 다양한 소개의 글로 채워 넣는다. 예를 들어, '머리는 어떤 생각으로 차 있고, 가슴은 무엇에 대한 열정으로 뜨거우며, 손은 무엇을 하기를 좋아하고, 발은 어디를 향하고 있다.' 이 작업이 끝나면 전체로 모여 소개하기

3) 다양한 이름 외우기 게임

① 이중 원을 만든 뒤 안의 원과 밖의 원이 서로 반대방향으로 돌며 자기소개, 사귐 그리고 이름 외우기를 하는 게임

② 원으로 둘러선 뒤 한 사람이 자신의 이름을 댄다. 다음 사람은 우선 옆사람의 이름을 대고 자신의 이름을 댄다(예: 누구 옆에 누구입니다). 그다음 사람은 앞선 두 명의 이름을 반복한 뒤 자신의 이름을 소개한다. 이런 방식으로 계속 진행한다.

③ 큰 원으로 둘러앉는다. 우선 전체가 자신을 소개한다. 이때 모두는 가능하면 많은 사람의 이름을 외우도록 노력한다. 전체 소개가 끝나고 나면 손에 공을(이때의 공은 작고 가벼우며 잘 튀는 것이어야 한다.) 들고 있는 사람이 또 다른 사람, 즉 자기가 이름을 기억하는 사람에게 공을 튀겨서 넘겨 주며 "아무개 씨 받으세요!"라고 외친다. 이런 방식으로 계속해서 공을 튀겨 넘겨 주는 공놀이

④ 큰 원으로 둘러선다. 큰 털실뭉치를 손에 든 한 명이 털실의 끝을 왼 손에 단단히 쥐고 (자신이 이름을 외우고 있는) 다른 한 사람의 이름을 크게 외치며 털실뭉치를 던져 준다. 털실뭉치를 넘겨 받은 사람은 또 다른 사람의 이름을 크게 외치며 털실뭉치를 계속해서 던져 준다. 이때 털실뭉치를 던져 주는 사람은 항상 왼손에는 털실을 단단히 거머쥐고 있어야 한다. 이런 방식으로 계속하면 결국에는 전원이 털실로 엮긴 형상을 띠게 된다. 이처럼 거미줄같이 서로 엮긴 털실에 의미를 부여하고 다

음 단계로 계속해서 이어 가는 것은 진행자의 재량이다.

4) 공동체놀이: 경쾌한 음악에 맞추어 배워 보는 포크댄스, 서로의 몸을 겹쳐 가며 사귐을 갖는 인간탑 쌓기, 손을 잡고 원을 만들게 한 뒤 손을 놓지 않고 전체가 바깥으로 향하게 하는 고리풀기, 자기 몸에 붙인 빨래집게를 다른 사람 몸에 많이 붙인 사람이 승리하거나, 아니면 그 반대의 경우 승자가 되도록 하는 빨래집게 게임, 음악에 맞추어 빙빙 돌다가 의자에 앉는 사람이 승자가 되는 의자 게임 등 다양한 집단활동을 활용할 수 있다.

출처: www.kaskorea.org/edu_way(초판 발행 당시 인용)

1-6. 다양한 조편성 방법

목적: 집단원이 많은 경우, 몇 개의 소그룹으로 편성하여 진행하는 것이 바람직하다. 이때 서로 친한 사람끼리 그룹이 형성되어 소그룹 간에 파벌이 생기는 것을 원치 않는다면 다음과 같은 조편성 방법으로 고루 섞이도록 할 수 있다.

진행방법: 조편성은 다음과 같은 방법으로 한다.

1) 앉은 순서에 따라(같은 줄이나 열에 앉은 사람들이 한 조가 된다.)
2) 배정된 번호에 따라(1-2-3-4-1-2-3-4와 같이 번호를 배정한 후 같은 번호가 배정된 사람들끼리 한 조가 된다. 이 방법을 변형한 것이 과일가게 게임이다. 사과–배–딸기 등과 같이 과일명을 지정한 후 과일사기 게임을 하고 난 후 같은 과일끼리 한 조가 된다.)
3) 제비뽑기에 따라(같은 번호 혹은 같은 글자를 뽑은 사람들끼리 한 조가 된다.)
4) 뽑은 카드에 따라(뽑은 혹은 받은 카드의 그림이 같은 사람들끼리 한 조가 된다.)
5) 사탕의 종류에 따라(뽑은 혹은 받은 사탕이 같은 색깔, 같은 종류인 사람들끼리 한 조가 된다.)
6) 퍼즐에 따라(미리 글자나 그림의 퍼즐을 나누어 주고 이 퍼즐을 완성하면 자연스레 조가 편성된다.)
7) 스티커의 색깔에 따라(좌석의 바닥에 미리 붙여진 혹은 입장 시 손등에 받은 스티커의 색깔이 같은 사람들끼리 한 조가 된다.)

장점:

1) 시간의 낭비가 적다.
2) 서로 모르는 사람들을 섞어서 조를 편성할 수 있다.
3) 마음에 상처를 받지 않는다.
4) 새로운 사람들을 사귈 수 있다.

출처: www.kaskorea.org/edu_way(초판 발행 당시 인용)

1-7. 찰흙으로 빚은 우정

목적: 찰흙을 이용하여 편안하게 자기소개와 개방을 하여 긴장감을 해소하고, 자연스럽게 우정의 의미를 생각해 보도록 한다.

준비물: 찰흙, 신문지

진행방법:

〈찰흙 가지고 놀기〉

1) 찰흙은 다양한 용도로 폭넓게 사용될 수 있는 재료다. 아주 작은 힘으로도 모양이 변한다는 점에서 수동적이고 소극적인 사람에게 유익할 뿐만 아니라, 강한 충격도 흡수한다는 점에서 공격적인 사람의 충동성을 잘 담아내기도 한다.
2) 우선 동일한 분량의 찰흙을 참가자들에게 나누어 주고, 마음껏 주물럭거리고 놀 수 있도록 한다.
3) 바닥에 신문지를 넓게 펴 놓고, 찰흙을 던져 누가 넓게 펴는지 게임을 해 보는 것도 재미있게 첫 시간을 여는 방법이다. 단, 너무 세게 던지다 보면 주변에 파편이 튀므로 조심해야 한다.

〈찰흙으로 우정을 표현해 보기〉

1) 주물럭거리고 던져 보면서 충분히 찰흙과 친해지고 나면, 이번엔 자신의 마음속에 있는 우정을 표현해 보도록 하자!
2) 처음부터 가시적인 형태를 만들어 내기는 어렵지만, 가만히 마음을 집중하며 찰흙을 만지다 보면 기상천외한 표현형태를 만들게 될 것이다.
3) 다 만들고 난 후에는 자신의 작품을 소개하면서 자기소개를 한다.
4) '우정'을 표현하는 대신, 그날의 자기기분, 자기모습 등 다양한 주제로 진행할 수도 있다.

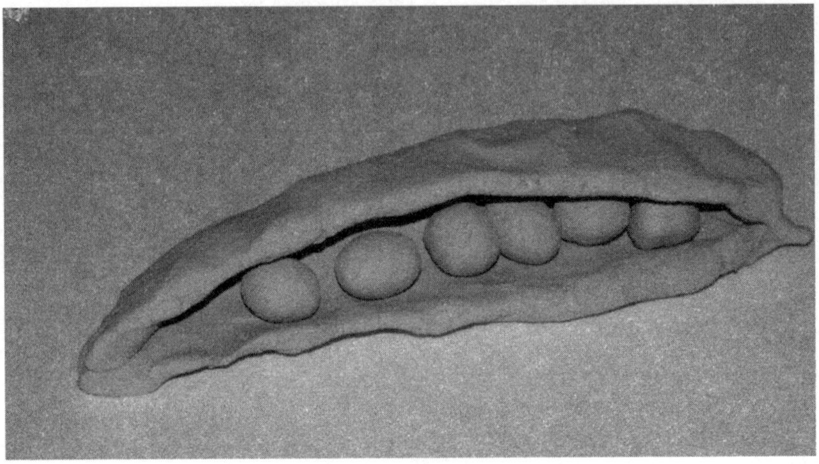

우정을 표현한 찰흙 작품

1-8. 신뢰감 게임-한번 믿어 보시라니까……

목적: 상대방을 완전히 믿고 자신의 몸을 맡겨 보는 경험을 통해 집단원들 간에 신뢰감을 형성한다.

준비물: 움직이기 편한 안전한 공간

진행방법:

1) 두 사람이 짝을 짓는다(짝을 정하는 방법: 그저 옆에 있는 사람과 짝이 되라고 하면 재미가 없다. 짝을 정하는 것도 집단 프로그램의 중요한 과정이다.).

"자, 이제부터 눈을 감고, 이곳이 넓은 모래사장이라고 상상해 보세요. 발가락에 닿는 모래의 감촉이 느끼면서 거닐어 봅시다. 눈을 감고 거닐다보면 다른 사람과 부딪힐 수 있을 겁니다. 하지만 개의치 말고 부딪힌 사람의 감촉을 느끼면서 계속 천천히 걸어 보세요(1~2분 정도 거닌다)."

"자, 그럼 이제는 눈을 뜨고 걸어 보십시오. 아까보다는 덜 부딪히겠지요. 이번엔 이 방에서 천천히 걸어다니면서 짝하고 싶은 사람을 마음에 정하세요. 그리고 제(리더)가 '짝을 찾으세요.'라고 하면 짝을 하고 싶은 사람의 어깨 위에 손을 얹으십시오. 먼저 어깨 위에 손을 얹으면, 그 사람이 나의 짝이 되는 겁니다. 다른 사람이 내 어깨 위에 먼저 손을 먼저 얹으면 나는 다른 사람을 선택할 수 없습니다(1~2분 거닌 다음 짝을 찾으라고 한다.)."

2) 짝을 정했으면 앞뒤로 서는데, 앞사람은 뒷사람에게 등을 보이고 서서 팔을 벌리고, 뒤로 넘어지면 뒷사람이 앞사람을 잡아 준다(역할을 바꿔 반복한다.).

변형: 한 사람이 눈을 감으면 짝이 손을 잡고 방을 돌아다닐 수도 있다.

* 이 작업 후에 각자의 소감을 들어 본다. 특히 뒤로 넘어질 때, 그리고 눈을 감고 다른 사람의 안내를 받으며 걸을 때의 느낌을 들어 본다. 이 과정을 통해 신뢰감이 싹트는 것을 확인할 수 있다.

1-9. 누가누가 닮았나

목적: 적절한 자기개방을 한 후에 공통점을 가진 사람을 찾아나서면서 친밀감을 형성한다.

준비물: '누가누가 닮았나' 활동지(worksheet)와 필기도구

진행방법:

1) 활동지에 제시된 질문에 각자 답을 적는다.
2) 자신과 동일한 답을 적은 사람을 찾아다니면서 사인을 받는다.
3) 사인을 가장 많이 받은 사람 혹은 가장 먼저 받은 사람에게 '두리뭉실상'을 준다.
4) 사인이 가장 적은 사람은 '희귀상' '개성상'을 준다.
5) 질문항목은 지도자 임의대로 추가/변경할 수 있다.

* 짧은 시간 동안 활기 있게 자기공개와 타인과의 교류가 이루어질 수 있는 게임이다.

누가누가 닮았나

	나는	친구들의 서명을 받아 보아요!			
좋아하는 음식					
좋아하는 과목					
장래희망					
취미					
발 크기					
어제 본 TV 프로그램					

1-10. 또래상담 오리엔테이션

목적: 또래상담에 대한 의미를 알려 주고, 또래상담 훈련의 참여동기를 높인다.

준비물: 또래상담의 의미를 간단히 적은 유인물(학생들의 관심을 유발할 수 있도록 꾸며진 유인물이나 스티커 형식도 좋다)

진행방법:

1) 또래상담이 무엇이고, 왜 필요한지에 대해 집단원들 각자의 생각을 들어 본다.
2) 집단원들이 말한 내용과 또래상담 훈련의 내용을 연결시켜 또래상담에 대한 소개를 한다.
3) 또래상담의 효과와 역할한계에 대해 알려 준다.

〈감동을 주는 글〉

비나무를 아시나요?

남아프리카에는 원주민들이 비나무라고 부르는 종려나무가 있답니다. 이 나무는 대기로부터 놀라울 만큼 수분을 빨아들이고는 그것을 농축시켜 날마다 신선한 이슬을 땅에 떨어뜨린대요. 건조한 사막에서 초록빛으로 곧게 자라 매일 신선한 이슬을 나누어 주기 때문에 이 나무의 주위에는 언제나 울창한 초목이 자라난다고 하네요. 비가 그치고, 샘이 마르고, 강물이 줄어도 비나무는 날마다 주위의 정원을 새롭게 가꿉니다. 지친 나그네는 이 나무에서 그늘과 열매와 달콤한 휴식을 얻고, 이 나무가 주는 생명의 선물을 발견합니다. 자연의 놀라운 기적이 아닐까요? 헌데 이런 기적이 인간에게도 일어날 수 있지는 않을까요? 사람들은 그들의 삶 속에서 잃어버린 사랑과 우정에 목말라 하지요. 혹 그렇다면 우리는 사막과 같이 메마르고 황량한 삶을 사는 이들에게 이런 비나무가 될 수는 없을까요?

Varenhorst(1998)에서 발췌

또래상담이란

또래상담자는 어떤 친구입니까?

친하고 좋은 친구

기쁨도 슬픔도 함께 나누는 친구
신의와 책임을 다하는 친구
친구와 대화를 잘 이끌어 가는 친구

관심을 가져 주는 친구

친구의 입장에서 생각하고 상대방의
기분을 이해하는 친구
진솔하게 마음을 나누는 친구

도움을 주는 친구

어려움이 있을 때 힘이 되어 주는 친구

"또래상담자는 친하고 좋은 친구,
친구와 마음을 열고 대화하는 친구,
어려움을 겪는 친구에게
도움이 되는 친구입니다."

출처: 이상희 외(2000). 단계별 또래상담 프로그램 개발연구. 한국청소년상담원.

1-11. 집단규칙 정하기

목적: 또래상담반의 훈련과정에 참여하면서 지켜야 할 집단규칙을 인식하고 각 집단원들이 주인의식을 가지고 훈련에 참여하도록 한다.

준비물: 집단규칙 안내문. 집단원이 직접 만드는 것이라면, 그들이 정한 규칙을 쓸 수 있는 종이를 준비한다.

진행방법:

1) 지도자 멘트:

"이제 우리는 함께 또래상담교육에 참여하게 됩니다. 우리는 이 교육에서 친구들과 좀 더 가까이 지내며 친밀한 관계를 맺고, 서로 지지하고 격려하며, 더 나아가 주변의 친구들에게도 도움을 줄 수 있는 방법을 배우게 될 것입니다. 이를 위해서는 우리들 스스로가 서로에게 좋은 친구가 되어야 하겠지요. 이 시간은 시험을 보거나 성적에 들어가는 시간도 아니기 때문에 부담 없이 참여할 수 있습니다. 그러나 우리 모두 지켜야 할 것을 잘 지킬 때 더욱 유익하고 의미 있는 시간이 될 것입니다. 그렇다면 우리가 지켜야 할 사항은 무엇일까요?"

2) 위의 멘트로 몇 명의 참여자들이 자발적으로 교육 중에 지켜야 할 사항을 이야기하게 한 다음, '안내문-함께 지킬 약속'을 연결시켜 정리해 준다.

3) 자발적으로 나온 이야기를 정리하여 '함께 지킬 약속'을 그 자리에서 만들 수도 있으며, 이때 함께 만든 약속에 서명하고 코팅을 하여 걸어 둘 수도 있다.

참고: 집단규칙 만들기는 별도의 시간을 따로 만들어 진행하기보다는 자기소개 및 또래상담 오리엔테이션이 이루어진 후 자연스럽게 연결하여 다루도록 한다.

함께 지킬 약속 1

함께 지킬 약속

우리는 또래상담 프로그램에 참여하면서 다음과 같은 약속을 지키려고 해요.

♥ 나는 또래상담 훈련 프로그램에 지각이나 조퇴, 결석을 하지 않고 성실하게 참여하겠습니다. (특별한 사정이 있는 경우, 다른 참여자나 지도자에게 미리 알리겠습니다)

♥ 나는 함께 참여하는 친구들을 존중하고, 그들이 하는 말을 주의 깊게 듣겠습니다.

♥ 나 역시 솔직하고 진지하게 내 이야기를 하고자 노력하겠습니다.

♥ 나는 이 시간에 들은 친구들의 이야기를 남에게 말하지 않겠습니다.

♥ 나는 열심히 배우고 충분히 체험하면서 또래상담자 훈련에 최선을 다하겠습니다.

년 월 일

이 름 ____________________ 서명

또래상담지도자 ____________ 서명

함께 지킬 약속 2

함께 지킬 약속

우리는 또래상담 프로그램에 참여하면서 다음과 같은 약속을 지키려고 해요.

♥

♥

♥

♥

♥

나 ________는 또래상담자로서 위의 사항을 준수하며, 또래상담자로서 자부심과 긍지를 가지고 훈련에 임하겠습니다.

년 월 일

이 름 ____________________ 서명

또래상담지도자 ____________ 서명

2. 대인관계 증진을 위한 활동

2-1. 나의 좋은 친구

목적: 친하고 좋은 친구의 특성을 살펴보면서 나는 과연 상대방에게 좋은 친구인지 생각한다.

준비물: 활동지, 잔잔한 음악

진행방법:

1) 나의 친하고 좋은 친구를 떠올린다.
2) 활동지의 질문에 따라 친하고 좋은 친구의 특성을 적는다. 특히 그 친구와 어떻게 해서 친해졌는지, 그 친구의 어떤 점이 좋은지 등의 질문에 구체적으로 쓰도록 한다. 이를테면 '그 친구가 착해서'라는 표현보다 '내가 결석한 날 전화를 해 줘서' '전학 갔을 때 먼저 말을 걸어 줘서'라는 식의 구체적인 표현을 하도록 한다.
3) 각자의 친구를 소개하면서 친하고 좋은 친구의 공통적인 특성이 무엇인지 이야기를 통해 도출해 낸다. 다음과 같은 '생각할 주제'를 참고하면 자연스럽게 이야기를 풀어 나갈 수 있을 것이다.

〈생각할 주제〉

- 우리는 어떤 친구들을 좋아할까요?
- 친한 친구는 어떻게 해서 서로 친해질까요?
- 서로 친구가 되기 위해서는 어떻게 해야 할까요?
- 나도 다른 사람에게 좋은 친구로 기억될까요?
- 누군가 나를 좋은 친구라고 한다면 어떤 점 때문에 그러할까요?

4) 이때 친구와 어떻게 친해졌는지, 그 친구의 어떤 점이 좋은지를 듣고 칠판에 적으면서 '좋은 친구'의 의미를 되새겨 볼 수 있다.

변형: 친한 친구의 사진을 가져와서 작업할 수도 있다.

나의 좋은 친구(좋은 친구의 특징)

나의 좋은 친구

나의 좋은 친구

여러분 모두 좋아하는 친구가 있지요?

지금부터 눈을 감고 좋아하는 친구 한 명을 떠올려 보세요.

어떤 친구가 생각났나요?

그 친구에 대해 생각하면서 다음의 질문에 답해 보세요.

그 친구와 어떻게 친해졌나요?

그 친구의 좋은 점(장점)은?

그 친구에 대한 내 마음은?

그 친구도 나를 좋은 친구라고 여긴다면,

나에 대해 어떤 말을 할까요?

2-2. 친구의 의미-친구란?

목적: 친구의 의미에 대해 집단원들의 다양한 생각을 나누고 함께 정의를 내리는 작업을 통해 어떤 친구가 좋은 친구인지 확인하고, 자신도 좋은 친구가 되고자 하는 동기를 갖게 한다.

준비물: 모조지 전지, 크레파스나 색연필, 색종이, 가위, 풀 등(모둠작업을 할 수 있는 재료), 배경음악

진행방법:

1) 또래상담반이 소그룹일 때는 전체가 함께 작업할 수 있고, 10명 이상일 경우 5~6명으로 모둠을 나눈다.
2) 한 조에 모조지 전지 한 장과 꾸밀 수 있는 재료(크레파스, 색종이, 가위, 풀 등)를 준비해 준다.
3) 각자 자신의 지난 기억 속에서 좋았던 친구로 기억이 남는 친구를 떠올려 본다.

"자, 눈을 감고 자신의 가슴속에 남아 있는 친구를 한번 떠올려 보세요. 현재 만나고 있는 친구일 수도 있지만, 오래전에 우정을 나누었던 친구일 수도 있겠지요. 그 친구의 모습이 떠오르나요? 그 친구의 어떤 모습이 나에게 좋은 친구로 남겨졌나요? 그 친구의 어떤 행동, 어떤 태도로 인해 우정을 맺어 갈 수 있었는지 한번 떠올려 보세요….(잠시 시간을 준다.)

4) 자신의 좋은 친구에 대한 기억을 떠올리면서 각자 친구의 의미를 이야기하며 자신의 모둠에서 생각하는 '친구의 의미'가 표현되도록 전지를 꾸민다.
5) 각 모둠마다 독특한 아이디어가 반영될 수 있도록 독려한다. 이때 잘하는 몇 명만 작업하는 것이 아니라 함께 작업이 이루어지

도록 한다. 지도자는 이 과정에서 집단구성원들의 상호작용을 관찰한다.

출처: 이상희 등(2000). 단계별 또래상담 프로그램 개발연구. 한국청소년상담원.

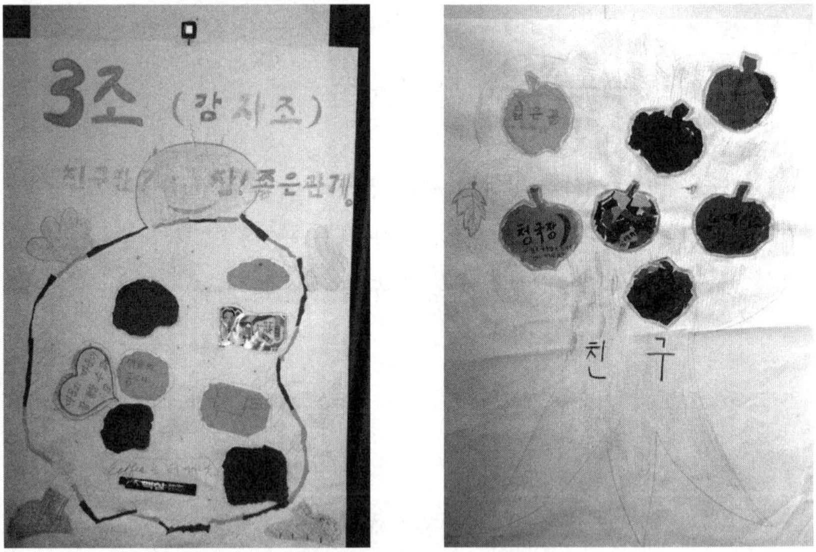

친구의 의미를 표현한 전지작품

변형: 친구의 의미에 대해 이야기를 나눈 후 모조지 전지에 표현하는 대신 조형물(찰흙, 지점토 등)로 표현해 볼 수도 있다.

2-3. 친구의 의미-영화로 보는 친구의 의미

목적: 영화 속에 등장하는 주인공들의 우정에 관한 이야기를 나누면서 자신의 친구관계를 점검하고, 우정의 의미를 되새긴다.

준비물: 친구의 의미와 우정을 그린 비디오테이프

〈우정을 소재로 한 비디오〉

- 굿바이 칠드런
- 귀여운 반항아
- 배어마운틴의 비밀
- 퀸카로 살아남는 법
- 세 친구
- 스탠바이미
- 프리윌리
- 굿바이 마이프랜드 I, II
- 날아라 허동구
- 그 외 방송사 추천 청소년드라마

진행방법:

1) 우정과 친구관계의 소중함을 다룬 드라마를 본다.
2) 영화 전체를 볼 수도 있지만, 중요한 부분을 편집하여 짤막하게 보여 줄 수도 있다.
3) 영화를 보고 나서 소감을 나눈다.
4) 영화에 나타난 우정과 친구관계의 의미와 자신의 생각을 비교하여 발표한다.

출처: 구본용 등(1998). **청소년 또래상담 훈련 프로그램 V**. 한국청소년상담원.

참 고

요즈음 영화를 통한 교육 및 집단상담 활동이 소개되고 있다. 영화라는 매체에 인간의 희로애락의 감정뿐만 아니라 다양한 인간관계의 모습이 담겨 있기 때문일 것이다. 딱딱한 심리학적 이론으로 설명하는 것보다 더 재미있고 생생하게 인간의 모습을 이해할 수 있다는 점에서 청소년들에게 적용해 볼 만한 방법이라 여겨진다. 영화 매체를 활용한 접근에 관심이 있다면 다음 책과 사이트를 참고해 볼 수 있을 것이다.

♠ 김상준(1999). 신화로 영화 읽기, 영화로 인간 읽기. 세종서적.
♠ 박종희 외(2003). 영화와 문학으로 열어 가는 인성교육. 학지사.
♠ 심영섭(2003). 시네마사이콜로지. 다른우리.
♠ 한국영상응용연구소 www.healing.cinema.co.kr

2-4. 우리는 단짝 친구

목적: 그동안 서로 잘 알고 있다고 생각한 친구에 대해 잘못 알고 있는 부분과 잘 알고 있는 부분을 확인하면서 더 새롭고 깊은 이해를 가지게 된다.

준비물: '우리는 단짝 친구' 활동지, 필기도구

진행방법:

1) 집단원 중에 가장 잘 알고 있는 사람끼리 짝을 이룬다.
2) 각자 활동지에 있는 내용에 대해 본인과 상대방에 대한 내용을 적도록 한다. 이때 두 사람이 의논하지 않고, 상대방에 대한 자신의 추측에 근거해서 적도록 한다.
3) 다 적은 후 상대방이 적은 내용과 일치하는지 맞추어 본다.
4) 자신이 단짝에 대해 추측한 내용이 단짝이 쓴 내용과 일치하면 1점을 준다.
5) 단짝에 대한 추측 점수가 높은 구성원에게 상(사탕 혹은 격려의 박수)을 제공한다.
6) 이 활동을 통해 어떤 것을 느꼈는지 이야기해 본다.

우리는 단짝 친구

	본 인	단 짝
1. 가장 좋아하는 색깔은?		
2. 취미는?		
3. 한 달 용돈은 얼마나 되나?		
4. 좋아하는 과목은?		
5. 가장 존경하는 사람은?		
6. 좋아하는 음식은?		
7. 좋아하는 계절은?		
8. 좋아하는 가수는?		
9. 좋아하는 음식은?		
10.		
11.		
12.		

2-5. 나의 친구관계 지도 만들기

목적: 자신이 맺고 있는 친구관계를 친밀도에 따라 지도로 표시해 봄으로써 자신의 친구관계 양상을 살펴보도록 한다.

준비물: '친구관계 지도' 활동지, 필기도구, 차분한 음악

진행방법:

1) 지도자 멘트:

"우리는 저마다 친구들이 있지요. ○○는 친구가 몇 명인가요? (2명이요) 그럼 □□는? (10명은 되지요) 그래요, 사람마다 자신이 친구라고 생각하는 범위가 다를 거예요. 그냥 알고 지내는 사이도 친구라 할 수 있지만, 어떤 사람은 비밀스러운 이야기를 나눌 수 있는 아주 절친한 사이만 친구라고 생각할 수 있을 거예요. 이 시간에는 자신의 친구관계를 지도로 나타내 봄으로써 나의 친구관계를 생각해 보려고 합니다."

2) 활동지를 나누어 주고, 활동지의 동심원을 중심으로 친밀도 정도에 따라 자신의 친구들을 적어 보도록 한다. 이때 친구 이름은 본명으로 하지 않고 자기만 아는 기호나 별칭으로 기록하도록 하는 것이 좋다.
3) 기록이 끝나면 작성한 친구관계 지도에 따른 자신의 친구관계 양상을 발표한다.
4) 발표는 내용만 발표하는 것으로 그치지 말고 친구관계의 특징은 무엇인지, 자신의 친구관계에 만족하는지 등에 대해 생각할 수 있도록 촉진적인 질문을 한다.

〈촉진적 질문거리〉

- 나는 나의 친구관계에 만족하는가?
- 나는 친밀한 관계를 맺는 친구의 수가 적당하다고 생각하는가?
- 나는 별로 친하지는 않으면서 그냥 알고 지내는 친구들이 많은가?
- 나의 친구관계 특징이라면 어떤 것 등이 있을까?

나의 친구관계 지도 만들기

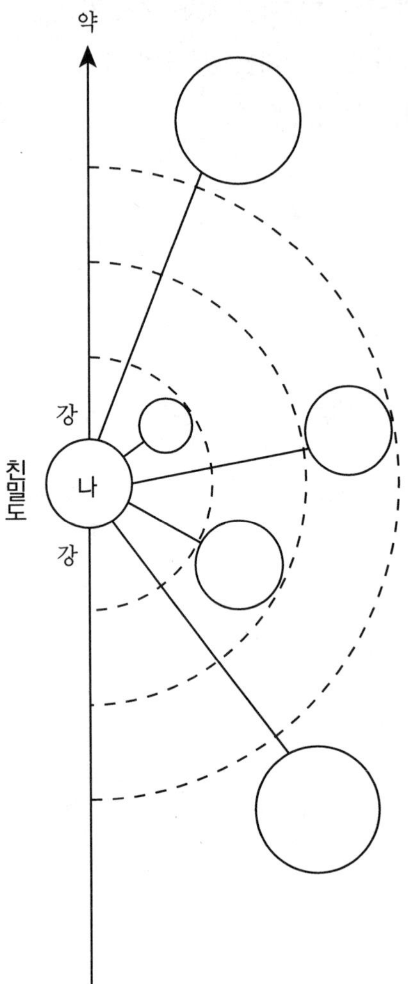

* 원은 자신의 친구 수만큼 임의로 더 만들 수 있다.

2-6. 친구 다시 보기 1–달라진 점 찾기

목적: 상대방을 이해하기 위해서는 관찰과 편견 없이 바라보는 태도가 필요하다는 것을 인식한다.

준비물: 없음

진행방법:

1) 두 사람이 짝을 이루어 마주 보고 서도록 한다.
2) 약 30초가량 서로를 쳐다보며 상대방을 관찰한다.
3) 30초 정도의 시간을 주고 서로 뒤로 돌아서서 상대방이 눈치 채지 못하게 자신의 외형에서 세 부분에 변화를 준다(단추를 하나 더 잠근다거나, 머리핀을 하나 뺀다거나, 액세서리의 위치를 바꾸는 등).
4) 다시 뒤돌아서 서로 마주 보고 어디가 변했는지를 찾아내도록 한다.
5) 먼저 찾은 사람이 이긴다.
6) 이성 간에 어색해한다면 동성으로 짝을 짓는다.

2-7. 친구 다시 보기 2—나의 시각, 너의 생각

목적: 같은 사물, 상황이라도 서로 다른 생각을 가질 수 있다는 점을 인식하고, 상대방의 입장에서 생각할 수 있는 조망적 사고(perspective thinking)을 가짐으로써 서로 다른 의견을 수용하고 존중하는 태도를 형성한다.

준비물: 그림자료(한 장씩 확대복사해서 준비한다.)

진행방법:

1) 동일한 그림이라도 보는 시각에 따라 달리 보이는 그림(그림자료 활용)을 차례로 보여 준다.
2) 하나의 그림을 충분히 볼 수 있도록 시간을 준다.

"자, 그림카드를 하나 보여 드리겠습니다. (그림자료 1을 보여 주고) 무엇처럼 보이나요? (두 사람이 마주 보는 그림, 컵 그림이라는 학생들의 반응을 들어 보고). 같은 그림이라도 어떻게 보느냐에 따라 전혀 다른 그림으로 보이지요. 또 다른 그림카드를 보여 드리겠습니다. (이러한 방식으로 차례차례로 그림자료를 보여 준다.)

3) 경험 나누기

"동일한 그림이라도 서로 다르게 보이므로 어느 하나만 맞다고 할 수는 없지요. 이처럼 상대방과 내가 다른 의견을 가졌다고 해서 나만 맞고 상대방은 틀렸다고 할 수 없습니다. 하지만 일상생활 중에는 그런 마찰이 많이 있습니다. 혹시 그런 경험이 있다면 한번 이야기를 나누어 봅시다."

참고: 3)의 경험 나누기 대신에 '친구 다시 보기 3('나와 너 다시 보기')'이나 친구 다시 보기 4('사실과 의견 게임')를 함께 진행해도 좋다.

친구 다시 보기 2-나의 시각, 너의 생각

귀부인/노파 그림

사람얼굴/쥐 그림

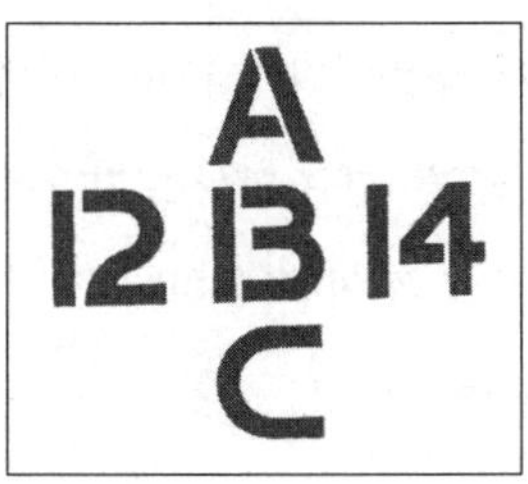

가운데 글자는 -B 또는 13

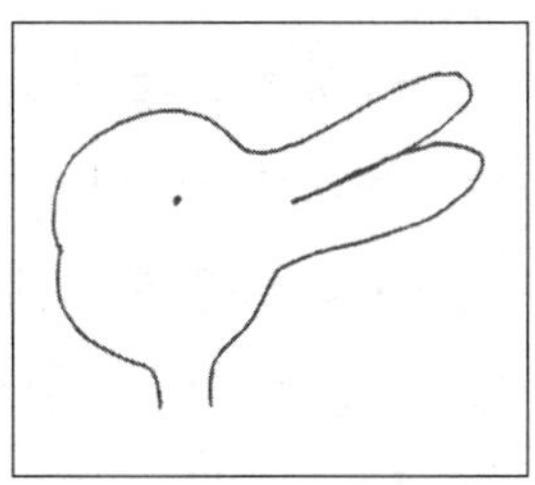

오리-토끼 그림

* 그림자료는 각각 낱장으로 확대복사를 하여 보여 주는 것이 좋다.

2-8. 친구 다시 보기 3–나와 너, 다시보기

목적: 자신과 타인을 긍정적인 관점에서 보는 시각을 갖도록 한다.

준비물: '나와 너 다시 보기' 활동지, 필기도구

진행방법:

1) 집단원들이 동그랗게 둘러앉도록 한다.
2) '나와 너 다시 보기' 활동지에 자신이 고민하는 약점, 단점을 한 가지 적는다.
3) 다 적었으면 옆사람에게 전달하고, 전달받은 사람은 그 친구의 약점을 긍정적인 관점으로 보고 좋은 점을 적어 준다(이를테면 '나는 너무 내향적이어서 고민이야'라고 적은 글 밑에 '그만큼 너는 신중한 것 같아'라고 적어 줄 수 있다.).
4) 계속해서 옆사람에게 전달하여 본인을 제외한 다른 모든 사람들이 적도록 한다.
5) 다른 사람이 긍정적인 관점에서 적어 준 자신의 활동지를 읽고 느낀 점을 이야기 나누도록 한다.

주의: 이 활동은 집단원들이 서로 신뢰하고 존중하는 분위기를 형성하고 난 후에 하는 것이 바람직하다. 자칫 장난스러운 반응으로 인해 오히려 상처를 줄 가능성이 있기 때문이다. 따라서 이 활동만 단독으로 하기보다는 다른 활동(이를테면 '친구 다시 보기 2–나의 시각, 너의 생각'의 보충활동) 속에서 진행하는 것이 적절하다.

* 별도의 예쁜 종이를 마련하여 이 작업을 하고 코팅을 해서 나누어 주면 좋은 선물이 될 수 있다.

친구 다시 보기 3–나와 너, 다시보기

나의 부족한 점은

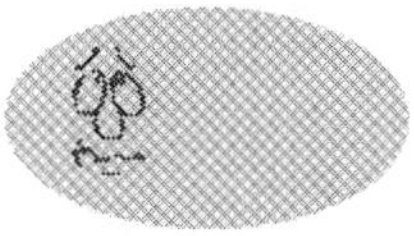

입니다.

아닙니다. 당신의 그런 점은

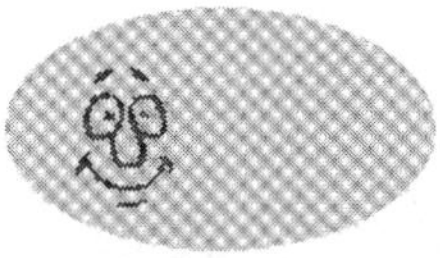

라고 생각합니다.

2-9. 친구 다시 보기 4–사실과 의견 구별 게임

목적: 객관적인 사실과 주관적인 의견의 의미를 인식하고 서로의 주관성을 수용할 수 있도록 한다.

진행방법:

1) 집단구성원들에게 사실과 의견이 어떻게 다른지를 설명한다.
   - 사실이란 누구나 옳다고 받아들이는 객관적인 사실을 의미한다.
   - 의견이란 사람마다 다를 수 있는 견해를 의미하며, 옳고 그른지를 객관적으로 판단할 수 없는 것이다.
2) 별도로 마련된 여러 개의 진술문을 하나씩 읽어 주고, 그 진술문이 '사실' 인지 '의견' 인지를 판단할 수 있도록 한다. 이때 각 진술문을 카드 형태로 만들어 한 장씩 넘기면서 보여 줄 수도 있다.

〈진술문의 예〉

1. 서울은 한국의 수도이다. (사실)
2. 머리가 긴 여자는 미인이다. (의견)
3. 덩치가 크면 싸움을 잘한다. (의견)
4. 공부 잘하는 아이는 잘난 척을 잘한다. (의견)
5. 엄마는 여자다. (사실)
6. 뚱뚱한 사람은 게으르다. (의견)
7. 아이들과 잘 어울리려면 퀵보드가 있어야 한다. (의견)
8. 청와대는 광화문에 있다. (사실)
9. 비가 오면 우산을 쓴다. (사실)

3) 친구들과의 관계에서 주관적인 의견의 차이가 다를 때가 있었는지, 또 의견이 달랐을 때 어떠했는지 경험을 이야기하도록 한다.
   - 자신의 의견을 서로 고집하지는 않았는지?
   - 상대방의 의견을 수용했는지?

4) '의견'은 옳고 그름을 객관적으로 판단할 수 없고 사람마다 다를 수 있다는 것을 인식하면서, 서로 다른 의견 때문에 생길 수 있는 갈등과 오해를 어떻게 풀어 나갈지를 토의한다.

2-10. 친구와의 우정곡선

목적: 친구관계는 굴곡이 있을 수 있으며, 지속적인 우정을 유지하는 것은 어려움을 극복하는 과정이라는 것을 인식하게 한다. 실제 자신의 친구관계를 되돌아보면서 관계 회복을 위해 어떻게 다가갈 수 있을지 함께 방법을 찾아본다.

준비물: '친구와의 우정곡선' 활동지, 필기도구

진행방법:

1) 친한 친구를 떠올려 본다.
2) 그 친구와 친하게 지냈겠지만, 때로는 멀어지기도 하고, 때론 오해로 마음이 아팠던 기억도 있었을 것이다. 그렇다면 그 친구와의 우정곡선을 그래프로 그려 보자. 중간 정도를 0으로 잡고 아주 좋을 때를 +100, 아주 좋지 않을 때를 −100으로 보고 그린다.
3) 활동지의 각 질문에 답해 본다.
   특히 친한 친구라도 늘 좋을 수는 없다는 것, 좋았다가도 어떨 때는 멀어지기도 하는데, 두 사람의 관계가 굴곡이 있더라도 우정이 지속될 수 있는 이유가 무엇인지 탐색해 본다. 또한 자신의 경험을 통해 친구 사이가 어려웠다가도 어떤 일로, 어떤 계기로 좋아질 수 있었는지를 살펴봄으로써 지속적인 우정을 맺어 갈 수 있는 마음을 갖는 데 도움이 될 것이다.
4) 각 질문항목에 따른 생각을 발표하고 난 후 소감을 나눈다.

친구와의 우정곡선

기억에 남는 친구 혹은 현재 가장 친한 친구를 떠올려 보십시오. 친구와의 관계는 좋을 때도 있지만, 불편한 적도 있지요. 그렇다면 그 친구와의 관계를 우정곡선으로 나타내 보세요. 0을 중심으로 관계가 좋았을 때는 +방향으로, 뭔가 불편하고 어려운 점이 있었을 때는 −방향으로 그래프를 그려 보세요.

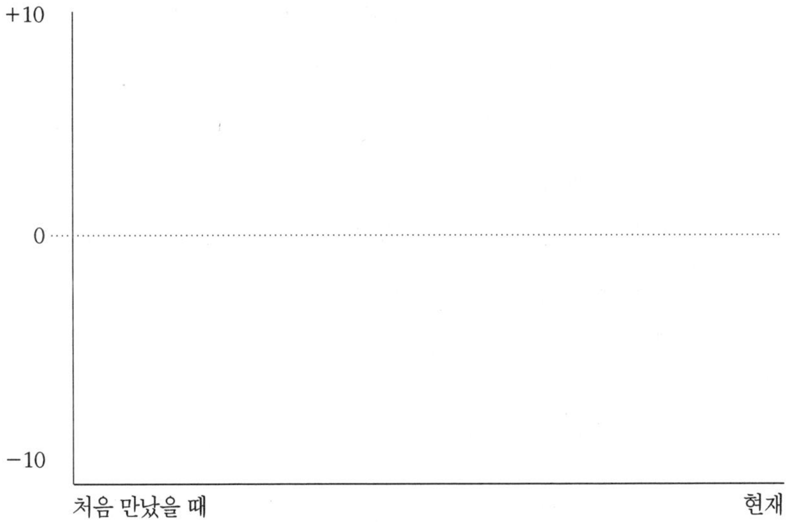

♥ 가장 좋았던 때는 언제인가요? 어떤 일이 있었나요?

♥ 친구관계에서 어려움을 느낀 적이 있었나요? 어떤 점이 어려웠나요?

♥ 가장 안 좋았던 순간을 어떻게 극복할 수 있었나요?

♥ 현재 친구와의 우정은 어느 지점에 와 있나요? 아쉬운 점은 무엇인가요?

2-11. 친구 사이 걸림돌

목적: 친구관계를 돌아보고, 친구관계가 나빠진 계기를 탐색해 봄으로써 외적 원인과 내적 원인을 구분하고 각각에 대처하는 태도를 익힌다.

진행방법:

1) 앞의 우정곡선 작업에 이어서, 우정곡선의 가장 낮은 순간에 어떤 일이 있었는지를 돌아가면서 이야기한다(이때 미리 종이를 나누어 주고, 기록하여 제출하게 하거나 발표하는 내용을 칠판에 기록을 하면서 진행해도 좋다.).
2) 구체적인 사건, 이유 등을 이야기하도록 한다. 집단원들이 열거한 이유들을 외적 원인과 내적 원인으로 구분해 본다.
3) 외적 원인은 수용하고 인정할 수 있도록 하고, 내적 원인은 자신의 문제를 해결할 수 있는 방안을 탐색하도록 한다.

2-12. 친구 사이에 있었던 일

목적: 친구 사이에 불편했던 경험을 알아봄으로써 친구 사이가 안 좋아지게 되는 원인이 무엇인지를 인식한다.

준비물: '친구 사이에 있었던 일' 활동지, 필기도구

진행방법:

1) 개인의 좋지 않은 경험을 공개하기가 불편할 경우 익명으로 본인의 이야기를 하도록 게임식으로 진행하는 방법이다.
2) 이야기 퍼즐식으로 구성된 활동지를 나누어 주고, 4개 항목에 따라 적도록 한다.
3) 4개 항목을 잘라 각 항목별로 모으고, 가 항목마다 모은 것을 섞는다. 4개 항목별로 모은 내용을 다시 각 항목별로 하나씩 골라 가지면 서로 다른 사람의 내용이 섞여 하나의 이야기로 완성되는데, 이를 놀아가면서 읽는다.
4) 지도자는 '왜 그랬을까'의 사유를 들으면서 칠판에 적어, 주로 어떤 일로 친구와 다투게 되고 불편하게 되는지 등을 정리해 볼 수 있다(개인이 적어 낸 종이를 칠판이나 전지에 직접 붙여 가면서 구분할 수도 있다).
5) 대표사례를 역할극으로 꾸며 보고, 대안행동을 찾아볼 수도 있다.

출처: 이상희 등(2000). 단계별 또래상담 프로그램 개발연구. 한국청소년상담원.

변형: 친구 사이에 있었던 안 좋은 사건을 생각나는 대로 낱장의 종이에 적도록 한 다음, 이 종이를 모아 유형별로 구분할 수 있다. 이러한 형태의 활동을 brainwriting이라고 하는데, 별도의 참고자료에 자세히 설명해 두었다.

친구 사이에 있었던 일

'다투면서 큰다'는 말이 있지요. 하지만 친구 사이의 다툼으로 인해 서먹해지고 불편해지면 정말 속상하지요. 혹시 그렇게 해서 친구와 멀어진 경험이 있다면 마음이 좀 아프겠지만 이 시간에 한번 생각해 보세요.

나는 ____________ 와 (다른 사람이 알지못 하도록 별칭을 적어 주세요)	언제냐 하면……
무슨 일로 내가 속상했냐 하면…… (구체적으로 적어 주세요)	그래서 내마음은…… 

참고자료: Brainwriting이란?

brainwriting이란 머리(brain)에 들어 있는 아이디어를 글로 적는다(writing)는 의미다. brainwriting은 brainstorming과 마찬가지로 아이디어를 모아내는 작업인데, 차이가 있다면 참여자들이 자신들의 아이디어를 말로 발표하는 brainstorming는 달리 brainwriting은 글로 적는다는 것이다. 여기서는 두 가지 형태의 brainwriting을 소개한다.

● A형 브레인라이팅

- 브레인라이팅은 2인 1조, 4조 1팀으로 나누어 진행한다.
- 두 명을 한 조로 하고 네 개의 조를 한 팀으로 묶어 조 편성이 끝나면 진행자는 이미 주제가 맨 위에 적혀 있는 종이를 모든 참여자들에게 한 장씩 나누어 준다.
- 종이를 받은 참여자는 혼자서 주제에 대해 떠오르는 모든 아이디어를 적는다.
- 아이디어를 모두 다 적은 참여자는 파트너와 함께 각각의 아이디어를 비교해 본다. 이때 가장 먼저 발견된 공동의 아이디어를 OHP 필름에 적은 후 옆 조로 전달한다.
- OHP 필름을 넘겨받은 다음 조에 속한 사람은 자신과 자신의 파트너가 함께 내린 공동의 아이디어가 이미 OHP 필름에 있는지를 살펴보고 없으면 계속해서 자신들만의 아이디어를 적은 후 다음 조에게 넘겨준다.
- 이런 식으로 팀에 속한 모든 조의 답을 완전히 적을 때까지 쓰기를 계속한다.
- 각 조별로 다른 주제가 적힌 종이를 나누어 줌으로써 다양한 주제에 대한 많은 아이디어를 짧은 시간에 모을 수도 있다.

● B형 브레인라이팅

- 5~6명의 인원으로 조를 편성한다.
- 각 조에는 전지를, 그리고 모든 참가자에게는 매직펜을 나누어 준다.
- 참가자들은 조별로 자신들이 받은 전지를 중앙에 놓고 둘러선다. 전지의 중앙에는 이미 그 조가 다룰 주제가 기록되어 있다.
- 참가자들은 그 주제에 대해 생각나는 대로 단어들을 기록한다. 기록에는 어떤 순서가 있는 것이 아니다. 모두에게 기회는 균등하다.
- 진행자는 참가자들이 일차적으로 떠오르는 아이디어를 다 써 넣은 것처럼 보일 때까지 기다린다. 그리고 그 순간 종이를 중심으로 자리를 옮겨가며 다른 사람들은 어떤 아이디어를 써 넣었는지를 읽어 보게 한다. 그리고 남의 아이디어를 통해 떠오르는 두 번째 아이디어를 기록하게 한다.

출처: www.kaskorea.org/edu_way(초판 발행 당시 인용)

2-13. 친구에게 먼저 한 걸음을!-얼음땡 놀이

목적: 좋아하는 친구와 불편한 친구를 대하는 태도가 어떻게 다른지 인식함으로써 자신의 태도와 행동을 점검한다.

준비물: 움직일 수 있는 공간

진행방법:

1) 둘씩 짝을 짓는다.
2) 다음과 같은 멘트로 지시를 한다.

"이제부터 영화를 찍겠습니다. 제목은 '반갑습~네다'. 이제 내 앞에 있는 짝은 내가 매우 좋아하는 친구인데, 한동안 연락이 없어서 못 만났다가 오늘에서 만난 것입니다. 그 장면을 한번 영화로 찍어 보겠습니다. 단, 내가 '얼음' 하면 그대로 멈추어야 합니다. '땡' 해야 몸을 풀 수 있습니다. 자, 그럼 레디~ 고!!"

3) (서로 반갑게 만나고 있을 때) '얼음' 하고 멈추게 한 후 집단원에게 다음과 같이 물어본다.

   1차: '내가 친한 친구를 만났을 때는 어떤 표정/몸짓/태도/말투인가?'

   2차: 몇몇 사람에게 다가가 '지금 어떤 마음인지, 앞친구에게 어떻게 해 주고 싶은지?' (안아 주고 싶어요. 뭐 사 주고 싶어요 등의 대답이 나온다.)

   '땡' 하고 몸을 풀게 한 다음, 아마도 내가 좋아하는 친구를 만났을 때 나의 표정과 마음은 밝고 친절을 베푸는 모습이었던 것을 확인한다.

4) "그다음은 반대로 내가 싫은 친구, 만나고 싶지 않은 친구를 만나

는 장면을 찍어 봅시다. 제목은 '밥맛입네다'"

5) (서로 삐죽거리고 서먹할 때) '얼음' 하고 집단원에게 위와 동일한 질문을 물어본다.

6) 짧은 시간이지만, 평소에 내가 좋은 친구를 만났을 때의 태도나 마음과 그지 못한 친구를 만날 때의 태도와 마음이 이렇게 다를 수 있으며, 이러한 차이가 친구 사이를 더 가깝게도, 멀게도 할 수 있다는 이야기를 하면서 정리한다.

2-14. 친구에게 다가가기 – 성벽 뚫기 게임

목적: 소외된 한 사람이 집단에 소속되기가 어렵다는 것뿐만 아니라, 집단이 한 사람을 배척하는 것도 정신적, 신체적 에너지를 많이 소모하게 된다는 것을 인식함으로써 배타적인 대인태도를 완화시킨다.

준비물: 집단원이 둘러서서 움직일 수 있는 공간

진행방법:

1) 한 사람의 술래를 정한다.
2) 나머지 전체 집단원이 손을 잡고 둥글게 선다. 손을 잡고 원으로 이어지면 성벽이 된다.
3) 술래는 원(성벽) 밖에 서 있다가, 게임이 시작되면 빈틈을 찾아 적극적으로 원(성벽) 안으로 들어가려고 하고, 집단원은 술래를 못 들어오게 한다.
4) 변형: 두 사람을 술래로 정해서 한 사람은 원 밖에서 안으로, 다른 한 사람은 원 안에서 밖으로 나가려 하고, 술래는 적극적으로 찾아내도록 한다.
5) 활동을 마친 후 술래였던 사람에게 소감을 물어본다.
6) 마찬가지로 술래를 못 들어오게 했던 집단원의 소감을 이야기하도록 한다.
7) 성벽 밖의 한 사람이 다수 안에 들어가기 위해서는 시간적, 공간적 기회를 마련하기 위한 어려움이 있음을 설명하고, 실제 학급 내에서 심리적인 성벽을 경험한 적은 없었는지 이야기를 나눈다.

2-15. 함께 그리는 친구

목적: 협동화를 그리는 과정에서 자신의 그림과 다른 사람의 그림이 조화를 이룰 수 있도록 함으로써 타인과의 관계와 연대를 고려할 수 있게 한다.

준비물: 신체부위 명칭을 적은 카드 2세트, 전지 2장, 색연필(또는 크레파스). 신체부위 카드 세트는 명함 크기만한 카드에 신체부위 명칭을 하나씩 적는다. 이때 신체부위는 가능한 한 세부적으로 적어서 여러 개의 카드로 만들어 놓는다(이를테면 얼굴, 머리, 오른쪽 눈, 왼쪽 눈, 코, 입, 가슴, 배, 허리, 오른팔, 오른손, 오른쪽 종아리, 오른쪽 발……).

진행방법:

1) 신체부위를 적은 카드 2세트를 준비한다.
2) 집단원을 두 팀으로 나눈다.
3) 각 팀에서 한 사람씩 나와서 신체부위 카드 한 장을 뽑아, 자신이 뽑은 신체부위를 전지에 그린다.
4) 각 팀의 완성된 그림 중에 균형이 잘 잡힌 그림을 그린 팀이 우승자다.
5) 그림을 그리면서 어려웠던 점, 재미있었던 점들에 대해 이야기를 나눈다.
6) 자신이 택한 신체부위를 그릴 때, 이미 그려져 있는 신체부위와 조화를 이루도록 그려야 하며, 또 다른 사람이 그릴 부분에 대해서도 염두에 두지 않는다면 그림이 우스꽝스러워지게 된다. 다른 사람과 조화를 이루는 것이 얼마나 중요한지를 알게 하는 활동이다.

3. 의사소통기술 향상을 위한 활동

3-1. 일방통행, 양방통행

목적: 정확하고 효과적인 의사소통을 위해서는 서로가 이야기를 주고받을 수 있는 양방적 관계가 이루어져야 한다는 것을 경험한다.

준비물: 의사소통 카드 2세트(자료 참조)

진행방법:

1) 일방의사소통

① 집단을 두 팀으로 나누고, 각 팀의 대표 한 사람씩 나오게 해서, 일방의사소통 카드를 30초간 보게 한다. 이때 각 팀의 대표가 서로 어떤 카드를 보았는지 알지 못하게 한다.

② 카드를 다 보고 난 후 자기 팀원에게 설명하는데, 설명은 2회까지만 허용하며, 질문은 일절 받지 않는다.

③ 팀원은 대표의 설명을 듣고 그림을 그린다.

④ 다 그린 그림들을 원본 그림과 비교해 본다.

2) 양방의사소통

① 양방의사소통 카드를 팀 대표 한 사람씩 나오게 해서 30초간 보게 한다. 이때 서로 어떤 카드를 보았는지 모르게 한다.

② 카드를 다 보고 난 후 자기 팀원에게 설명하는데, 이때 팀원의 질문을 허용한다. 단, 한 사람이 한 번만 질문할 수 있다.

③ 팀원은 설명을 듣고 그림을 그린다.

④ 다 그린 그림들을 원본 그림과 비교해 본다.

⑤ 지도자는 카드의 도형을 공개하고, 각자 그린 도형을 비교하며, 설명한 사람과 그림을 그린 사람이 각자의 느낌을 발표한다.

3) 소감 나누기

설명한 사람과 그림을 그린 참여자들이 각자의 느낌을 발표하도록 한다.

"전혀 질문을 하지 못하고 설명만 듣고 그림을 그렸을 때는 어땠나요?"
"그림을 그리면서 어려운 점은 무엇이었나요?"
"설명한 사람은 다른 사람이 아무 질문도 하지 않을 때, 설명하기가 어땠나요?"
"질문을 할 수 있었을 때 그림 그리기가 어떠했나요?"
"질문을 하지 못할 때와 질문을 할 때 무엇이 달랐나요?"
"설명한 사람의 입장에서는 질문과 설명을 주고받으니까 어땠나요?"

대화란 어느 사람만 이야기하는 것이 아니라 서로 주고받는 것이며, 효과적인 의사소통을 위해서는 정확하게 표현하는 것과 상대방의 말을 잘 듣는 것이 동시에 필요하다는 것을 공유하면서 마무리한다.

일방통행, 양방통행 의사소통 카드

일방의사소통 카드

아래 그림을 잘 보고, 참가자들이 잘 그릴 수 있도록 설명해 주세요. 첫 번째 사각형부터 차례로 설명하십시오. 다른 사각형과의 관계를 잘 보세요. 참가자들로부터 질문은 받을 수 없습니다. 손짓도 할 수 없습니다.

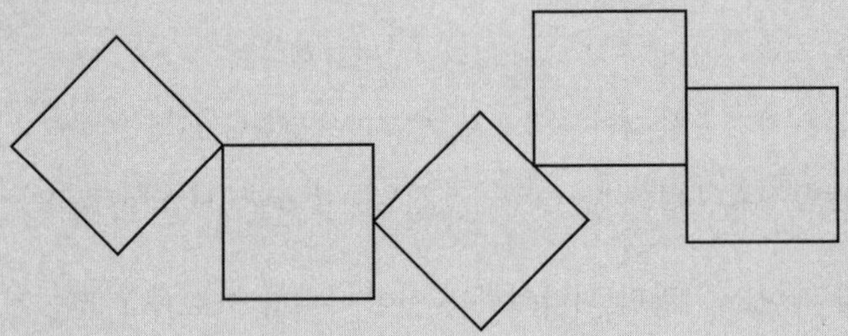

양방의사소통 카드

아래 그림을 잘 보고, 참가자들이 잘 그릴 수 있도록 설명해 주세요. 첫 번째 사각형부터 차례로 설명하십시오. 다른 사각형과의 관계를 잘 보세요. 참가자들의 질문에 답해 주시고, 필요하면 되풀이해서 설명해 주세요. 단 손짓은 할 수 없습니다.

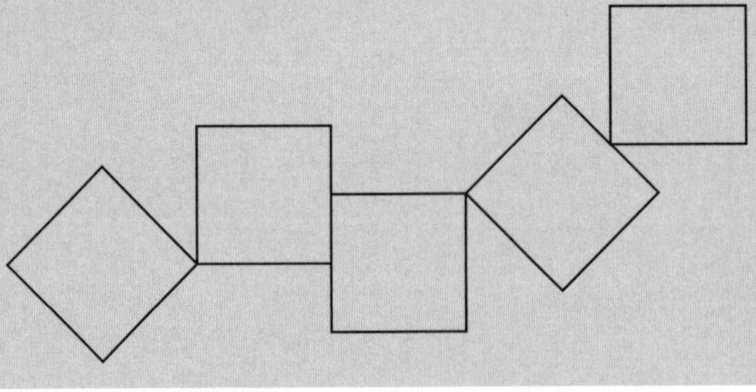

출처: 서울시교육연구원(1998). **학교적응교육프로그램**. 서울시교육연구원.

3-2. 경청 게임

목적: 경청할 때와 경청하지 않을 때의 대화를 비교해 봄으로써 경청의 중요성을 인식하고 경청하는 방법을 익힌다.

준비물: 없음

진행방법:

1) 2명씩 짝지어 말하는 사람(내담자)과 듣는 사람(상담자)을 정한다.

2) 최대한 듣지 않기

① 말하는 사람은 2분 동안 최근 기분 상했던 일에 대해 이야기하도록 한다. 이때 듣는 사람은 최대한 듣지 않는다(정확하게 2분의 시간을 주기로 하되, 실제로는 1분 30초 정도에 중지시킨다.).

② 중지시키고 난 후, 상대방이 내 말을 듣지 않으니까 어떠했는지 말한 사람의 소감을 듣는다.

('화가 났다' '무슨 말을 해야 할지 모르겠더라' '횡설수설하게 되더라' '말할 기분이 안 났다' 등)

3) 최대한 잘 듣기

① 앞서 했던 역할 그대로 말했던 사람은 이어서 말하고, 듣는 사람은 최대한 적극적으로 잘 들어 주도록 한다.

② 앞의 경우와 마찬가지로 2분을 주되, 실제로는 2분 30초 정도에 중지시킨다.

③ 중지시키고 난 후, 안 들어 줄 때와 비교해서 들어 줄 때 어떤 느낌이었는지 말한 사람의 소감을 듣는다('이야기가 술술 나오더라' '말하면서 생각지 못했던 걸 새롭게 생각하게 되었다' '내가 이렇게 말을 잘하는 줄 몰랐다' 등).

④ 특히 안 들어 줄 때와 들어 줄 때의 시간경과는 어떠했는지 물

어보면 전자의 경우 매우 시간이 더디 가고, 후자의 경우에는 시간이 모자랐다고 이구동성으로 말한다. 이때 오히려 후자의 경우에 시간을 더 주었다는 걸 알려 주면 경청의 힘을 새롭게 느낄 수 있다.

⑤ 듣는 사람의 어떤 모습을 보면서 경청하고 있다는 것을 느꼈는지를 하나하나 짚어 보면서 경청의 자세를 익히도록 한다.

3-3. 의사소통의 걸림돌

목적: '대화의 기본 자세'에 기초하여 자신의 의사소통 방식을 점검한다. 의사소통에서 걸림돌이 되는 부분이 무엇인지, 어떠한 노력이 필요한지 파악하도록 한다.

준비물: 의사소통의 걸림돌 체크리스트, 필기도구

진행방법:

1) 체크리스트를 통해 자신의 대화방법을 짚어 보도록 한다.
2) 총점이 높을수록 걸림돌이 많은 것임을 알려 주고, 각자 어떠한 걸림돌이 있는지 스스로 체크해 보도록 한다.
3) 열 가지 걸림돌이 대화에서의 어떤 비언어적 요소를 의미하는지 함께 공유하도록 한다.

항 목	비언어적 요소
1. 말할 때 눈을 마주치지 않고 피한다.	시선 맞추기
2. 친구의 말을 자주 막는다.	상대방의 말을 끊지 않기
3. 친구보다 더 많이 말한다.	경청하기
4. 친구의 감정을 염두에 두지 않는다.	감정에 초점 맞추기
5. 충고를 많이 한다.	친구의 입장에서!
6. 너무 많은 질문을 한다.	잘 듣기
7. 대화할 때 멀리 떨어져 앉는다.	상대에게 몰두하는 태도와 자세
8. 주제를 계속해서 바꾼다.	상대방의 이야기 흐름 따라가기
9. 친구의 말을 듣는 것보다 내 일에 신경을 쓰고 있다.	집중하기
10. 친구가 무슨 말을 할 것인지 예상하고 있어서 상대방의 말을 충분히 듣지 않는다.	경청하기

출처: 이상희 등(2000). 단계별 또래상담 프로그램 개발연구. 한국청소년상담원.

의사소통의 걸림돌

친구의 이야기를 막는 열 가지 걸림돌

여러분은 친구의 말을 얼마나 잘 듣고 있나요?

다음 문항을 읽고, 당신이 친구와 이야기할 때 해당되는 정도에 따라 점수를 매겨 보십시오. 그 문항에 해당되면 1, 해당되지 않으면 0점을 주십시오.

1. 말할 때 눈을 마주치지 않고 피한다. (   )
2. 친구의 말을 자주 막는다. (   )
3. 친구보다 더 많이 말한다. (   )
4. 친구의 감정을 염두에 두지 않는다. (   )
5. 충고를 많이 한다. (   )
6. 너무 많은 질문을 한다. (   )
7. 대화를 할 때 멀리 떨어져 앉는다. (   )
8. 주제를 계속해서 바꾼다. (   )
9. 친구의 말을 듣는 것보다 내 일에 신경을 쓰고 있다. (   )
10. 친구가 무슨 말을 할 것인지 예상하고 있어서 상대방의 말을 충분히 듣지 않는다. (   )

총점: /10점

3-4. 공감훈련 1-감정에 귀 기울이기

목적: 대화에서 감정을 다루는 것의 중요성과 감정의 다양성을 인식하도록 한다. 이는 상대방의 감정을 공감하기 위한 1차적 단계로서 의미를 갖는다.

준비물: '감정에 귀 기울이기' 활동지

진행방법:

1) 감정을 무시하며 듣는 경우와 감정에 귀를 기울이고 듣는 경우의 예시를 함께 읽어 본다.
2) 각각의 경우 이야기하는 사람의 입장에서는 어떤 느낌이 들지 생각해 본다. 감정이 무시된 경우, 계속 이야기하기가 어려워지며, 듣고 있는 상대방에 대해서도 아쉬움을 갖게 된다. 한편, 감정에 귀를 기울이고 반응해 준 경우, 상대방이 자신을 이해해 주는 느낌을 갖게 되며, 말이 통하는 친구라는 생각과 함께 이야기가 계속 이어질 수 있다.

출처: 이상희 등(2000). 단계별 또래상담 프로그램 개발연구. 한국청소년상담원.

감정에 귀 기울이기

감정에 귀 기울이기

다음의 예를 보고 감정에 귀를 기울여 잘 들었을 때와
그렇지 않았을 경우, 어떤 느낌이 드는지 알아보도록 합시다.

감정을 무시하고 들었을 때

은희: "나는 우리 선생님이 정말 싫어.
학생들에게 전혀 관심을 기울이지 않는다니까?"

상덕: "선생님에 대해 그렇게 말하는 건 옳지 않아.
나는 몇몇 선생님들은 좋으시다고 생각해."

결과: 은희의 느낌은 무시되었죠.
화가 나고 좌절된 느낌이 들면서 상덕이에게도 아쉬움을 느낍니다.
또 친구가 설교를 하고 있는 듯한 느낌을 받습니다.
좌절하고 화가 난 느낌은 상대방에 대해 아쉬움을 불러일으킬 수 있습니다.

감정에 귀를 기울이고 들었을 때

은희: "나는 우리 선생님이 정말 싫어.
학생들에게 전혀 관심을 기울이지 않는다니까."

상덕: "그래, 은희야. 너, 화가 아주 많이 난 거 같구나?"

결과: 상덕이는 은희가 화가 났고 좌절감을 느꼈다는 감정에 귀를 기울여 주었습니다.
은희는 상덕이가 자신을 이해해 주고 말이 통하는 친구라는 생각을 하게 될 것입니다.

3-5. 공감훈련 2-감정 인식하기

목적: 동일한 상황이라도 사람들이 느끼는 감정이 매우 다양하다는 것을 인식하고, 이러한 감정인식 능력을 기른다. 다양한 감정의 인식이 공감의 출발이 되기 때문이다.

준비물: '감정 인식하기' 활동지, 필기도구

진행방법:

1) 사람들마다 똑같은 상황이라 해도 서로 다르게 느낄 수 있다는 것을 이야기하면서 다음과 같이 간단한 상황을 이야기한다.

   "자, 여러분이 밤이 어두워 집에 가고 있는데, 뒤에서 발자국소리가 들립니다. 처음엔 무심하게 들었는데, 내가 걸음을 빨리하면 역시 그 발자국도 빠르게 따라오고, 내가 천천히 가면 역시 그 발자국도 내 보폭에 속도를 맞추어 따라오고 있습니다. 자, 이런 상황이 어떻게 느껴지나요? 바로 그 상황에 드는 느낌이나 반응을 간단하게 이야기해 보세요."

2) 간단하게 한 마디로 이야기하면서 빠르게 모든 사람이 응답하도록 한다. 이때 그 내용을 들어보면 매우 다양함을 느낄 것이다.

   '머리카락이 쭈뼛 서요' '무서워요' '식은땀이 흘러요' '도망가요' '뒤돌아서 한 대 쳐요' '어떻게 하나 머리를 굴려요' 등

3) 집단원들의 반응이 매우 다양하다는 것을 정리한다. 즉, 동일한 상황이라도 어떤 사람은 신체적으로, 어떤 사람은 행동적으로 또는 인지적 혹은 정서적으로 반응한다는 것을 설명해 준다. 이와 같이 동일한 상황에 대한 감정도 매우 다양할 수 있음을 이야기한다.
4) 감정의 다양성을 인식하기 위한 구체적인 연습을 이해 '감정인식 활동지'의 상황에 대해 나와 다른 사람의 감정을 비교해 보도록 한다.

감정 인식하기

감정을 인식하는 방법

- 몸짓, 눈의 움직임, 그리고 비언어적 행동을 인식하라.
- 내담자가 무엇을 말하고 있는지 내담자가 말하고 있는 문맥과 그 순간 경험하고 있는 감정이 무엇인지 파악하라.
- 서둘러 반응하지 말라. 모든 말에 일일이 반응하는 것은 중요하지 않다. 중간중간에 반응 없이 그냥 들어 줌으로써 내담자가 자신의 말을 정리할 시간을 주라.
- 내담자가 나와 같은 상황에서 나와 같은 느낌과 생각을 할 것이라고 단정짓지 말라. 단지 내담자가 한 말에만 언어적으로 반응하라.

감정 인식하기 연습

다음 문장 속 주인공의 심정은 어떠할까요? 감정을 파악하여 빈칸에 써 봅시다. 옆에 있는 친구가 다음 문장을 읽게 하고 친구의 느낌도 파악하여 나의 느낌과 비교해 봅시다.

내 용	내가 느낀 감정	친구가 느낀 감정
"우리 엄마와 아빠는 맨날 싸워."		
"국어 선생님이 나만 못살게 굴어."		
"걔 말을 믿을 수 있을지…… 믿어야 할지 모르겠어."		
"나랑 친한 친구가 내가 싫어하는 애랑 친하게 지내."		
"우리 엄마가 입원해야 한대."		
"친구들은 내가 돈을 훔쳤다고 생각하고 있어."		
"성적을 올리는 방법이 없을까?"		
"난 언니가 싫어."		
"애들이 내가 살쪘다고 놀려."		

3-6. 공감훈련 3–내 입장에서의 이해, 친구 입장에서의 이해

목적: '공감'에 대한 개념을 정확히 이해하고, 개인의 경험과 실제 사례에서 공감과 공감이 아닌 것을 구분할 수 있는 능력을 기른다.

준비물: '내 입장에서의 이해, 친구 입장에서의 이해' 활동지, 필기도구

진행방법:

다음은 경험적 학습 사이클의 과정에 따른 진행과정을 설명해 놓았다. 집단원들의 경험담 속에서 공감의 중요성을 끌어내고 공감연습을 할 수 있도록 경험 단계→성찰 단계→일반화 단계→실행 단계의 순으로 진행된다. 경험적 학습 사이클(p. 129)에 대한 설명과 대조하여 보면 이 과정에 좀 더 익숙해질 수 있을 것이다.

1) 집단원들에게 다음과 같은 경험이 있었는지 생각해 보고 이야기를 나누도록 한다.

> "여러분은 자신이 이야기를 했을 때 상대방이 어떻게 반응해 주니까 기분이 좋던가요? 상대방이 어떻게 해 주었을 때 내가 이해받았다는 느낌이 드는지 떠오르는 경험이 있으면 구체적으로 이야기해 보세요."

2) 처음엔 서먹할지라도 자연스럽게 이야기를 끌어내도록 한다. 필요하다면 지도자의 경험을 개방해도 좋다.
3) 집단원들 몇 명의 경험담을 듣고, 경험의 내용과 공감의 개념을 연결시켜 설명한다.
4) 활동지 1(내 입장에서의 이해, 친구 입장에서의 이해)를 나누어 주고 내 입장에서의 이해와 친구 입장에서의 이해를 구분할 수 있도록 연습한다.
5) 한 사람씩 짝을 지어 예제상황(활동지 2)을 주고 '내 입장에서의 이해'와 '친구 입장에서의 이해'를 표현해 봄으로써 공감을 표현

하는 기초연습이 되도록 한다. 이때 세 명이 한 조가 되어 말하는 사람, 듣는 사람, 관찰하는 사람의 역할을 맡는다. 듣는 사람은 공감한 내용을 말로 표현하고, 말한 사람이나 관찰자는 공감표현이 어떻게 들렸는지, 다른 방식으로 표현할 수 있다면 어떻게 할지에 대한 피드백을 준다. 각 상황마다 이 역할을 번갈아 하도록 한다.

6) 이러한 연습을 통해 느낀 점을 이야기한다.
7) 활동지에 제시된 것 이외에 가상상황은 얼마든지 새롭게 만들 수 있다. 학생들이 일상생활에서 경험하는 상황을 가상사례로 활용한다면 보다 적극적이고 자발적인 참여를 유도할 수 있을 것이다.

공감(empathy)이란 상대방의 마음으로 다가가는 꾸준한 노력이 있을 때 가능한 것입니다. 상대방의 입장이 되어 그를 이해하는 것이지요. 내 입장에서, 내 방식대로, 내 감정대로 이해하는 것과 다릅니다.

공감을 제대로 할 수 없는 경우, 대부분 자신의 생각이나 선입관, 자신의 감정이 작용하기 때문에 상대방의 입장을 있는 그대로 이해하지 못하게 되는 것입니다.

따라서 쉽게 설명하자면 자기입장에서 이해한다는 것은 상대방의 진정한 속마음을 이해하거나 공감하지 못하는 것이며, 상대방 입장에서 이해할 때 진정으로 공감이 가능합니다.

내 입장에서의 이해, 친구 입장에서의 이해 1

다음의 진술문을 잘 읽고 질문에 대한 각 반응이 '내 입장에서의 이해'를 나타내는 것이라면 1, '친구 입장에서의 이해'를 나타내는 것이라면 2로 표시하십시오.

진술 1.

"우리 부모님은 내가 밤에 다니도록 두질 않아. 내가 그런 아이들이랑 어울리면 사고를 칠 수 있다는 거지."

반응 1.

1–가. 너 무슨 일을 저질렀구나? 부모님이 너를 믿지 못하는 일이 있었나 봐! ( )

1–나. 부모님이 네 친구들을 미워하시는 것은 아닐 거야. 네가 한 짓을 부모님께 너무 말을 많이 해서는 아닐까? ( )

1–다. 부모님이 그런 아이들과 어울리지 못하게 하니 속상하겠구나. ( )

진술 2.

"그런 속물들은 내게 말하지…. 자기네들 생각에는 자기네들이 항상 나보다 잘났다고…. 누가 지네들이 필요하대나."

반응 2.

2–가. 뭐 그런 일로 속상해하니? 다른 아이들을 찾아보면 되잖아. ( )

2–나. 다른 사람이 보기에 네가 그들과 잘 어울린다는 말을 들으니 화가 나겠다. ( )

2–다. 나라면 그런 애들이랑 가능한 한 상대도 안 할 거야. ( )

진술 3.

"내 성적이 형편없어. 우리 부모님은 한 달 동안 두고 봤다가 내 용돈을 없애버리시겠대. 뭐가 잘못되었는지 모르겠어."

반응 3.

3-가. 걱정하지 마. 언제나 나쁜 일은 있게 마련이니까. ( )

3-나. 무슨 말인지 알겠다. 나한테도 그런 일이 있었어. 정말 뭐가 잘못된 건지 씁쓸할 뿐이지. ( )

3-다. 너무 그렇게 우울해하지마. 그래봤자 소용없잖아. ( )

진술 4.

"나는 운동을 잘하려고 무지 노력하는 편이거든. 그런데 축구조차 잘 할 수 없으니 창피해 죽겠어…."

반응 4.

4-가. 운동을 그만두지 그러니? ( )

4-나. 최선을 다했는데 축구 하나 잘하기도 힘들다고 느껴지는구나. ( )

4-다. 축구 말고 다른 운동은 어떨까? ( )

진술 5.

"나한테 새 친구가 생겼거든. 그런데 우리 부모님은 걔네들이 머리염색을 했다고 좋아하시지 않아. 걔네들에 대해 잘 알지도 못하시면서 말이야…"

반응 5.

5-가. 너희 부모님이 그 친구들을 좋지 않게 보시도록 네가 뭘 잘못한 게 있니? ( )

5-나. 네가 선택한 새 친구들을 부모님이 믿지 못하시는 것 같아 서운하구나. ( )

5-다. 그럼 다른 친구들을 사귀어 보지 그러니? ( )

내 입장에서의 이해, 친구 입장에서의 이해 2

어떤 말들이 친구 마음을 이해하는 데 도움이 될까요? 여러 가지 상황에서 친구의 마음을 이해하는 연습을 해 봅시다.

• 배우기

우리 아빠는 내가 귀걸이 하는 것에 왜 그렇게 야단인지 모르겠어…….

내 입장에서 이해

"안 하면 되잖아."

"학생이 무슨 귀걸이냐."

"안 그러는 아빠가 어디 있어?"

친구 입장에서 이해

"귀걸이 하는 걸 아빠가 싫어해서 속상하구나."

"네가 귀걸이 하는 걸 아빠가 이해해 주었으면 하는구나."

• 연습하기

시험 때문에 스트레스야.
이번 시험을 제대로 못 치면 인터넷도 못하게 할 거래.

내 입장에서 이해

친구 입장에서 이해

3-7. 공감훈련 4-앵무새 놀이

목적: 공감표현은 우선 상대방의 말을 잘 듣고, 상대방의 관점에서 이해한 내용을 표현해 주는 것이라 할 수 있다. 상대방의 말을 정확하게 듣고 전달하는 앵무새 놀이를 통해 공감표현의 기본기를 갖추도록 한다.

진행방법:

공감훈련 3(p. 203)과 연계하여 진행하는 것이 바람직하며, 순서는 상황에 맞춰 자유롭게 진행할 수 있다.

1) 둘씩 짝을 지어 말하는 사람과 듣는 사람의 역할을 정한다.
2) 먼저 말하는 사람이 자기 이야기를 하면, 듣는 사람은 이야기를 들으면서 중간중간 말이 끊어질 때마다 말한 사람의 이야기 뒷부분(감정이 담긴 부분)을 앵무새처럼 그대로 반복한다. 이때 말하는 사람은 상대방이 중간에 반응할 수 있도록 짤막하게 이야기하도록 한다.
3) 예를 보자.

말하는 사람: "나, 어제 친구랑 약속을 했었는데, 걔가 안 나오는 거야. 얼마나 열 받던지…"

듣는 사람: "친구가 안 나와서 열 받았구나."

말하는 사람: "응. 걔가 지난번에도 그런 적이 있었는데, 완전히 나를 무시하는 것 같아."

듣는 사람: "친구가 너를 무시하는 기분이 들었구나."

4) 역할을 바꿔 다시 해 보고, 각자 소감을 발표한다.
5) 처음에는 어색하지만, 말한 사람의 생각과 감정을 그대로 앵무새처럼 반복해 줌으로써 공감표현의 기초연습이 된다.
6) 여러 가지 가상 상황을 만들어서 역할극으로 진행해도 좋다.

3-8. 대화전략 1–구체적으로 표현하기

목적: 불명확한 의사소통으로 인해 불필요한 오해와 갈등이 생길 수 있음을 인식하고, 명확한 의사소통을 위해 구체적인 표현을 익히도록 한다.

준비물: '구체적으로 표현하기' 활동지

진행방법:

1) 유인물에 제시된 대화사례에서 다르게 표현해 본다면 어떻게 할 수 있는지 이야기해 보도록 한다.
2) 대화 중에 '늘' '언제나' '항상'이라는 말이 가지는 의미를 설명한다. 대인관계에서 상대방으로부터 상처를 받으면, 흔히 이전에 겪었던 비슷한 경험을 떠올리며 일반화시키는 경향이 있다. 이러한 일반화는 상황을 빨리 이해하고 적응하는 데 도움이 될 수도 있지만, 지금 현재 문제가 되는 일에 대해 초점을 맞추기보다는 과거 경험을 통해 습득된 선입견이 영향을 주게 되므로, 정확한 의사소통을 방해한다는 것을 설명한다.
3) 다양한 예를 들어 설명해 주어도 좋다.

늘 양보만 해 왔다고 생각하는 ○○, □□이 오늘도 순서를 양보하길 요구하자, 급기야 화가 난 ○○ 말하길, "야. 넌 왜 만날 나만 양보해야 한다고 생각하니? 넌 왜 그렇게 매사에 이기적이냐?"

→□□에게는 지금 이순간의 요구에 대한 거절로 전달되지 않고, 공격받는 느낌으로 전달될 것이다.

구체적으로 표현한다면 "너는 지금 내 순서를 양보하길 원하는데, 나도 상황이 여의치가 않구나."

→□□에게는 지금 이순간의 요구를 들어 주기 어렵다는 것으로 들릴 뿐, □□에게 화를 내거나 공격하는 것으로 전달되지는 않을 것이다.

4) 가상사례를 주고 구체적으로 표현하는 연습을 시도한다.

5) 실습해 본 소감을 나누며 정리한다.

변형: 구체적인 표현하기를 '구체적인 내용을 알기 위한 질문기법'으로 활용할 수도 있다. 이를테면 "그 친구가 날 무시하는 것 같아 기분 나빠"라는 이야기를 듣고, "그 친구의 어떤 행동 때문에 무시당한다고 느끼니?"라고 구체화하는 질문을 연습해 볼 수도 있다.

구체적으로 표현하기

다음의 표현이 어떻게 들리나요? 구체적으로 표현해 본다면 어떻게 해 볼 수 있을까요?

구체적으로 표현하기 공식

문제가 되는 상황이나 일에 초점을 맞추어 지금-여기에서의 생각과 감정을 표현한다.

공식: '너는 (항상) -이다'(×)보다는 '너는 (오늘) -했다'(◯)라고 표현

"맨날 늦어. 도대체 몇 번째야! 해도 너무 하는 거 아냐?" (☞ 과거지사, 일반화)

"오늘 한 시간 늦게 왔구나. 그전에도 늦는 일이 종종 있었어."

(☞ 지금-여기, 구체화)

구체적 표현을 위한 가상사례

내 짝은 책을 잘 가지고 다니지 않는다. 가방이 무겁다는 이유로 주요 과목이 아니면 아예 책을 가지고 오질 않아 늘 나랑 같이 본다. 한문시간이 되자 오늘도 염치없이 내 책가방에서 마치 자기 것인 양 한문책을 꺼낸다. 오늘은 나도 무슨 말을 하고 싶은데, 어떻게 해야 할까?

3-9. 대화전략 2-먼저 긍정하기

목적: 상대방에게 조언이나 충고를 하거나 혹은 잘못을 지적하기에 앞서, 상대방을 긍정적인 관점에서 바라볼 수 있는 시각을 기르도록 한다. 또한 먼저 긍정적인 표현을 하고 제안이나 충고를 하는 것이 효과적일 수 있음을 인식하게 한다.

준비물: '먼저 긍정하기' 활동지

진행방법:

1) 경험적 학습 사이클(p. 129) 원리에 따라 진행할 수 있다.

1. 경험 단계

자신의 잘못이나 고칠 점을 지적받았던 기억 중에서 좋았던 경우와 그렇지 않은 경우를 생각해 보도록 하고, 그 경험담을 나눈다.

2. 성찰 단계

구체적인 경험담 속에서 좋았던 경우와 그렇지 않은 경우, 어떠한 점에서 차이가 있었는지 그 특징을 이야기한다.

3. 일반화 단계

경험담 속에서 찾아낸 특징(예: 잘한 점을 인정하면서 잘못된 점을 지적해주는 것이 좋더라, 자존심 상하지 않게 메모로 전달해주니까 좋더라…… 등)을 오늘 배울 원리(먼저 긍정하기)와 연결시켜 설명한다.

4. 실행 단계

오늘 배운 원리(먼저 긍정하기)를 구체적인 사례를 통해 충분히 연습하도록 한다. 실습한 내용을 일상생활 중에서도 연습해 볼 수 있도록 과제로 제시하고 본 시간을 마무리한다.

2) 경험적 학습 사이클 방식의 집단운영은 가르쳐야 할 내용을 지도자가 일방적으로 전달하기보다는 구성원들의 자발적인 경험담 속에서 원리를 이끌어 낸다는 것이 가장 큰 특징이다.
3) 지도자는 집단원들이 이야기하는 내용에 충분히 귀를 기울여야 하며, 활발한 의사표현이 이루어지도록 촉진적인 역할을 해야 한다.
4) 마지막 실행 단계는 두 가지 차원으로 이루어질 수 있다. 하나는 훈련시간 내에 실습하는 것이고, 다른 하나는 훈련이 끝난 후 생활장면에서 연습해 보도록 과제로 제시하는 것이다. 이렇게 경험한 것은 이후 시간에 첫 번째 경험 단계에 새롭게 경험한 내용이 반영되는 순환과정을 밟게 된다.

참고: 먼저 긍정하기 연습을 위한 안내

1) 처음 연습을 시작할 때는 가상사례를 제공해 주는 것이 좋다.
2) 둘씩 짝시어 가상사례로 '먼저 긍정하기' 연습을 시도한 후에 잘한 팀이 발표할 수 있도록 해도 좋다.
3) 연습이 충분히 이루어진 후 한 사람이 자신의 고민이나 단점을 이야기하고 나면, 상대방은 '먼저 긍정하기'로 표현하고 상대방의 고민이나 단점을 요약해서 되받아 이야기한다.

"난 뭘 하려면 자신감이 많이 부족해. 뭘 하려면 한참 망설이다가 시간을 낭비하는 것 같거든……."

→ "넌 무척 신중한 모양이야. 그래서 때로는 자신 없이 망설이며 시간을 낭비하게 되나 봐."

먼저 긍정하기

먼저 긍정하기 연습을 위한 가상사례

내 친구 영주는 장난이 심하고 목소리가 꽤 크다. 활달하다고 봐 줄 수도 있지만, 어떨 때는 같이 다니기가 민망할 때가 많다. 게다가 오늘 수업시간에는 내 옆에서 괜히 크게 웃고 떠드는 바람에 나까지 야단을 맞았다. 어떻게 하면 영주가 마음 상하지 않게 심한 장난과 크게 말하는 것을 지적해 줄까?

석준이는 친구들 일에 관심이 많다. 그래서 좋건 싫건 주변 친구들이 어떻게 지내는지 손바닥 보듯이 훤하다. 우리반 소식통이라고 해도 과언이 아니다. 그런데 나에 대해 이상한 소문이 나도는 것 같아 확인을 해 보니, 석준이가 주말에 나랑 있었던 이야기를 주변에 한 모양이다. 나쁜 마음으로 그런 것은 아닐 테지만, 내 입장에서는 당황스러울 수밖에…… 석준이에게 이러한 점을 어떻게 말해야 하나?

3-10. 대화전략 3-생기리전략

목적: 생기리전략은 초등학생용 대화전략이다. 초등학생 또래상담자가 친구를 돕는 대화를 하고자 할 때 친구의 생각과 기분을 이해하도록 하는 것이 이 전략의 목적이다.

준비물: '생기리전략' 활동지

진행방법:

1) '생기리전략'을 제시해 주고 반복해서 단계를 연습하도록 한다.
2) 친구를 돕는 상황들을 가정하고 세 사람씩 짝을 지어 연습한다. 한 명은 상담자, 한 명은 내담자, 한 명은 관찰자가 된다.
3) 각 모둠별로 생기리전략으로 친구를 돕는 연습을 하면서 느꼈던 느낌과 생각을 나눈다.
4) 모둠별로 대표가 나와서 각 모둠의 생각을 정리하여 발표한다. 이때 인원이 적다면 전체가 돌아가면서 발표하는 것도 좋다.

주의사항:

1) 초등학생들은 발달특성상 상대방의 입장을 생각하는 공감이 부족할 수 있다. 생기리전략을 가르칠 때 이 점을 주의하여야 한다.
2) 상대방의 입장을 고려할 수 있는 교수방법이 필요하다. 예를 들어, 한국청소년상담원의 초등학생용 또래상담 프로그램에는 자기가 창피를 당했던 경험을 이야기한 후에 '나'를 '친구'로 바꾸어서 친구가 창피를 당하는 상황을 가정하게 하고, 그 기분을 느껴 보게 하는 활동을 소개하고 있다. 이처럼 초등학생의 발달 특성에 맞는 교수방법이 사용되어야 한다.
3) 반복연습을 통해 여러 상황에 적용할 수 있도록 한다.

출처: 이상희 외(2000). 단계별 또래상담 프로그램 개발연구. 한국청소년상담원.

생기리전략

친구 마음 이해하기: 생기리전략

대화의 기본 자세인 잘 들어 주기와 함께

생!

친구의 입장에서

친구의 생각이 무언인지 알아봅니다.

기!

친구의 입장에서

친구의 기분이 어떨까를 알아봅니다.

리!

친구의 생각과 기분을

이해하고 이야기를 합니다.

3-11. 대화전략 4–어기역차전략

목적: 또래상담은 찾아가는 상담이다. 또래상담자가 이상 징후가 보이는 친구를 발견했을 때 먼저 찾아가서 말을 건네는 데서부터 또래상담은 시작된다. 이때 어떻게 이야기를 진행시켜 나가야 하는지를 준비하는 것이 어기역차전략의 목적이다.

준비물: '어기역차전략' 활동지

진행방법:

1) '어기역차전략'을 제시해 주고 반복해서 단계를 연습하도록 한다.
2) 활동지에 예시된 상황들을 가지고 세 사람씩 짝을 지어 연습한다. 한 명은 상담자, 한 명은 내담자, 한 명은 관찰자가 된다.
3) 각 모둠별로 활동에 대한 느낌과 생각을 나눈다.

주의사항:

1) 어기역차전략은 충분히 들어 주기와 병행하여야 한다. 이 전략을 활용하기 전에 경청하기(외적으로 잘 듣는 태도, 내적으로 공감적 경청하기) 훈련이 이루어져야 한다.
2) 이 전략은 반복해서 여러 번 연습해야 한다. 반복해서 연습하다보면 자기에게 맞는 대화 틀이 창조될 수 있다. 이 과정에서 학생은 지속적으로 실패를 경험할 수 있다. 대화하는 습관과 문화가 아직 형성되어 있지 못하기 때문인데, 이에 대한 지도자의 지도가 필요하다.

출처: 이상희 외(2000). 단계별 또래상담 프로그램 개발연구. 한국청소년상담원.

어기역차전략 1

대화 잘 이끌어 가기: 어기역차전략

"영차영차! 어기여차! 어기역차?!"

어: 어떤 이야기인지 잘 들어 줍니다.

네가 그렇게 말하는 것을 들어 보니 뭔가 그럴 만한 이유가 있는 것 같다.

좀 더 네 생각을 이야기해 주겠니?

(친구의 말을 좀 더 들어 줍니다)

기: 기분을 이해해 줍니다.

그래서 네가 그렇게 화가 났구나···

(친구의 기분을 알아 줍니다)

역: 역지사지(공감)해 줍니다.

네 입장에서 생각해 보니 그럴 수도 있을 것 같아. 정말 힘들었겠다···

(친구의 입장에서 생각하고 이해합니다)

차: 생각의 차이가 있음을 인정합니다.

그래, 그렇게 생각하는구나.

그런데 나와는 생각이 좀 다른 거 같다.

나는······게 생각하거든.

그런데 네 말이 맞을 수도 있다고 생각해.

(친구와 의견이 다를 경우, 끝까지 내 의견을 고집하지 않습니다)

어기역차전략 2

친구와 함께 '어기역차' 연습하기

자! 이제 함께 어기역차를 연습해 볼까요?

"영차영차!! 어기여차! 어기역차!"

친구 ○○가 아주 기분 나쁜 표정으로 이렇게 말합니다.
"에이, 정말 재수없네…"

어: 어떤 이야기인지 잘 들어 줍니다.

기: 기분을 이해해 줍니다.

역: 역지사지(공감)해 줍니다.

차: 생각의 차이가 있음을 인정합니다.

3-12. 대화전략 5-잠하둘셋전략

목적: 또래상담자로서 친구들을 만나 대화할 때 부정적인 감정에 휩싸여서 대화를 그르칠 수도 있다. 이때 감정을 조절하면서 대화를 이끌어 나가도록 하는 것이 잠하둘셋전략의 목적이다.

준비물: '잠하둘셋전략' 활동지

진행방법:

1) '잠하둘셋전략'을 소개한다.
2) 잠하둘셋전략을 연습해 본다.
3) 역할연습을 경험하고 피드백을 주고받는다.

주의사항:

1) 아무리 강조해도 지나치지 않는 것은 '연습'이다. 이 전략이 마치 수험준비라도 하듯 암기로 끝난다면 전혀 의미가 없다. 일상생활에서 감정을 조절해야 하는 장면에 부딪힐 때마다 바로 활용할 수 있기 위해서는 반복적인 연습이 필요하다.
2) 잠하둘셋전략은 1~3학년 동안 계속 사용하도록 권유되어야 한다.
3) 지도자 역시 학생지도 시에 뜻하지 않게 직면할 수 있는 감정노출에 대해 잠하둘셋 기법을 자연스럽게 사용할 줄 알아야 한다. 또래상담자를 지도하다 보면 감정이 상할 때가 있다. 이때 지도자의 태도는 학생들에게 좋은 모델이 될 것이다.

출처: 이상희 외(2000). 단계별 또래상담 프로그램 개발연구. 한국청소년상담원.

잠하둘셋전략

잠하둘셋전략이란?

잠!

★ 잠깐!

이야기를 나누다가 좋지 않은 감정이 끓어오를 때는
잠깐 이야기와 감정상태를 멈추고 길게 호흡을 내쉬어 봅니다.
만약 억제할 수 없을 정도로 화가 많이 나 있는
상태라면 일단 그 장소를 벗어나 봅니다.

하둘셋!

★ 하나‥둘‥셋…

마음속으로 하나, 둘, 셋을 세면서 여유를 가져 봅니다.

★ 생각합니다.

"내가 하고자 했던 이야기는?"
"감정을 앞세우지 않고, 내가 할 말만 한다면?"
너무 힘든 상황이라면 동료 또래상담자나 지도하시는
선생님께 도움을 청합니다.

★ 이렇게 말하자! 이렇게 해 보자!

만남이나 할 이야기를 계획해 봅니다.

3-13. 대화전략 6-나 전달법

목적: 부정적인 감정이 생길 때 수동적으로 억압하거나 파괴적인 방식으로 표출하지 않고, 상대방에게 자신의 입장을 표현할 수 있는 방법을 익힌다.

준비물: '나 전달법' 활동지

진행방법:

(앞의 '잠하둘셋'과 연결시켜 한 회기 내에 진행할 수 있다.)

1) '잠하둘셋'을 통해 부정적이고 격앙된 감정을 조절했지만, 어떻게 하면 상대방에게 적절하게 자기입장을 표현할 수 있을까요? 여러분 같으면 어떻게 하나요?('잠하둘셋'에서 사용했던 예를 이용하여 역할극을 꾸며 다양한 방식으로 자기표현을 유도해 본다)
2) 다양한 방식의 표현을 오늘 배울 '나 전달법'과 '너-전달법'의 특징과 비교하면서 예를 들어 본다. 지도자는 어떤 표현방식이 듣는 사람에게 거부감이 없이 의사소통에 도움이 되는지 '나-전달법'의 요소와 연결시켜 설명한다.
3) '나-전달법'은 '나'를 주어로 하여 상대방에 대한 나 자신의 감정, 생각, 신체적 상태 등을 표현하는 대화법으로 '네가……(행동)……하니까, 나는……(감정)……게 느낀다'라는 방식의 표현이다. 이러한 표현은 상대방이 반발심을 덜 느끼고 오히려 자신의 행동으로 인해 상대방이 불편을 겪는다는 것을 전달받게 되므로 열린 의사소통이 가능하다. 반면에 '너-전달법'은 '너'를 주어로 하여 상대방의 행동에 대한 평가나 비평하는 대화방식으로, '너는 도대체 왜 ……하냐?' 혹은 '너는 ……하다'는 표현방식이다. 이러한 표현은 말하는 이의 생각을 표현하기보다는 상대방을 비난하는 식으로 전달되므로 두 사람의 관계 형성에 해가

된다.

4) '나-전달법'과 '너-전달법'에 대한 설명과 함께 다양한 상황에 대한 연습을 통해 충분히 익힐 수 있도록 한다.

* 참고: Do language와 Be language를 심화활동으로 제시할 수 있다.

나-전달법

나-전달법(I-message)이란?

1. '나'를 주어로

   나의 생각이나 감정을 '나'를 주어로 해서 전달한다.

2. 상대방의 행동

   나에게 문제가 되는 상대방의 행동이나 상황을 구체적으로 말한다.

3. 나에게 미친 영향

   상대방의 행동이 나에게 미친 영향을 구체적으로 말한다.

4. 나의 감정

   상대방의 말이나 행동으로 인해 야기된 자신의 감정을 인정하고 솔직하게 말한다. 이때 부정적인 생각이나 감정에 대해서는 지나치게 강조하지 않는다.

5. 경청하기

   "네가 ....(행동)....... 하니까, 내가 ....(영향)........ 되서,
   나는 ....(감정)........게 느껴.
   내 마음을 전달한 후, 상대방의 말에 경청을 해야 한다.

연습 상황 1

친한 친구 민영이와 지난번 사소한 일로 말다툼이 벌어졌다. 민영이는 약속을 하면 늘 10분, 20분씩 늦곤 했는데, 그날도 30분이나 늦었던 것이다. 나는 약속을 지키려고 밥도 먹지 않고 부리나케 나왔었는데, 그렇게 늦는 민영이를 보니 화가 치밀어 "도대체 너는 어떻게 된 애가 그러냐? 나를 무시하는 거냐?"라고 말했다. 그랬더니, 되려 민영이가 더 화를 낸다. 내 참 기가 막혀서……

'나-전달법'을 사용한다면 늦게 온 민영이에게 어떻게 말할 수 있을까요? 그 외에 다양한 상황을 예시하여 역할극을 통해 연습해 본다.

참고자료: Do language와 Be language

Do 언어	Be 언어
상대방의 문제가 되는 행동을 구체적으로 가리켜 표현하는 말	상대방의 문제행동을 지적하기보다는 그 행동을 전반적인 성격특성이나 인격으로 확대시켜 표현하는 말
예1) 자주 지각하는 친구에게 "너 자주 늦는구나."라고 말한다. 예2) 책을 빌려가고 돌려주지 않는 친구에게 "책을 빌려가고 돌려주지 않아서……."라고 말한다.	예1) 자주 지각하는 친구에게 "넌 왜 그렇게 게으르니?"라고 말한다. 예2) 책을 빌려가고 돌려주지 않는 친구에게 "신용이 없구나."라고 말한다.
영향) 상대방의 문제행동을 평가나 비판 없이 구체적으로 지적해 주므로 상대방이 자신의 어떤 행동이 잘못된 것인지를 인식하고 태도나 행동을 변화시킬 수 있다.	영향) 구체적인 문제행동이 무엇인지 명백하게 전달되지 않고 하나의 행동을 전반적인 특성으로 일반화해 버리기 때문에 영문도 모르고 비난받는 느낌을 받게 되고 감정을 상할 수 있다.
'나-전달법'에서 자신에게 문제가 되는 상대방의 행동을 구체적으로 표현할 때 Do language를 염두에 두고 적용한다.	'너-전달법'에서 흔히 상대방에 대한 비난을 하게 될 때 Be language를 사용하는 경우가 많다.

3-14. 대화전략 7-질문기법

목적: 다양한 질문방식을 알아보고, 상대방의 마음을 열어 대화를 이끌어 갈 수 있는 질문기법을 익히도록 한다.

준비물: '질문기법' 활동지, 필기도구

진행방법:

1) 두 사람씩 짝을 짓는다.
2) 한 사람은 이야기를 하고, 다른 한 사람은 궁금한 점에 대해 질문하면서 대화를 전개한다(3분 정도).
3) 3분 정도 후에 어떤 질문을 받았을 때 이야기하기가 좋았는지를 물어보면서, 나왔던 질문방식을 열거해 본다.
4) 집단원의 경험에서 좋았다고 생각하는 질문방식을 다음 네 가지 질문방식과 연결시켜 설명한다.

> 질문이란 여러 종류의 정보를 얻을 수 있는 도구다. 질문이라는 도구에 대해 얼마나 알고 있는가? 질문에는 크게 네 가지 유형이 있다.
>
> ① 닫힌 질문: '네' '아니요' 등 한두 단어로 대답하게 되는 질문. 얻을 수 있는 정보가 제한적이다.
> ② 열린 질문: 여러 가지 정보를 얻을 수 있는 질문. 질문받은 사람이 자기방식대로 자유롭게 반응할 수 있다.
> ③ 정보질문: 특별한 정보나 사실을 알아보는 질문
> ④ 개인질문: 상대방의 기분이나 의견, 태도 등을 묻는 질문
>
> 닫힌 질문과 정보질문을 통해서 얻을 수 있는 정보는 제한되고, 상대방과 가까워지는 데 필요한 자료를 별로 얻지 못한다. 반면 열린 질문과 개인질문은 상대방이 자발적으로 이야기할 수 있게 한다는 점에서 관계 형성에 도움이 된다.

5) 질문기법 활동지를 보고 질문의 유형을 구분해 본다.

6) 닫힌 질문을 열린 질문으로 바꾸어 보는 실습을 통해 열린 질문에 대한 연습을 유도할 수도 있다.

출처: 홍창희 외 공역(2001). 당신이 원하는 친구가 되는 법. 학지사.

질문기법 1

당신이 토크쇼의 진행자라고 생각해 보십시오. 초대 손님으로 '어린이 놀이터 설계'라는 이색적인 분야에 흥미가 있는 사람이 나왔습니다. 이 사람에게 어떤 질문을 할 수 있을까요? 어떻게 정보를 얻고 대화를 꾸려 나갈 수 있을까요? 아래에 제시된 질문항목들을 보기 전에 당신이 할 수 있는 질문목록들을 한번 생각해 보십시오. 그리고 아래의 질문항목들 중 일치하는 것이 있는지 체크해 보십시오. 그리고 각 질문이 어떤 유형에 해당되는지 생각해 보십시오.

질문유형 구분하기

1. 이런 취미를 가진 지 얼마나 되었나요?
2. 이 일을 하기 위해 훈련을 받았나요?
3. 이 일에 흥미를 갖게 된 이유가 뭐죠?
4. 즐겨 사용하는 재료나 장비에는 어떤 것이 있나요?
5. 작업의 어떤 부분에 특히 매력을 느끼세요?
6. 어떻게 시작하게 되었나요?
7. 일은 어디서 하죠?
8. 당신 혼자서 설계를 하나요?
9. 돈이 얼마나 들죠?
10. 당신의 설계가 실제로 사용된 적이 있나요?
11. 당신이 설계한 놀이터에서 애들이 놀고 있을 때 기분이 어땠나요?
12. 이 일을 직업으로 삼을 생각이 있나요?
13. 이 일을 하는 데 필요한 재능이나 기술은 어떤 건가요?
14. 이 일을 하는 사람이 또 있나요? (혹은) 일종의 전문직인가요?
15. 어디서 아이디어를 얻나요?
16. 이 일을 하는 데 시간이 얼마나 걸리죠?
17. 당신이 설계한 모든 작품의 공통적인 특징이 있나요?
18. 당신은 아이디어를 어떻게 얻나요?
19. 지금까지 이 일을 해 오면서 흥미를 잃었던 적이 있나요?
20. 어떤 작품에 긍지를 느끼세요?

질문기법 2

닫힌 질문을 열린 질문으로 바꾸어 보기

2. 이 일을 하기 위해 훈련을 받았나요?

→ 이 일을 하기 위해 어떤 훈련을 받았나요?

8. 당신 혼자서 설계를 하나요?

→ ______________________________

10. 당신의 설계가 실제로 사용된 적이 있나요?

→ ______________________________

19. 지금까지 이 일을 해 오면서 흥미를 잃었던 적이 있나요?

→ ______________________________

* 역할극을 통해 열린 질문을 연습할 수 있도록 유도할 수도 있다.

대화에서 '질문'과 '경청'은 매우 중요한 도구다. '질문'이 상대방으로 하여금 자기가 말하고 싶어 하는 것을 말할 수 있도록 돕는 것이라면, '경청'은 상대방의 말에 귀 기울여 잘 듣는 것이다. 따라서 질문을 해 놓고 상대방의 말에 제대로 귀를 기울이지 않는다면, 오히려 상대방에게 상처를 입힐 수 있다. 단순한 기법이 아닌, 진심어린 관심에서 나온 질문으로 상대방과 열린 관계를 맺을 수 있는 것이다.

'질문유형' 문제 해답

1. 닫힌
2. 닫힌
3. 열린, 개인
4. 열린, 정보
5. 열린, 개인
6. 열린, 정보
7. 정보
8. 닫힌
9. 닫힌
10. 닫힌
11. 열린, 개인
12. 닫힌
13. 정보
14. 닫힌
15. 정보
16. 닫힌
17. 닫힌
18. 열린, 정보
19. 닫힌
20. 열린, 개인

4. 조력행동의 훈련을 위한 활동

4-1. 도움 주는 대화: 원무지계전략

목적: 또래상담자가 친구를 상담할 수 있도록 돕는 것이 원무지계전략의 목적이다. 이 전략은 현실요법을 응용한 것으로, 청소년들이 쉽게 활용하도록 재구성하였다.

준비물: '원무지계전략' 활동지

진행방법:

1) 어기역차전략, 잠하둘셋전략을 복습한다.
   이 전략은 어기역차전략과 잠하둘셋전략의 연장선상에서 진행되어야 한다. 만약 어기역차전략이 생략된 채 원무지계전략만 사용되면 오히려 친구에게 오해를 받을 수 있다. 물론 어기역차전략은 '충분히 들어 주기', 즉 경청을 전제로 한 것이다.
2) '원무지계전략'을 익히도록 한다. 반복해서 전략을 습득하도록 한다.
3) 문제를 가진 친구의 예를 구성하여 3인 1조(한 사람은 상담자, 한 사람은 내담자, 나머지 한 사람은 관찰자)로 전략을 연습해 본다.
4) 자신이 경험했던 문제를 3인 1조로 더 경험하고 피드백을 주고받는다.

주의사항:

1) 아무리 강조해도 지나치지 않는 것은 '연습'이다.
2) 학생들이 이 전략을 사용할 때, 말의 내용뿐 아니라 친구를 위하는 순수한 마음이 함께 전달되도록 하여야 한다. 말만 잘하는 또래상담자가 아닌, 정말 친구를 도와주고자 하는 순수한 동기를 가진 또래상담자로서 말이다.

출처: 이상희 등(2000). 단계별 또래상담 프로그램 개발연구. 한국청소년상담원.

원무지계전략 1

도움 주는 대화 배우기

도움을 주는 대화란 어떤 것일까?

궁금하시다구요?

원무지계전략으로

시원하게 해결해 드리겠습니다.

원 원하는 것이 뭐니?

♥ "넌 뭘 하고 싶은데?"

♡ "어떻게 달라지면 좋을 것 같니?"

무 무엇을 해 봤니?

♥ "네가 원하는 걸 얻기 위해
어떻게 해 봤는데?"

지 지금부터 무엇을 해야 할까?

♡ "지금부터 무엇을 할 수 있을지
그 방법을 찾아보자"

계 계획을 세워 보자.

♥ "지금 할 수 있는 가능한 실천계획을
작은 것부터 차근차근 세워 보자."

원무지계전략 2

원무지계 연습하기

(역할극 후에……)

원 원하는 것이 뭐니?

예)

무 무엇을 해 봤니?

예)

지 지금부터 무엇을 해야 할까?

예)

계 계획을 세워 보자.

예)

4-2. 도움 주는 활동 찾기

목적: 또래상담자의 활동은 매우 다양할 수 있다. 친구에게 도움이 되는 활동들을 찾아봄으로써 또래상담자의 활동영역을 점검하도록 한다.

준비물: '도움 주는 활동찾기' 활동지, 필기도구

진행방법:

1) 또래상담자로서 다른 친구에게 어떤 도움을 줄 수 있는지에 대해 생각해 보도록 한다. 자연스러운 도입을 위해 활동지를 읽어 보고 시작해도 좋다.
2) 일상생활 속에서 친구로부터 받은 도움을 떠올려 보면 자연스럽게 친구를 도울 수 있는 일을 찾아낼 수 있다.
3) 사소한 의견이라도 존중하고, 브레인스토밍을 통해 다양한 의견들을 받아들이고, 나온 의견들을 비슷한 내용들끼리 묶어본다.
4) 또래상담자로서 도움을 줄 수 있는 구체적인 방법들에 대해 이야기를 나누도록 하며, 또래상담자의 역량을 벗어나는 것이라면 전문상담실로 연결해 주는 것도 또래상담자의 역할이라는 것을 언급한다.

♥ 또래상담의 원칙

친구를 돕겠다는 마음과 열의가 있더라도 자신이 감당할 수 있는 범위 안에서만 가능하다는 점을 분명하게 주지시켜 주십시오. 이러한 원칙을 지키는 데 다음과 같은 사항을 기억하면 도움이 될 것입니다.

1. 정말 심각하고 감당하기 어려운 문제인 경우, 동의와 설득을 통해 담당교사나 전문상담자와 연결시켜 준다.
2. 친구들이 중요한 결정에 대한 조언을 요구하는 경우, 최종 결정과 판단은 상대방이 하는 것임을 분명히 한다.
3. 그 외에 여러 가지 문제상황에 대해 혼자 고민하지 않고 또래상담동료들, 또래상담지도자와 관계를 유지하며 '함께 활동'하도록 한다.

도움 주는 활동 찾기

또래상담자로서 친구들에게 도움을 줄 수 있는 활동에는 어떤 것들이 있을까요?

자연스럽게 친구에게 다가가는 것도 도움을 주는 활동입니다.

- 먼저 친구에게 인사하기
- 혼자 점심 먹는 친구와 함께 점심 먹기
- 친구에게 먼저 말 걸기
- 서로 느낌 이야기하기
- 친구 이야기를 귀담아 듣기
- 몸이 불편한 친구 도와주기
- 친구와의 비밀 또는 약속 잘 지키기
- 친구가 어려워하는 수업과목 도와주기
- 친구의 좋은 점 말해 주기
- 친구에게 e-mail이나 쪽지 쓰기
- 친구 무시하기 않기
- 이동수업 같이 다니기
- 결석한 친구에게 전화하기
-
-
-

〈그 밖에 나의 도움을 필요로 하는 친구가 있다면 어떤 경우일까요?〉

-
-
-

4-3. 갈등이해 1–세상에 이런 일이

목적: 뉴스에 나오는 기사들을 찾아보고, 콜라주로 표현하는 작업을 통해 우리 주변에 수많은 갈등이 있다는 것을 이해한다.

준비물: 신문 또는 잡지, 포스터 게시판, 가위, 풀

진행방법:

1) 집단원들에게 갈등에 대해 설명해 준다.

"세상에는 모두가 동의하지 않는 것들이 있습니다. 왜냐하면 서로 다른 차이를 가진 사람들이 세상에 존재하고, 그들 사이에 갈등이 있기 때문입니다. 오늘날 존재하는 갈등의 몇 가지 예를 찾아봅시다."

2) 집단원들은 신문이나 잡지를 보면서 갈등과 관련된 기사나 사진을 오리도록 한다.
3) 갈등사건에 대해 보고하도록 하고, 기사나 그림을 포스터 게시판에 붙이도록 한다. 그러면 갈등 콜라주가 완성된다.

변형:

1) 각 학생들로 하여금 기사의 하나를 선택하게 한다. 그리고 학생들에게 그 기사를 평화롭게 끝나는 이야기로 창작하도록 한다.
2) 학생에게 일간신문이나 주간지 등의 커버스토리를 모으게 한다. 그리고 그 주에 일어난 사건이나 갈등에 대해 토론하게 한다. 그룹별로 더 평화롭게 세상을 만들 수 있는 방법에 대해 토론하게 한다.

출처: Fred Schrumpf et al. (1993). *Life Lessons for young adolescents*. Illinois: Research Press.

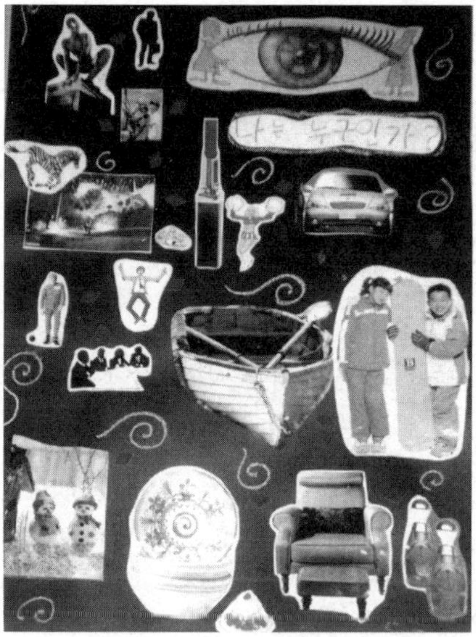

'나의 갈등'을 콜라주로 표현한 작품

♥ 참고

콜라주란 다양한 재질의 재료를 사용하여 그림이나 작품을 만드는 미술기법으로, 사진이나 그림을 이용하여 자신의 감정이나 특정 주제를 드러내는 작품을 표현하는 데 활용된다. 집단상담 활동에서 콜라주 기법을 활용할 때는 훌륭한 작품을 만드는 데 목적이 있기보다는 적당한 그림을 찾아 붙여 구성해 가면서 자신의 생각과 감정을 드러내고 상호 이야기를 나누는 과정에 초점을 맞추게 된다.

4-4. 갈등이해 2-갈등을 찾아라

목적: 일상생활에서 겪는 갈등을 알아보고 갈등의 원인과 대처방식을 검토한다.

준비물: 칠판, '갈등이해' 활동지, 필기도구

진행방법:

1) 칠판에 '갈등'이라는 단어를 적고, 집단원들로 하여금 갈등과 관련된 단어를 이어 적도록 한다(예: 싸움, 다툼, 전쟁, 차이, 괴롭힘 등).
2) 집단원을 3~5개 소그룹으로 나눈다. 각 그룹에 갈등의 목록을 적도록 한다. 그리고 갈등을 목록화한다(또래와의 갈등, 형제와의 갈등, 교사와의 갈등 또는 뉴스에 나오는 것과 같은 갈등).
3) 10분 후에 각 그룹으로 하여금 목록을 공개하도록 한다. 그러면 갈등이 우리에게 매일 있는 일상이라는 것을 발견하게 된다. 이때 학생에게 이렇게 설명해 준다.

   "우리는 갈등으로부터도 배울 수 있습니다. 그것은 문제해결과 의사소통에서 발휘되는 우리의 능력과 기술을 시험합니다."

4) 학생들에게 활동지 1(갈등을 찾아라)을 나누어 주고, 자신의 최근 갈등경험을 떠오르게 한 뒤, 기록하도록 한다. 5분 후에 몇몇 학생들로 하여금 자신의 갈등경험을 발표하게 한다.
5) 학생들에게 활동지 2(체크리스트)를 기록하도록 한다. 기록한 후에 체크리스트를 읽어 주고, 학생들로 하여금 자신에게 해당될 때 손을 들게 한다. 그러면 상황에 반응하는 것이 서로 다르다는 것을 알 수 있다(갈등이해 3과 연계해서 진행하거나 참고자료(p. 240)를 활용하여 자신의 갈등대처 방식을 점검할 수 있다).

출처: Fred Schrumpf et al. (1993). *Life Lessons for young adolescents*. Illinois: Research Press.

갈등이해 2– 갈등을 찾아라

최근 갈등을 겪은 적이 있었나요?
잠깐 그 갈등을 떠올려 보면서 다음 질문에 답해 보세요.

1. 개인적으로 겪었던 갈등상황을 써 보세요.

2. 당신은 그 갈등에 대해서 어떤 감정들을 느꼈나요?

3. 그 상황에서 당신은 어떻게 행동했나요?

4. 상대방은 어떻게 행동했었나요?

5. 그 갈등을 극복하기 위해 무엇을 할 수 있었을까요?

갈등이해 2– 갈등상황에서 나는 어떻게 하나?

당신이 화나거나 상처받았을 때, 그것을 어떻게 다룹니까?
다음 중 가장 가까운 것 세 개를 골라 보세요.

1. 상황을 회피하거나 무시해 버린다. (   )
2. 다른 사람을 위협한다. (   )
3. 몸으로 싸운다. (   )
4. 양보하거나 포기한다. (   )
5. 타협하려고 애쓴다. (   )
6. 속이 풀릴 때까지 험담한다. (   )
7. 누가 옳은지 제3자에게 물어본다. (   )
8. 잘못했다는 생각이 안 들어도 잘못했다고 한다. (   )
9. 주제를 바꾼다. (   )
10. 상대방의 관점을 이해하려고 노력한다. (   )

4-5. 갈등이해 3-친구 사이 갈등이해

목적: 친구 사이에 혹은 학급 내에서 일어나는 갈등을 이해하고, 친구 간에 갈등이나 의견 차이, 대립이 있을 때 어떻게 대처하는지를 점검해 본 후 바람직한 갈등대처 방식을 익힌다.

준비물: '갈등이해' 활동지와 대처방식(참고자료)

진행방법:

1) 촉진활동으로 '사슬 풀기'를 하고 시작해도 좋다.
2) 활동지에 제시된 사례를 읽으면서 갈등의 의미와 갈등에 대처하는 방식에 대해 이야기를 나눈다.
   ① 제시된 사례에서 우리는 갈등의 원인이 무엇인지를 알 수 있을까요?
   예: 사례 1에서 '갈등이란 하고 싶은 것이 다를 때 생긴다'
   (나는 수업시간에 집중해서 공부하고 싶은데, 짝꿍은 심심하니까 장난치고 싶어 한다)
   ② 각자 사례와 유사한 갈등을 경험한 적이 있는지 이야기를 나눈다. 그때 갈등은 어떤 면이 있는가?
   예: 서로 오해를 해서 내가 중요하게 생각하는 것을 상대방은 중요하지 않게 여겨서 등
   ③ 어떤 방식으로 갈등을 해결하는지 경험담 속에서 찾아본다. 갈등에 대처하는 방식은 참고자료에 제시된 갈등대처 방식을 소개하고, 바람직한 갈등대처 방식으로 유도한다.

변형: '잠하둘셋'과 'I-message 전략'을 활용하여 주장적인 갈등대처 방식을 연습할 수 있다.

촉진활동 '사슬 풀기' 요령

① 둘씩 짝을 짓는다.

② 각자 오른손이 위로 가고 왼손이 아래로 간 상태에서 서로 손을 잡는다.

③ 두 사람의 맞잡은 손이 얽혀 있는데, 이 손을 놓지 않고 풀도록 한다.
(요령: 손 아래로 몸을 돌려 풀면 된다)

④ 두 사람씩 하던 것을 4명, 6명, 8명…… 전체가 할 수도 있다.

친구 사이 갈등이해

내 짝꿍 녀석의 장난 때문에 수업시간에 자주 화가 난다. 나도 전에 장난을 친 적이 있기 때문에 이해가 되기도 하지만, 이제는 좀 그만하고 싶은데…… 계속 장난을 걸어오는 녀석에게 그만 하라고 말하지만 내 말을 무시할 때가 많다.

선생님이 신문기사를 모아서 스크랩하는 숙제를 내 주셨다. 여러 명이 해야 되는데, 지은이는 얌체같이 쉬운 것만 맡는다. 애들이 모아 온 자료만 붙이겠다는 것이다. 다른 것을 하라고 해도 자기는 시간이 없다고 한다. 정말 얄밉지만 아무 말도 할 수가 없다.

어제는 성덕이랑 장난을 치다가 걔가 내 따귀를 때렸다. 물론 장난이었지만, 너무 화가 났다. 하지만 화나는 걸 표현할 수가 없었다. 그 다음부터는 성덕이가 말을 할 때마다 화가 나서 걔 말을 듣지 않게 되고, 약점을 들추어내어 바구 놀려 주었다. 그랬더니 성덕이도 날 피하는 것 같다.

참고자료: 갈등에 대처하는 방식

<table>
<tr><th colspan="2">갈등대처 방식</th><th>내용(양상)</th><th>예</th><th>결 과</th></tr>
<tr><td colspan="2">소극적 대처
(비자기표현)</td><td>• 갈등으로 인하여 발생하는 불편함을 참고 견딘다.
• 갈등이 언젠가 해결되겠지 하면서 막연히 기다린다.
–피해 버린다.
–아무 말 못하고 속상해한다.
–변명이나 마음에 없는 사과를 한다.</td><td>• 친구가 장난을 치더라도 꾹 참는다.
• 친구가 전학 가기를 속으로 기원한다.</td><td>관계
단절</td></tr>
<tr><td rowspan="2">공격적
대처</td><td>직접
공격</td><td>• 갈등을 해결하기 위해 상대를 직접 (신체적으로나 언어적으로) 공격하고 상대방의 행동을 변화시키려고 한다.
–직접 화를 내고 짜증을 낸다.
–내 입장을 고집한다.</td><td>• 친구가 장난칠 때 소리를 지르거나 때려서 다음부터 절대로 괴롭히지 못하게 한다.</td><td>관계
악화</td></tr>
<tr><td>간접
공격</td><td>• 갈등을 해결하기 위해 상대를 간접적으로 공격하여 상대방의 행동을 변화시키려고 한다.
–다른 친구에게 그 친구 욕을 한다.
–그 친구가 실수했을 때 핀잔을 준다.</td><td>• 친구가 장난칠 때는 가만히 있다가 다른 일로 친구를 선생님에게 이른다(앙갚음).</td><td>관계
왜곡</td></tr>
<tr><td colspan="2">주장적 대처
(자기표현)</td><td>• 갈등상황에서 자신의 욕구, 생각, 감정 등을 솔직하게 표현하여 상대와 갈등해결을 위해서 타협한다.
–상대방과 다른 점을 인정하면서 내 입장을 화내지 않고 설명한다.
–서로 합의할 수 있는 점을 찾고자 한다.
–직접 비난하거나 화를 내기보다는 서운한 행동에 대해 이야기한다.</td><td>• 친구에게 자신은 수업시간에 공부에 집중하고 싶다고 표현하고, 친구가 장난치면 불쾌해진다는 사실을 이야기한다.</td><td>관계
지속/
관계
발전</td></tr>
</table>

4-6. 갈등중재 1-원무어지계전략

목적: 갈등관계에 있는 친구들의 입장을 이해하고 중재할 수 있는 능력을 키운다.

준비물: '원무어지계' 활동지

진행방법:

1) 친구 사이에서 경험하는 갈등상황을 열거해 본다.
2) 이 중 흔하게 경험하는 갈등상황을 선정하여 해결방안에 대해 이야기한다. 주로 어떻게 해결하는지, 어떻게 도와줄 수 있는지 등.
3) 다음의 갈등중재전략(원무어지계전략)을 활용하여 갈등상황을 조정하는 연습을 해 본다. 이때 구체적인 갈등상황을 가정하여 역할극을 통해 연습할 수 있으면 좋다.

참고:

1) 갈등중재전략- '원무어지계' 전략은 조력기술의 '원무지계전략'을 변형한 것이다. 이 전략을 구사하기 위해서는 먼저 경청기술과 공감 훈련을 비롯한 기본 의사소통 훈련이 충분히 이루어져야 한다.
2) 원무어지계의 '어' 단계는 갈등상황을 이해하고 중재하는 데 타인의 관점을 이해하고 수용하는 능력을 기를 수 있도록 한 것이다. 따라서 '화난 마음 돌아보기'(p. 247)와 연계해서 진행하면 도움이 될 것이다.

주의: 또래상담자에게 해결사의 역할을 강요하지 말고, 당사자들 간의 오해로 인한 갈등을 풀고 스스로 해결할 수 있도록 도와주는 역할임을 알려야 한다. 자칫하면 갈등에 연루되어 심리적 부담을 가질 수 있기 때문이다.

갈등중재 1–원무어지계전략

갈등중재를 위한 전략: '원무어지계'

원 각자 원하는 것이 무엇일까?
갈등관계에 있는 두사람이 각각 원하는 것이 무엇인지 물어본다.
(A는 공놀이를 하자고 했고, B는 야구놀이를 하자고 했다.)

무 무엇을 시도했는지 물어본다.
각자 원하는 것을 얻기 위해 무엇을 했는지 물어본다.
(A는 우격다짐으로 B를 제압하고자 했고, 기분 나쁜 B는 그 자리를 피하려고 했다.)

어 어떻게 느껴졌는지?
상대방의 시도가 각각 어떻게 느껴졌는지 탐색한다.
(B는 A의 우격다짐이 자신을 공격하는 거라고 생각했고,
A는 B의 회피행동이 자신을 무시하는 거라고 느꼈다.)

지 그렇다면 지금부터 무엇을 할 수 있을까?
각자 원하는 것을 이야기하면서 상대방이 원하는 것을 알게 된다. 또 자신의 행동이 상대방에게 어떻게 비쳐지는지를 이해하게 되었다. 그렇다면 지금부터는 두 사람의 욕구를 모두 충족시킬 수 있는 방법, 타협이나 조정할 수 있는 방법이 있는지를 찾아본다.

계 그럼 어떻게 할지 계획을 세워 보자.
가능한 방법들 중에서 두 사람이 함께 만족하는 방법을 협상하고, 시도할 수 있는 계획을 세워 본다.

4-7. 갈등중재 2-화난 마음 돌아보기

목적: 분노감정이 일어나는 상황이 어떤 경우들이 있는지, 또 어떤 방식으로 대응하는지를 살펴봄으로써 주로 분노로 이어지는 내면적인 생각들이 무엇인지를 점검한다. 이러한 연습은 분노상황을 정확히 인식하고 조절할 수 있는 능력을 키운다. 이는 또래상담자 본인뿐만 아니라 주변 친구들의 분노를 이해함으로써 또래중재, 갈등조정의 출발이 될 수 있다.

준비물: '화난 마음 돌아보기' 활동지, 필기도구

진행방법:

1) 활동지는 물결선을 중심으로 반으로 접어서 나누어 준다.
2) 집단원들에게 첫 번째 빈칸(A: activating event)에 주로 어떤 상황에서 화가 났는지를 쓰고, 두 번째 빈칸(C: consequence)에는 화가 났을 때의 감정, 행동을 적도록 한다.
3) 물결선 위의 A(선행사건)→C(결과, 행동)의 양상은 흔히 일상생활에서 볼 수 있는 화를 설명하는 등식이 될 수 있다. 그러나 '화' '분노'가 일어나는 것은 A(선행사건)에 대한 B(belief, 생각) 때문에 C(결과, 행동)가 연결된다는 것을 설명하면서, 이면에 있는 생각이 무엇이었는지를 적어 보도록 한다.
4) A(선행사건)→B(생각)→결과(C)의 인식이 '분노감정'을 처리하는 데 어떻게 도움이 될지를 역할극이나 토론을 통해 찾아본다.
5) 다음에 제시되는 '분노에 대한 설명'을 참조하여 또래상담자가 자기 자신이나 타인의 '화난 마음을 알아차리고 볼 수 있다면 또래중재나 갈등조정까지도 연결지어 생각해 볼 수 있다.
6) A→C에서 A→B→C로 생각하는 것을 연습할 때 앞서 제시한 '잠하둘셋'이 도움이 될 수도 있다.

참고자료: 분노란?

분노란 '이차적인 감정' 이라 할 수 있다.

흔히 사람들은 서운하거나 좌절을 경험하거나 공격당할 때 화가 난다. 이러한 분노는 공격성과 깊은 연관이 있다. 일반적으로 분노나 공격성을 부정적으로 보지만, '자기보호'라는 긍정적인 측면도 있다. 원시시대 맹수로부터 공격을 받을 때 이에 대한 방어본능으로 나타나는 공격성을 생각해 보면 쉽게 이해될 것이다. 이와 같이 다른 사람으로부터 심리적인 공격이나 상처를 받았을 때 이에 대한 방어와 자기보호로 분노가 일어난다고 본다. 그런 점에서 분노는 상처받은 감정과 생각에 대한 이차적인 반응이라 할 수 있다. 그렇다면 자신의 분노감정의 이면을 잘 들여다보고 무엇 때문에 화가 났는지를 인식할 수 있다면 분노를 처리하기도 한결 수월해진다.

대부분 사람들은 친구가 내 부탁을 거절해서 불쾌해지고, 다른 사람에게 나의 비밀을 공개했기 때문에 배신감을 느끼며 화를 낸다. 그러나 잘 들여다보면 **그 사건을 내가 어떻게 해석하느냐에 따라 동일한 상황이라도 화를 낼 수도 안 낼 수도 있다.** 앞의 예로 좀 더 설명을 해 보자. 친구가 내 부탁을 거절했다는 사실이 도대체 왜 그렇게 불쾌하고 화가 나는 것일까? '내 부탁을 거절하다니 나를 뭘로 보는 거야?' '나를 무시하는 거 아니야?' 혹은 '나는 지난번에 자기 부탁을 들어줬는데, 얌체같이 거절하다니……'라고 생각한다면 누구라도 화가 날 것이다. 그러나 동일한 상황에서 '바쁜 일이 있는 모양이구나' 혹은 '내가 너무 무리한 부탁을 했나?'라고 생각한다면 그다지 화가 나지 않을 것이다.

결국 **상황이 '분노감정'을 유발하는 것이 아니고 상황에 대한 '해석'과 '사고'가 '분노감정'의 원인이 된다고 설명할 수 있다.** 이렇게 분노감정을 이해하고 있으면 또래 간의 오해나 갈등을 중재하는 데 도움이 될 수 있다. 자신이나 타인이 심하게 화를 낼 때 무엇 때문에 화가 나는지를 이해해 보려는 시도를 할 수 있기 때문이다.

화난 마음 돌아보기

나는 어떨 때 화가 나나?(A)

- 엄마가 잔소리할 때
- 내 말을 친구가 듣지 않을 때
- ______________________
- ______________________
- ______________________

어떻게 행동하나?(C)

- 신경질을 내고 방으로 들어간다.
- 열 받아서 나도 친구를 모른 척한다.
- ______________________
- ______________________
- ______________________

사실 그때 내 마음(생각)은 (B)

- 엄마가 날 믿지 못하는 것 같아서
  (또는 엄마가 너무 고지식해서…)
- 친구가 날 무시한다고 생각했지.
- ______________________
- ______________________
- ______________________

4-8. 선입견 넘어서기-의사결정 게임

목적: 의사결정을 할 때 다각적인 시각을 가질 수 있도록 하는 게임이다. 단편적인 정보를 순차적으로 제시하게 되는데, 새로운 정보가 추가될 때마다 처음의 의사결정이 어떻게 달라지는지를 경험해 봄으로써 의사결정 과정에서 선입견이나 편견에 매이지 않는 태도를 갖도록 한다.

준비물: OHP 또는 칠판

진행방법:

1) 4~5명 정도가 한 조가 되도록 조 편성을 한다.
2) 다음과 같이 AIDS와 관련된 병원의 상황을 설명한다.

> ◆ 모 제약회사 연구실에서 AIDS 환자를 낫게 할 수 있는 치료제를 개발했다.
>
> ◆ 하지만 치료를 받을 수 있는 사람은 딱 한 사람! 만약 당신이 이 치료제를 사용할 권한을 가졌다면?
>
> ◆ 이제 당신은 다음에 나오는 7명의 환자들 중 치료제를 투여받을 한 명, 목숨을 건질 단 한 명을 결정해야 한다.

3) 조별로 공동의 합의를 도출하기 위해 회의를 진행한다. 회의를 진행하기에 앞서 7명의 환자들에 대한 정보를 제시하는데, 이때 정보는 순차적으로 제공한다. 즉, 1차 정보만을 주고 의논하게 하고, 1차 결정이 이루어지면 2차 정보, 3차 정보도 같은 방식으로 제시한다.
4) 주어진 시간이 지나면 전체가 모여 자기 조의 합의사항을 소개하면서 결정의 이유를 밝히고, 의사결정과 합의의 과정에서 어떤 점

을 느꼈는지 발표한다(합의 결과보다는 새로운 정보가 추가되면서 의사결정에 어떠한 영향을 미쳤는지, 이러한 과정을 통해서 무엇을 느끼고 경험했는지에 초점을 맞추도록 한다).

5) 만일 의사결정 능력을 향상시키기 위해서라면 결정과정의 이유와 내용에 초점을 맞추어 진행할 수 있다. 이런 경우라면 처음부터 아래 게임의 법칙을 설명해 주고 의사결정에 초점을 맞추도록 안내한다.

게임의 법칙

- 당신의 개인적인 결정을 다른 사람에게 강요하지 말고, 논리를 가지고 주장하라.
- 상대의 의견이 논점에서 빗나갔다 해도 건설적인 것으로 고찰하라.
- 예를 들어, 다수결의 원칙 '네가 원하는 것과 내가 원하는 것의 중간으로 하자'는 식의 중간치셈 혹은 물물교환식 거래(네가 나에게, 그러면 난 너에게 식) 등의 갈등해결기술을 피하라.
- 다른 사람의 의견이 당신의 의견과 부분적으로라도 일치할 때만 그 의견을 지지하라.

출처: www.kaskorea.org/edu-way(초판 발행 당시 인용)

선입견 넘어서기(지도자용)

7명의 환자를 소개합니다.

1차 정보	2차 정보	3차 정보
무역상	기혼, 3명의 자녀	출장 중 매춘부와 성관계
동성연애자	출혈성 환자	감염된 피를 수혈받음
독신남자	무직	마약 투여자
독신여자	감염경로를 모름	AIDS 치료액 개발 연구자
아기	고아	아프리카 거주, 생존가능성 희박
15세 소녀	태국인 매춘부	부모가 포주에게 팔았음
의사	알코올 중독자	환자치료 과정에서 감염됨

* 7명 환자들에 대한 1, 2, 3차 정보는 순차적으로 제시한다.

4-9. 또래상담자의 자기관리

목적: 또래상담자가 합리적이고 건강하게 자신의 역할을 수행할 수 있도록 또래상담자의 역할한계를 인식시키고 유의사항을 주지시키는 것을 주목적으로 한다.

준비물: 또래상담자가 기억해야 할 사항을 유인물로 만들어 둔다(활동지의 내용을 참고로 하며, 필요한 부분을 보충하여 활용하도록 한다).

진행방법:

1) 이제까지 배운 또래상담 훈련 중에서 본인이 쉽게 활용할 수 있는 방법과 적용하기 어려운 것이 무엇인지 자연스럽게 이야기를 나눈다.
2) 또래상담자가 모든 것을 잘 해내야 된다는 강박관념에 매이지 않아야 한다는 것을 주지시킨다.
3) 또래상담을 하면서 생길 수 있는 부담스러운 상황, 주의해야 할 상황이 어떠한 것이 있는지를 알려 준다. 이때 구성원들의 이야기를 통해 정리할 수도 있고, 또래상담지도자가 몇 가지 유의사항을 제시할 수도 있다.

출처: 한국청소년상담원(2002). 또래상담 활동지침서 내용 참조.

또래상담자의 자기관리

또래상담에서 주의해야 할 사항

♥ 또래상담자는 만능해결사가 아닙니다.

친구의 어려움을 보고 도와주고 싶은 마음이 든다고요? 당신은 또래상담자의 기본적인 자세가 잘되어 있네요. 하지만 이것만은 기억하세요. 또래상담자가 친구의 문제를 대신 해결해 주는 사람은 아니라는 것을…. 자칫 친구가 해야 할 일을 떠맡음으로써 친구를 과잉보호할 수 있으며, 오히려 친구의 발전을 방해할 수도 있답니다. 친구의 어려움을 대신 짊어지려는 과도한 책임감은 또래상담자는 물론 친구에게도 도움이 되지 않는답니다. 그러면 어떻게 하냐고요? 친구가 스스로 문제를 해결할 수 있도록 기다려 주는 것도 그에게 큰 힘이 될 것입니다.

♥ 또래상담자는 의존적인 관계를 경계해야 합니다.

누군가에게 내가 도움이 된다는 것! 정말 보람된 일이지요. 하지만 그로 인해 상대방이 나에게 의존하게 해서는 안 되겠지요. 혹시 나 자신도 누군가 나의 도움을 필요로 한다는 점에서 자신감을 얻거나 혹은 남에게 그리 도움이 되지 못하는 것 같아 위축된 마음을 가지게 된다면, 나 또한 상대방에게 의존하고 있는 것은 아닌지 점검해 볼 필요가 있답니다. 물론 도움을 주고받는 친구가 서로 친밀한 관계가 될 수는 있지만, 이로 인해 서로 의존적이 되어서는 안 된다는 거지요. 친밀한 친구 사이에서도 적절한 마음의 거리를 유지할 때 진정으로 도움을 줄 수 있답니다.

♥ 지도교사나 전문가의 조언을 구하는 걸 잊지 마세요.

친구의 어려운 이야기를 듣다 보면 또래상담자 혼자 감당하기 힘든 문제가 있을 수 있습니다. 이를테면 약물복용, 자살시도, 성폭행 등 또래의 힘으로 해결하기 어려운 문제에 대해서는 전문가의 도움을 받을 수 있도록 정보를 제공하여 주십시오. 내가 감당하기 어려운 문제에 부딪혔을 때 혹은 또래상담 활동을 하면서 힘이 들 때 지도교사나 전문가의 조언을 구해야 한다는 걸 잊지 마세요.

4-10. 나는 ○○○의 수호천사

목적: 게임을 통해 집단원들 간에 서로 도움이 되는 활동을 직접 해 보는 경험을 함으로써 타인을 배려하는 또래상담자의 태도를 익힌다.

준비물: 빈 종이(집단원 수만큼 작은 쪽지를 준비한다), 필기도구

진행방법:

1) 집단원에게 쪽지를 한 장씩 나누어 준다.
2) 쪽지에 자신의 이름을 적고, 다른 사람에게 보이지 않도록 접어서 제출한다.
3) 걷은 쪽지를 고루 잘 섞어서 집단원에게 한 장씩 뽑도록 한다. 이때 지기 이름이 적힌 쪽지를 집으면 다시 뽑도록 한다.
4) 자신이 뽑은 쪽지에 적힌 사람의 이름을 다른 사람이 알아채지 못하게 확인한다. 자신이 뽑은 사람이 나의 마니또가 되는 것이고, 자신은 그의 수호천사가 된다.
5) 수호천사는 정해진 시간까지 자신의 마니또가 알아채지 못하게 친절과 선행을 베풀도록 한다(지우개 빌려주기, 물 떠다 주기, 반갑게 인사하기 등 일상생활 속에서 할 수 있는 것). 또 자신의 마니또를 잘 관찰하여 그 사람의 장점 세 가지를 찾아 '나의 마니또에게' 활동지에 적어 둔다.
6) 수호천사를 밝히는 날, 집단원은 자신의 수호천사가 누구인지 알아맞혀 보고 왜 그렇게 생각하는지를 설명한다. 확인이 되면 수호천사는 자신의 마니또에게 장점을 적은 종이를 건네준다.

   (수호천사 게임은 집단 프로그램 전반부에 시작하여 집단이 진행되는 동안 선행을 베풀 시간을 주고, 프로그램 마지막 시간에 수호천사를 확인하게 된다. 저학년이라면 이 기간을 1~2주 정도로 짧게 잡는 것이 좋다.)

나는 ○○○의 수호천사

'________ 에게'

나는 (   ) 동안 너의 수호천사였지.

그동안 너를 지켜보면서 예전에 알지 못했던 너의 장점을 많이 발견했어.

너도 그걸 알고 있니?

너의 장점은……

4-11. 도움 주는 곳 안내하기

목적: 전문적인 도움을 받을 수 있는 곳을 알려 주어 도움을 필요로 하는 친구에게 적절한 안내를 해 줄 수 있도록 한다. 이는 또래상담자의 역할한계를 정해 주고 또래상담자를 보호하는 일이다.

준비물: 도움 주는 곳 연락처

진행방법:

1) 또래상담자의 역할과 할 수 있는 일에 대해 이야기 나눈다('도움 주는 활동 찾기'(p. 233)와 연결하여 진행할 수 있다).
2) 또래상담자의 역량에 벗어난 상황에서 어떻게 도움을 줄 수 있을 것인지 논의한다.
3) 전문적인 도움을 받을 수 있는 곳(학교상담실, 주변 상담실, 인터넷 사이트 등)을 알려 준다.
4) 친구에게 이러한 정보를 전달할 수도 있고, 친구의 동의를 구해 또래상담지도교사에게 의뢰할 수도 있다.

* 또래상담지도교사는 주변의 전문기관과 연계를 맺어, 도움이 필요한 학생을 의뢰할 수 있는 정보를 가지고 있어야 한다. 또한 또래상담자들에게 이러한 외부기관에 대한 정보(브로슈어, 사이트 검색)를 함께 검토하게 할 수도 있다.

친구에게 전문적인 도움을 안내할 때

1. 친구의 어려움을 공감해 주세요.
2. 전문적인 도움을 받는 것이 부끄러운 것이 아니라는 것을 말해 주세요. 몸이 아파 병원에 가듯이 상담실을 찾는 것이 이상한 것은 아니랍니다.
3. 친구가 원치 않으면 정보를 제3자에게 전달하지 않는다는 약속을 하세요. 하지만 친구나 제3자가 위험한 상황이라면 이러한 약속은 지키지 못할 수도 있다는 것도 알려야겠지요.
4. 그래도 친구가 거절하면 알고 있는 전문기관 정보(연락처)를 건네 주세요. 이때 사랑이 담긴 메시지도 함께 전달할 수 있겠지요.

도움 주는 곳 안내하기

도움을 받을 수 있는 곳이 많이 있어요

기관 또는 상담자	전화번호	주소(또는 위치)	홈페이지나 이메일
학교상담실			
상담선생님			
지역청소년상담실			
청소년폭력예방재단	02- 585-9128	서울특별시 서초구 서초동 1597-1	www.jikim.net
한국성폭력상담소	02- 338-5801~2	서울특별시 마포구 합정동 366-24	www.sisters.or.kr
한국청소년상담원	1388 02-730-2000	서울특별시 중구 다산로 123	www.kyci.or.kr

5. 그 외에 사용할 수 있는 집단상담 활동

또래상담 프로그램이 보급되기 이전에도 우리나라 학교장면에서는 다양한 집단상담 프로그램이 진행되고 있었다. 자기성장 프로그램이나 대인관계 증진 프로그램, 심성수련 프로그램 등 다양한 활동이 소개되었고, 이 중에는 또래상담 훈련에 활용될 수 있는 내용들도 있다. 그러나 많은 경우 집단상담 활동의 개별적인 효과에 대한 경험적인 근거가 제공되지 않기 때문에 프로그램 진행자의 주관적인 판단에 따라 주먹구구식으로 활용되는 경우가 많다. 이에 대해 권경인(2001)은 우리나라에서 빈번하게 사용되고 있는 집단상담 활동을 수집 · 분석하고, 각 활동이 내포하고 있는 치료적 효과를 밝히고자 하는 시도를 하였다. 이러한 연구 결과는 집단상담 프로그램을 구성할 때 좀 더 근거 있고 분명한 자료를 바탕으로 집단상담 활동을 선정하는 데 도움이 될 것이다. 여기는 권경인(2001)의 연구에서 밝힌, 국내에서 빈번하게 사용되는 30가지 집단상담 활동 중에서 예시활동에서 제시한 것을 제외한 나머지를 소개하고자 한다. 제시된 순서는 원 연구의 순서와는 달리, 집단상담의 전개과정에 따라 임의로 배치한 것이다.

활동명	내 용
문장 완성 (나는 누구인가)	집단구성원들에게 몇 가지 미완성 문장을 제시하고 이를 완성하여 발표하게 하는 것(예: '나는 누구인가' 라는 문장완성 시트)
중요한 타인 되어 자기소개	집단 앞에 빈 의자를 두고 자신이 가장 잘 아는 한 사람을 선정한다. 자신은 빈 의자에 앉아 있다고 가정하고 자신을 가장 잘 아는 사람이 되어 자신을 소개한다.
나의 장단점	자신의 장점과 단점을 백지에 각각 다섯 가지씩 쓴다. 그러고 난 뒤 집단 중 한 사람씩 택해서 장점과 단점 한 가지씩을 이야기해 준다. 이때 피드백을 받는 사람은 감사하다고만 반응하고 백지 앞면에 이를 적는다. 모든 피드백이 끝나면 자신이 쓴 다섯 가지와 집단구성원이 말한 내용을 비교해 본다.
나를 아껴 주는 사람들	지금까지 자신에게 영향을 주고 보살피며 도와준 사람을 생각하여 종이에 쓴다. 그리고 파트너를 정하여 이야기를 나눈다. 또한 집단원 전체에게도 나누고 서로의 이야기를 들은 느낌을 발표한다.
기뻤던 일/ 슬펐던 일	지금까지의 삶의 과정에서 잊을 수 없는 일, 즉 나에게 크게 영향을 준 일이 무엇인지를 솔직하게 소개한다. 이때 기쁜 일과 슬픈 일이 무엇이었나 생각해 보고 이를 발표한다.
자화상 그리기	자기가 좋아하는 색으로 도화지에 자화상을 그린다. 자신의 과거를 뿌리로, 현재를 줄기로, 미래를 잎이나 열매로 형상화하여 표현한다. 완성된 자화상을 집단원들에게 보여 주고 설명하며 느낌을 나눈다.
가족화 그리기	가족에 대한 느낌이나 생각을 여러 가지 도구(색연필, 크레파스 등)을 이용해서 도화지에 그린다. 그림에 대해서 집단원들에게 설명한다.
가치관 경매	가치관 목록표와 일정한 액수로 돈을 나누어 주고 예산을 짜게 한 뒤, 경매를 진행시켜 가장 높은 금액을 부른 사람이 원하는 내용을 살 수 있게 한다.
사물(자연)과의 대화	현재 자신의 눈에 보이는 사물이나 자연을 택해 자기와 대화를 나누도록 한다. 대화한 것을 글로 쓰도록 하고 이를 발표한 뒤 느낌을 나눈다.
지혜은행	자신의 부적응이나 고민을 적어서 집단이라는 지혜은행에 제출하면 집단은 생각을 모아 제시해 준다.

활동명	내 용
빈의자 기법	'지금-여기'에서 표출하고 싶은 감정이 떠오른 사람부터 자원하여 한 사람씩 나온다. 두 개의 의자 중 하나는 자기 것으로 하여 그곳에 앉고, 나머지 하나에는 자기감정을 실감나게 표출하고 싶은 주요 대상이 앉아 있다고 가정하고 표출한다.
심리극(드라마) 만들기	4인 1조가 되어 어떤 상황 설정과 배역만 정한다. 각본 없이 설정된 상황을 맡은 배역에 따라 연기해 나간다. 극을 마친 후 연기자들이 느낌을 말하고 관람한 이들도 느낌을 말한다.
유서 쓰기	24시간 후에 죽는다는 사실을 알려주고 어떻게 24시간을 이용할 것인지 생각하고 자신의 유언을 써서 이를 집단 앞에서 발표한다.
이제야 당신에게 말합니다.	자신의 삶을 돌아보면서 해결하지 못한 문제와 갈등에 대해 생각하고 그동안 여러 가지 이유로 하지 못했던 이야기를 '이제야 처음으로 당신에게 말합니다'라는 말로 시작하는 편지를 쓴다. 편지를 다 쓴 다음 집단에 발표한다.
거울 보고 자신에게 말하기(나에게)	전신이 다 보이는 거울을 이용해 자신을 보고 집단경험이나 현재 자신에 대해 하고 싶은 말을 하고 느낌을 나눈다.
카드 피드백 주기	한사람씩 집단의 경험을 통해 비추어진 다른 집단원의 모습과 구성원에게 하고 싶은 이야기를 카드에 적어 전달한다.
피드백 주기 (선물 주기 형식)	한 사람이 피드백하고 싶은 다른 사람 앞으로 걸어 나가서 손을 잡고 진심어린 피드백을 실시한다. 피드백을 받은 사람은 감사하게 받고, 다시 자신이 피드백을 주고 싶은 사람에게 가서 피드백을 준다. 이렇게 전체 집단이 돌아가면서 피드백을 준다.
형용사적 표현	집단 전체가 한 사람의 이름 앞에 형용사적인 표현을 붙여 준다. 전체가 함께 의논하여 A에게 붙여 주고 다음에는 전체가 의논하여 B에게 붙여 준다. 이때 여러 사람의 의견을 종합하는 가장 적절한 표현이나 많은 사람이 찬성하는 표현을 선택한다.
장점세례	집단구성원 중 한 사람이 지정된 자리에 앉고 집단원들은 솔직하게 주인공의 좋은 점과 존경스럽고 칭찬해 줄 만한 점들을 사방에서 폭탄세례 하듯이 이야기해 준다.

제 4 부

또래상담 연구

| 제 9 장 |

또래상담 연구 따라하기

또래상담이 좋다는 이야기들은 많이 한다. 또래상담을 했더니 학교가 좋아졌다느니, 분위기가 새로워졌다느니, 또래상담자들이 놀랍게 성장했다느니, 또래상담자들 때문에 지역사회가 변했다느니 하는 이야기들을 한다. 하지만 누군가가 "또래상담이 정말 좋은 것인지를 객관적으로 어떻게 알 수 있느냐?" 고 물으면 쉽게 답하기 어려운 경우가 종종 있다. 그저 참가한 학생들, 도움을 받은 친구들, 운영해 본 지도자들, 또래상담반 활동을 지켜본 학교나 기관의 장들이 '도움이 되었다' '좋아졌다' 고 말했노라고 얼버무릴 수밖에 없는 안타까운 상황도 있다. 누군가가 "정말 도움이 되는 것인지를 어떻게 알 수 있느냐?" 고 물을 때 "그렇다" 라고 시원하게 답변할 수 있으려면 객관적으로 타당하게 입증된 증거들을 보여 주어야 한다. 이 장에서는 이런 증거들을 얻기 위해 진행되었던 연구들을 중심으로 이야기를 전개해 나가고자 한다.

1. 또래상담 연구의 기초

또래상담에 관한 연구를 논의할 때는 먼저 두 가지 차원을 고려해야 한다([그림 9-1] 참조).

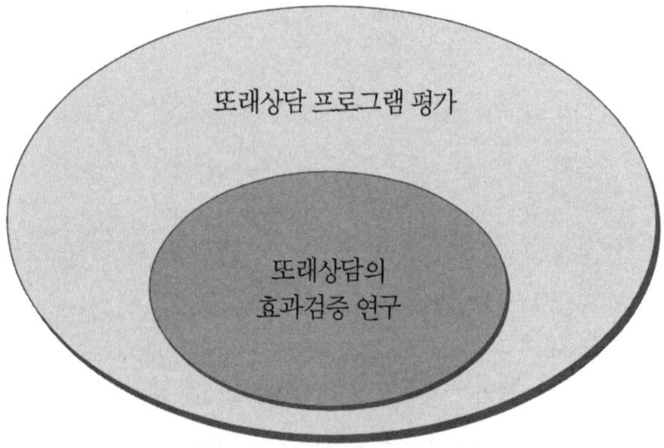

| 그림 9-1 | 또래상담 연구에서의 두 가지 차원

첫째, 또래상담 프로그램 평가의 차원이다. 또래상담 프로그램 평가는 또래상담을 하나의 시스템으로 가정하고, 시스템을 운영하는 데 필요한 일체의 것들을 평가하는 종합적인 차원의 연구다. 여기에는 또래상담을 시작하는 데 소요되는 예산, 프로그램 개발자의 인적 구성, 지역사회나 국가의 요구, 프로그램 내용 구성의 타당성, 프로그램 진행을 위한 매뉴얼, 수혜자 관점에서의 만족도 등이 포함될 것이다. 물론 프로그램 평가에는 효과검증 연구도 포함된다.

둘째, 또래상담 운영이나 프로그램 투입이 가져오는 효과를 검증하는 차원이다. 또래상담 운영이 참가자나 직접적인 수혜자에게 가져다주는 효과를 알아보기 위해 진행된다. 이 책에서는 주로 두 번째 차원에 초점을 맞추고자 한다.

또래상담에 관하여 효과적인 연구를 수행하기 위해서는 또래상담 훈련과 운영, 그리고 활동이 목적에 맞게 잘 진행되어야 한다. 그래야만 또래상담을 주제로 한 연구라고 할 수 있을 것이기 때문이다. 또래상담이 잘 진행되도록 하기 위해서는 몇 가지 유념해야 할 사항들이 있다.

첫째, 또래상담자 교육은 또래상담에 대하여 특별한 교육을 받고 경험을 한 또래상담지도자에 의해 이루어져야 한다. 또래상담지도자는 또래상담의 의미와 필요성, 그리고 절차와 운영 전반에 대해 설명할 수 있어야 한다.

둘째, 훈련 프로그램은 구조가 잘 갖추어진 훈련 회기로 구성되어야 한다. 이미 개발되어 사용되고 있는 또래상담자 훈련 프로그램들을 활용하는 것도 한 가지 방법이다.

셋째, 또래상담자 훈련은 훈련생들이 자발적으로 참여하여야 하고, 재미가 있어야 하며, 참여하는 학생들의 수준에 맞게 진행되어야 한다.

넷째, 또래상담자 훈련의 내용은 훈련에 참가하는 학생들 자신이 이미 가지고 있는 능력과 기술에 기초하고 있음을 알게 하는 것이 좋다. 또래상담자들은 자기들이 이미 가지고 있는 타인에 대한 관심, 돕고자 하는 순수한 마음과 이미 활용하고 있는 타인조력 기술들을 활용하여 또래상담 활동을 하게 된다는 것을 알게 됨으로써 자신감을 가지게 된다.

다섯째, 또래상담자 훈련은 반드시 실습을 병행하는 것이어야 한다. 훈련의 내용들은 실제 상황에 하나하나 적용될 수 있도록 반복해서 연습되고 실습되어야 한다. 훈련이 내용 이해 수준에서 그치면 안 된다.

여섯째, 또래상담지도자는 집단상담에 대해 잘 알고 있어야 한다. 또래상담 훈련 도중 집단상담에서 발생할 수 있는 일들에 유연하게 대처하고, 이를 활용할 줄 알아야 한다.

일곱째, 또래상담자들은 지속적으로 활동을 할 수 있어야 하고, 이 활동은 지도자에 의해 지도, 감독받아야 한다. 가장 바람직한 것은 일주일에 1회

정기적인 모임을 가지는 것이다. 또래상담자들은 이 모임을 통해 슈퍼비전과 계속적인 학습의 기회를 가져야 한다.

위의 사항들을 고려하는 것은 연구의 타당도를 확보하기 위한 것이다. 연구의 타당도란 목적에 맞게 연구과정과 방법들이 사용되었을 때 얻어지는 것으로, 타당한 연구라는 말은 연구의 시작부터 끝까지 모두 타당한 절차와 이론적 배경 하에 진행되었다는 뜻이다. 타당도에는 연구의 결과를 다른 대상, 상황, 시기 등에 일반화할 수 있는 정도를 나타내는 외적타당도와 변인들 간에 원인-결과의 관계가 있음을 나타내는 내적타당도가 있고, 이 외에도 통계적 결론타당도, 구성타당도가 있다.

연구자는 연구계획부터 마지막 연구보고서 작성에 이르기까지 연구의 타당도를 고려하여야 한다.

2. 또래상담 연구 주제

또래상담의 효과 검증은 세 가지 주제로 나누어진다. 첫 번째는 또래상담자들의 변화다. 도움을 주기 위해 훈련받는 과정과 또래상담자로 임명된 후 상담활동을 하면서 또래상담 훈련 참가자가 얼마나 변하였는지를 알아보는 것이다. 두 번째는 내담자의 변화다. 또래상담자로부터 상담을 받은 내담자들이 어떻게 변하였는지를 알아보는 것이다. 세 번째는 조직의 변화다. 또래상담자들이 소속되어 있는 조직, 예컨대 상담기관이라든지, 학급 또는 학교, 더 나아가 지역사회 등이 어떤 영향을 받았는지를 알아보는 것이다. 이를 그림으로 나타내면 [그림 9-2]와 같다.

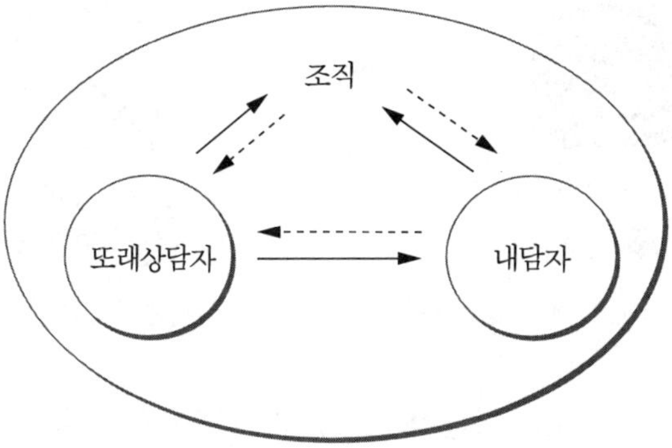

| 그림 9-2 | 또래상담 효과검증의 주제

1) 또래상담자들의 변화

'또래상담 활동이 또래상담자 자신에게 어떤 도움이 될까?' '무엇이 또래상담자로 하여금 지속적으로 타인을 돕는 활동을 하게 하는 것일까?'

또래상담 활동을 하는 또래상담자의 부모나 담임교사는 이런 질문에 관심을 가지게 될 것이다. 또한 또래상담자로 입문하려는 사람이라면 한 번쯤 고민하게 되는 내용일 수도 있다. 이런 의문을 해결하기 위해서는 어떻게 연구가 시작되어야 하는가?

(1) 독립변인과 종속변인

또래상담자들에게 어떤 도움이 되는지 알아보기 위한 연구를 수행하기 위해서는 우선 독립변인과 종속변인을 분명하게 정의해야 한다. 독립변인이란 다른 변인이 변하도록 영향을 주는 변인을 말하고, 종속변인이란 독립변인의 영향으로 변화되는 변인을 말한다.

'또래상담 훈련 및 활동이 ○○○○와 ××××에 미치는 효과'라는 주제가 있다고 가정해 보자. '또래상담 훈련' 또는 '또래상담 활동'은 독립변인이다. 훈련과 활동은 변화에 영향을 미치는 변인이기 때문이다. 또래상담

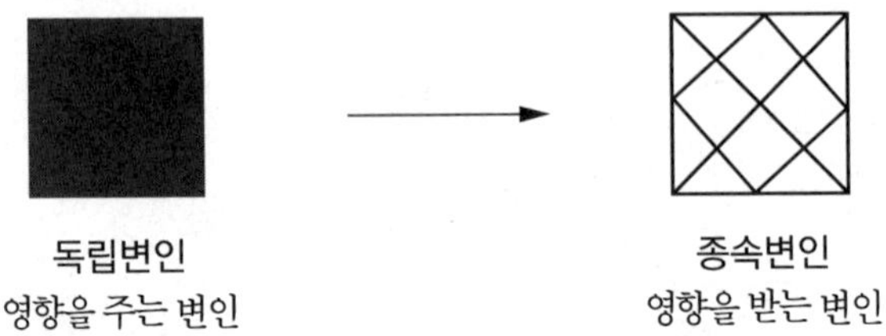

| 그림 9-3 | 독립변인과 종속변인

자 훈련과 활동에 의해 영향받아 변하는 '○○○○'와 '××××'는 종속변인이다.

변인 결정은 연구에 있어서 기초작업이다. 또래상담 연구에서 독립변인은 대체로 또래상담 프로그램이나 상담활동이 된다. 종속변인은 또래상담의 발전에 따라 변화하여 왔는데, 1980~1990년대의 경우에는 교우관계, 학교에 대한 태도, 의사소통 능력 등이 종속변인의 대부분을 차지하였다. 그러나 최근 들어 전반적인 또래상담 효과를 알아보는 수준을 넘어서서, 보다 구체적이고 세부적인 차원에서 또래상담의 효과를 알아보고 적용영역을 확대해 가고 있다. 예를 들어, 학교생활부적응이나 요선도학생 지도에서 또래상담의 효과를 알아보거나(최혜숙, 2003; 최해룡, 2002), 진로지도에서의 또래상담의 효과(최미옥, 2001), 사이버공간에서의 또래상담의 효과(금희라, 2001; 박선종, 2003; 전용표, 2002) 등 다양한 영역에서 또래상담의 효과를 알아보고 적용가능성을 확대해 가고 있다.

독립변인과 종속변인이 정해지면 논문의 전체적인 밑그림이 그려지게 된다. 반대로 논문의 전체적인 밑그림이 그려지면, 자연스럽게 독립변인과 종속변인이 드러나기도 한다. 독립변인과 종속변인이 어우러져 연구논문의 제목이 되기도 하는데, 예를 들면 아래 박선주(1999)의 연구가 그렇다.

- 청소년의 또래상담자 훈련경험이 자아개념에 미치는 효과(박선주, 1999)

- 교육과정 내 클럽활동으로서의 또래상담자 훈련 및 활동에 관한 연구(김명주, 1997)
- 중 · 고등학교에서의 또래상담 효과검증 연구(이상희, 이지은, 노성덕, 2000)

위의 논문들은 또래상담자 훈련과 경험, 그리고 운영을 독립변인으로 하여 진행되었다. 그런데 논문제목에서 변인들이 모두 드러나는 논문이 있는가 하면(박선주, 1999), 확실하게 드러나지 않는 것도 있다. 김명주(1997), 이상희, 이지은, 노성덕(2000) 연구의 경우에는 제목에서 독립변인은 드러나지만 종속변인은 발견할 수 없다. 다만 또래상담자 훈련 및 활동이 무엇엔가 영향을 주게 되리라는 것을 짐작할 수 있을 뿐이다. 하지만 연구의 필요성과 목적 또는 가설을 살펴보면 연구자가 의도한 종속변인을 분명하게 확인할 수 있나. 각 연구의 독립변인과 종속변인을 보면 〈표 9-1〉과 같다.

〈표 9-1〉 세 연구에서의 독립변인과 종속변인

	독립변인	종속변인
박선주(1999)	또래상담자 훈련경험	자아개념
김명주(1997)	동료상담자 훈련 및 활동	교우관계, 학교관련 태도
이상희 등(2000)	또래상담	인간관계, 의사소통 능력, 자기효능감

박선주(1999)의 연구에서는 '상담자 훈련경험'을 독립변인으로 하였다. 그리고 김명주의 연구에서는 '상담자 훈련 및 활동'을 독립변인으로 하였다. 이렇게 독립변인을 훈련(경험)으로 정하게 되면, 연구 결과에서 나타나는 효과는 '상담자 훈련'의 효과가 된다. 이때 어떤 프로그램을 사용한 효과인지는 분명하지 않다. 상담자 훈련 프로그램이라 하더라도 다 같지는 않을 것이기 때문이다. 따라서 이 연구에서의 독립변인은 '상담자 훈련(경

험)' 이라는 맥락이지, 어느 특정한 또래상담자 훈련 프로그램을 말하는 것은 아닐 수 있다.

이상희, 이지은, 노성덕(2000)의 연구에서는 '또래상담'을 독립변인으로 밝히고 있다. 하지만 제목에서는 분명하게 무엇을 말하고자 하는지 애매한 점이 있다. 또래상담이라는 것이 훈련을 말하는 것인지, 활동을 말하는 것인지, 또래상담이라는 제도를 말하는 것인지 명확하게 제시되지는 않았다는 것이다. 그렇다고 총체적인 활동을 모두 포괄하는 개념이라고 받아들이기도 어렵다. 제목이 연구를 요약해 주는 가장 간결한 표현이라면, 누구나 보고 쉽게 내용을 파악할 수 있는 제목이면 좋을 것이다.

종속변인은 연구자가 변화를 보고자 하는 변인이다. 박선주(1999)의 연구에서는 또래상담자 훈련이 훈련에 참여하는 또래상담자의 자아개념이라는 종속변인에 어떤 영향을 미치는지 알아보고자 하였다. 김명주(1997)의 연구에서는 또래상담자 훈련 및 활동이 참가자 자신의 의사소통 능력, 자아개념, 인간관계 능력 등의 종속변인에 어떤 변화를 가져오는지를 알아보고자 하였다. 이상희 등(2000)의 연구에서는 또래상담 훈련 및 상담활동이 또래상담자 자신의 인간관계, 의사소통 능력, 자기효능감 등의 종속변인에 어떤 영향을 주는지 알아보고자 하였다.

(2) 연구가설

연구가설이란 연구자가 연구를 통해 얻고자 하는 결론에 대한 잠정적 결론이라고 할 수 있다. 또한 가설은 독립변인과 종속변인 간의 관계에 대한 잠정적인 결론 또는 예언이라고 할 수 있으며, 가설에 따라 차후 연구설계나 도구 선택, 연구의 방향이 영향을 받게 된다.

위의 세 연구에서 또래상담 훈련에 의한 또래상담 훈련생들의 변화와 관련된 가설은 다음과 같다. 이 가설은 논문에서 그대로 옮기지 않고, 편의상 수정을 가하여 정리한 것이다.

- 박선주(1999) 연구에서의 연구가설
  '또래상담 훈련 결과 실험집단이 통제집단에 비해 자아개념 점수가 의의 있게 향상될 것이다.'
- 김명주(1997) 연구에서의 연구가설
  '또래상담자 훈련을 받은 후에 훈련 전보다 의사소통능력검사, 자아개념검사, 인간관계능력검사에서 의미 있는 향상을 보일 것이며 그 효과는 추후에도 지속될 것이다.'
- 이상희, 이지은, 노성덕(2000)의 연구에서의 연구가설
  '또래상담 훈련 및 활동을 통해 또래상담자들의 인간관계, 의사소통능력, 자기효능감이 향상될 것이다.'

연구가설은 연구자가 정한 독립변인과 종속변인 간의 관계를 규명하는 진술이라고 할 수 있다. 대체로 연구에서는 독립변인이 종속변인에 미치는 영향에 초점을 맞추게 된다.

〈가설의 기준〉

첫째, 가설은 모호하지 않고 명확하게 기술되어야 한다.
둘째, 연구가설은 둘 이상의 구성개념들 간의 관계를 조사해야 한다.
셋째, 구성개념들 간의 관계를 경험적으로 검증할 수 있어야 한다.
넷째, 해결이 필요한 어떤 문제에 대해 적절한 해답을 제시하는 것이어야 한다.
다섯째, 가설은 논리적인 간결성을 가져야 한다.
여섯째, 가설은 구체성이 있어야 한다.
일곱째, 가설은 이론적 근거를 가지고 있어야 한다.
여덟째, 가설은 이미 잘 알려진 사실과 일치하여야 한다.
아홉째, 어떤 연구문제에 대해서는 여러 개의 가설을 설정하는 것이 바람직할 수 있다.

이장호 등(1997), pp. 29-30.

(3) 연구도구

독립변인과 종속변인이 결정되고 연구가설이 세워지면, 연구를 수행하는 데 필요한 최적의 도구를 선택해야 한다. 이미 개발되어 활용되고 있는 도구를 사용할 수도 있고, 목적에 맞게 도구를 개발할 수도 있다. 연구도구는 연구자가 수행하고자 하는 연구목적에 맞는 것이어야 한다.

앞에서 예로 제시된 세 연구에서 독립변인으로 사용된 프로그램은 모두 또래상담자 훈련 프로그램이다. 그러나 그 내용이나 구성에는 차이가 있다.

박선주(1999)의 연구는 10회기로 구성된 또래상담자 훈련 프로그램을 사용하였다. 이 프로그램은 자기성장 프로그램과 한국청소년상담원에서 개발한 또래상담자 훈련 프로그램을 근간으로 연구자가 재정리하여 구성한 것이다.

〈표 9-2〉 세 연구에서의 연구도구

	독립변인으로 사용된 연구도구	종속변인으로 사용된 연구도구
박선주 (1999)	또래상담자 훈련 프로그램	• 자아개념 검사지 (정원식, 1968 번안)
김명주 (1997)	또래상담자 훈련 프로그램	• 자아개념 검사지 (정원식, 1968 번안) • 인간관계척도 (이형득, 문선모, 1982 번안) • 의사소통능력검사 (Tindall 등, 1985 제작)
이상희 등 (2000)	또래상담자 훈련 프로그램 또래상담자 상담 활동	• 인간관계척도 (정미영, 1993 수정보완) • 대인간 의사소통척도 (강경자, 1996 번안) • 자기효능감척도 (홍혜영, 1995 번안)

김명주(1997)의 연구는 한국청소년상담원에서 개발한 또래상담자 훈련 프로그램을 기본으로 하고 의사소통 훈련 프로그램, 심성개발 및 청소년 수련관계 활동 중 연구자가 필요로 하는 일부를 첨부하여 28회기 프로그램으로 재구성하였다.

이상희, 이지은, 노성덕(2000)의 연구는 단일학교가 아닌 9개 학교에서 연구가 동시에 진행되었기 때문에 프로그램을 표준화할 필요가 있었다. 그래서 한국청소년상담원에서 개발한 단계별 또래상담자 훈련 프로그램(이상희, 노성덕, 이지은, 2000)을 사용하였다.

종속변인을 측정하기 위해서 자아개념 검사지, 의사소통 검사지, 대인관계척도, 대인간 의사소통척도, 자기효능감척도 등이 도구로 활용되었다. 이 외에도 연구자의 의도와 목적에 따라 다양한 종속변인을 선정할 수 있고, 종속변인에 따라 다양한 도구들이 활용될 수 있다. 이렇게 연구도구를 선정할 때는 타당도와 신뢰도를 신중하게 고려하여야 한다.

검사도구에서의 타당도란 검사가 재고자 하는 것을 얼마나 충실하게 측정해 내느냐 하는 정도를 말한다. 또래상담자 훈련 프로그램 실시가 훈련생들의 의사소통 능력에 얼마나 도움이 되는지를 알아보려면 '의사소통 능력'을 알 수 있는 검사도구를 사용해야 한다. 의사소통 능력을 알아보기 위해서 우울척도를 사용하거나 자아실현검사를 사용한다면 타당하지 않은 연구가 된다.

검사도구에서의 신뢰도란 검사에서 얻어진 점수를 얼마나 믿을 수 있는가 하는 정도를 말한다. 측정하는 사람이나 검사 실시 시기에 따라 점수가 얼마나 안정성 있게 또는 일관성 있게 나오느냐 하는 것이다. 의사소통능력검사를 동일한 사람들에게 실시했는데 실시할 때마다 점수가 현저히 다르고, 측정자가 달라질 때마다 점수가 달라진다면 이는 신뢰롭지 못한 것이다. 이것을 사격에 비유하면 다음과 같다. 맞추고자 하는 과녁을 '얼마나 적중시켰느냐' 하는 것은 타당도에 해당하는 것이다. 과녁에 여러 번 사격

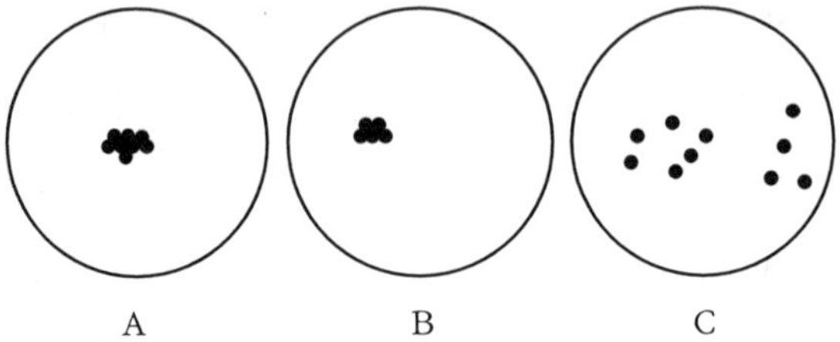

| 그림 9-4 | 타당도와 신뢰도

을 해서 '얼마나 일관성 있게 같은 부분에 명중하였느냐' 하는 것은 신뢰도에 해당하는 것이다.

[그림 9-4]에서 A는 타당도와 신뢰도가 높은 사격솜씨다. B는 신뢰도는 높으나 타당도는 낮은 사격이다. C는 타당도와 신뢰도가 모두 떨어지는 사격 결과다.

검사도구를 선택할 때는 연구의 목적에 맞는 검사도구를 사용해야 하고, 피검사자의 검사에 대한 태도와 검사도구의 안정성을 확보해서 타당도와 신뢰도를 확보하여야 한다.

연구를 진행하기 위해 도구를 찾는 연구자들은 이미 출판된 책자를 통해서 연구 또는 상담장면에서 활용되는 검사도구를 다양하게 선택할 수 있을 것이다.

고려대 행동과학연구소 편(1998). 심리척도 핸드북 I. 학지사.
고려대 행동과학연구소 편(2000). 심리척도 핸드북 II. 학지사.
박경, 최순영(2009). 심리검사의 이론과 활용(2판). 학지사.
김완석, 전진수(2002). 직업상담을 위한 심리검사. 학지사.

(4) 연구대상자 선정

연구대상자를 선정할 때 연구자는 연구목적을 고려하여야 한다. 또래상담자를 연구대상으로 하여 선정할 경우에는 이 책의 제2부에 제시한 또래상담자 모집 및 선발을 참고하면 된다. 또래상담에서 연구대상은 주로 초등~대학생이었다. 하지만 그 범위를 확대시켜서 유아나 성인 역시 대상이 될 수 있다.

누구나 또래상담자로 활동할 수 있기 때문에 대상에 제한은 없다고 볼 수 있다. 그러나 연구에서는 연구자가 목적하는 바에 맞게 대상을 선정하여야 한다.

예를 들어, 연구주제가 '초등학생 또래상담자의 활동이 또래 외동아동의 사회성 증진에 미치는 효과'라고 한다면 마땅히 대상은 초등학생이어야 한다. 이때 고학년을 대상으로 할 것인지, 저학년을 대상으로 할 것인지, 아니면 전 학년을 대상으로 할 것인지, 또 고학년 여학생 또는 남학생을 대상으로 할 것인지도 고려하여야 할 것이다.

위의 세 연구에서는 연구대상을 아래와 같이 정하였다(〈표 9-3〉 참조).

〈표 9-3〉 세 연구에서의 연구대상

	연구대상	인 원
박선주(1999)	고등학생	실험집단 15명 통제집단 15명
김명주(1997)	고등학생	실험집단 11명
이상희 등(2000)	중학교 4개교 인문계고교 3개교 실업계고교 2개교	9개 실험집단 123명

(5) 연구설계 및 분석

박선주의 연구는 또래상담자 훈련이 훈련받는 또래상담자들의 자아개념에 어떤 변화를 가져오는지 알아보기 위하여 실험집단과 통제집단을 구성하고 연구를 진행하였다. 이 연구를 그림으로 나타내면 다음과 같다([그림 9-5] 참조).

실험집단	○	×	◎
통제집단	○		◎

○ : 사전검사 ◎ : 사후검사 × : 또래상담자 훈련

| 그림 9-5 | 박선주 연구의 실험설계

실험집단과 통제집단에 각각 사전, 사후검사를 실시하였고, 실험처치, 즉 또래상담자 훈련은 실험집단에 대해서만 실시하였다. 결과를 알아보기 위해서 spss 통계 프로그램으로 두 집단의 사후검사를 t-test하였다.

박선주의 연구에서는 두 집단의 사후검사점수를 가지고 t-test하였으나, 경우에 따라서는 공변량분석도 실시해 볼 수 있을 것이다. t-test 결과, 자아긍정척도, 총점과 하위척도 중 자아동일성, 자아수용, 자아행동, 사회적 자아에서 $p < .05$ 수준에서 유의한 변화가 있는 것으로 나타나 가설이 수용되었다.

김명주의 연구는 또래상담 훈련이 참가자들의 의사소통 능력, 자아개념, 인간관계에 긍정적인 변화를 지속적으로 주는지 알아보기 위하여 또래상담자 훈련집단만을 대상으로 연구를 진행하였다. 김명주의 실험설계는 다음과 같다([그림 9-6] 참조).

○	×1	◎	×2	●

○ : 사전검사 ◎ : 사후검사 1 ● : 사후검사 2
×1 : 또래상담자 훈련 ×2 : 또래상담자 활동(집단상담)

| 그림 9-6 | 김명주 연구의 실험설계

또래상담자 훈련 전에 사전검사를 실시하였고, 또래상담자 훈련 직후에 '사후검사 1'을 실시하였다. 그리고 또래상담자 활동으로 집단상담 프로그

램을 운영하도록 하고 다시 '사후검사 2'를 실시하였다.

검사 결과를 가지고 통계 프로그램을 사용하여 일원변량분석을 실시하였다. 그리고 어느 시기에 더 효과가 있었는지를 확인하기 위하여 Duncan을 사용하였다. 그 결과 의사소통 능력에서 $p < .001$ 수준에서 의의 있는 향상이 있었다. 자아개념 총점수나 하위점수, 그리고 인간관계척도에서는 비록 향상은 있었으나 그것이 통계적인 의의를 가지지는 못하였다고 보고하고 있다.

이상희, 이지은, 노성덕의 연구는 김명주의 연구와 설계가 같았다. 내용에 있어서는 또래상담자 활동을 집단상담에 국한시키지 않고 모든 종류의 상담활동으로 하였으며, 기간에도 차이가 있었다. 3월에 또래상담 훈련생을 모집하여 3~7월까지 5개월 정도의 훈련 및 실습기간을 거쳐 또래상담자로 임명하고, 9~11월에는 상담활동을 실시하도록 하였다.

사전검사는 4월 초에, 중간검사는 7월 초에, 사후검사는 10월 말에 각 집단별로 실시되었다. 또래상담자 훈련은 또래상담지도자 양성교육을 마치고 학교 현장에서 또래상담반을 운영하고 있는 현직 학교상담교사에 의해 실시되었고, 훈련 후 활동에 대한 슈퍼비전이 제공되었다. 결과는 spss 프로그램에 의해 분석되었으며 t-test가 실시되었다. 상세한 내용은 제10장에 소개되어 있는 '중 · 고등학교에서의 또래상담 효과검증연구'를 참고하기 바란다.

또래상담자의 변화에 대한 연구는 이 외에도 다양하게 검증되고 있다.

○ ×1 ◎ ×2 ●

○ : 사전검사 ◎ : 중간검사 ● : 사후검사

×1 : 또래상담자 훈련 ×2 : 또래상담자 활동

| 그림 9-7 | 이상희 등의 실험설계

이러한 연구 결과들은 또래상담 활동에 참여하는 학생들의 노력을 과학적으로 증명해 내는 일이기도 하다.

지금까지의 연구들은 대체로 또래상담자들의 정서적인 측면의 성장에 초점을 맞추어 왔다. 이제 주제가 좀 더 확장될 필요가 있다. 정서적인 측면에 있어서도 EQ나 가족에 대한 태도 등으로 주제가 확대되어야 한다. 또 학업과 관련한 태도나 진로에 대한 인식, 운동능력, 습관관리, 약물이나 비행행동 등 다양한 영역으로 연구가 진행될 수 있을 것이다.

2) 도움을 받은 사람들의 변화

이제 도움을 받은 사람들의 변화에 초점을 맞춘 연구들을 살펴보고자 한다. 또래상담은 일반 집단상담과 달리 훈련 프로그램에 참여한 당사자의 변화만이 아니라 이들을 통하여 긍정적 영향력이 파급되기를 기대하고 있다. 따라서 또래상담을 통해 도움받은 대상에 대한 연구는 또래상담의 본래 목표를 확인시켜 주는 것이라 할 수 있다. 또래상담 효과연구가 다른 상담기법과 비교할 때 과연 효과적인지를 확인할 수 있는 연구방법이 있다. 메타분석이 그것인데, 노성덕과 김계현(2004)은 또래상담 효과연구 41편에서 157개의 효과크기를 메타분석하여 1.18의 효과크기(effect size)를 구했다. 이 효과크기는 다른 상담 프로그램보다 효과가 큰 것이었다. 이처럼 효과를 메타적으로 분석하는 연구도 주기적으로 진행될 필요가 있다.

도움을 받은 사람들의 변화에 초점을 맞추었다고 해도 위에서 먼저 살펴본 '또래상담자 자신의 변화'에 초점을 맞춘 연구와 방법은 비슷하다. 그러나 처음 연구를 수행하는 사람들을 위하여 기존의 세 연구를 중심으로 방법을 소개하고자 한다. 이 세 연구는 유헌식(1989)과 송정화(1998), 그리고 앞절에서 소개된 이상희, 이지은, 노성덕(2000)에 의해 수행된 연구들이다. 이상희 등의 연구는 제10장에 그 전문을 실었으므로 참고하면 된다.

- 또래에 의한 집단상담이 자존감 및 인간관계 변화에 미치는 효과(유헌식, 1989)
- 여자중학생에 의한 동료상담이 선도대상 학생의 비행성향 감소에 미치는 효과(송정화, 1998)
- 중 · 고등학교에서의 또래상담 운영의 효과(이상희, 이지은, 노성덕, 2000)

(1) 독립변인과 종속변인

위 세 논문의 연구변인은 〈표 9-4〉와 같다.

〈표 9-4〉 세 연구의 독립변인과 종속변인

	독립변인	종속변인
유헌식(1989)	또래상담자의 상담활동	자존감, 인간관계
송정화(1998)	또래상담자의 상담활동	비행태도, 비행성향
이상희 등(2000)	또래상담자 훈련 및 활동	외로움, 사회적 지지, 학급응집력, 학교생활만족도

세 연구 모두 위에 제시한 것 이외에도 다양한 종속변인을 사용하였는데, 여기서는 또래상담자로부터 도움을 받은 사람들에 국한해서 다루고자 하기 때문에 또래상담자 자신의 변화와 관계된 변인들은 논의에서 제외하였다.

(2) 연구가설

송정화(1998)는 가설이라는 용어를 사용하고 있으나 이상희, 이지은, 노성덕(2000)의 연구에서는 가설 대신 '연구문제'를 제시하고 있고 유헌식(1989)의 연구에서는 연구문제와 가설을 모두 제시하고 있다. 이 장과 관계 있는 가설 및 연구문제는 다음과 같다.

- 유헌식(2002)의 연구가설

  '또래상담자에 의해 집단상담을 받은 학생은 집단상담을 받기 전보다 자존감 및 인간관계 변화에 있어서 각각 긍정적인 변화를 나타낼 것이다.'

- 송정화(1998)의 연구가설

  '동료상담을 받은 실험집단은 통제집단보다 비행태도검사 득점이 낮아질 것이다.'

  '동료상담을 받은 실험집단은 통제집단보다 비행성향 하위변인의 검사 득점이 낮아질 것이다.'

- 이상희, 이지은, 노성덕(2000)의 연구문제

  '또래상담자의 활동으로 인해 도움받은 학급원들이 느끼는 외로움 정도, 사회적 지지 정도, 학급응집력 수준, 학교생활만족도에 어떠한 변화가 일어나는가?'

위의 가설들은 모두 또래상담자의 상담활동이 내담자에게 어떤 영향을 미치는지를 규명해 내는 데 초점을 두고 있다.

(3) 연구도구

유헌식(1989)은 훈련받은 또래상담자들로 하여금 집단상담을 운영하도록 하였다. 또래상담자들이 운영한 집단상담 프로그램은 총 10개의 과정으로 구성되었으며, 이것은 연구자가 여러 선행연구들을 참고하여 구안한 것이다. 10개의 과정은 자기소개, 신뢰감 형성, 자기이해, 비언어적 의사소통, 언어적 의사소통, 자기노출, 감정이입, 자기수용 1, 자기수용 2, 마무리 등으로 구성되어 있다. 유헌식은 이렇게 구안된 프로그램을 독립변인의 도구로 사용하였다.

송정화(1998)와 이상희 등(2000)의 연구에서는 독립변인을 나타내 주는 특정한 도구를 사용하기보다는 '또래상담자의 상담활동'을 활용하였다.

(4) 연구대상자 선정

유헌식(1989)의 연구에서는 고등학생 30명이 연구대상으로 선정되었다. 연구자는 이들을 성당에서 모집하였고, 성당에서 집단상담을 실시하였다. 집단상담 전에 또래상담자들은 별도로 훈련을 받았다. 송정화(1998)의 연구대상은 선도대상 학생이었기 때문에, 학교에서 근신 이상의 징계를 받았

〈표 9-5〉 세 연구에서의 연구도구

	독립변인으로 사용된 연구도구	종속변인으로 사용된 연구도구
유헌식 (1989)	또래상담자가 운영하는 집단상담 프로그램	• 자아개념검사 중 '총자아긍정' 하위척도 (정원식, 1968 번안) • 인간관계척도 (문선모, 1982 번안)
송정화 (1998)	또래상담자의 상담활동	• 비행태도검사 (이훈구, 송인섭, 1979 개발) • 비행성향척도 (황혜자, 1995 번안)
이상희 등 (2000)	또래상담자의 상담활동	• 외로움척도 (신주혜, 1999 번안) • 사회적 지지척도 (이경주, 1997 수정보완)

〈표 9-6〉 세 연구에서의 연구대상

	연구대상	인원
유헌식 (1989)	고등학생 30명	3개 실험집단 30명 (남성 10, 여성 10, 혼성 10)
송정화 (1998)	중학생 28명	실험집단 18명 통제집단 10명
이상희 등 (2000)	고등학교 2개교 5개 학급 119명	119명

거나 학생부에서 선도대상 학생으로 명시한 중3 학생들을 대상으로 하였다. 이들을 대상으로 상담활동을 한 또래상담자들은 같은 학교 3학년 학생들로 구성된 훈련받은 또래상담자들이었다.

이상희, 이지은, 노성덕(2000)의 연구에서는 한 학급에 또래상담자가 3명 이상인 학급 중에서 학급 인원의 70% 이상이 또래상담자의 도움을 받았다고 보고한 5개 학급을 선정하고, 그 5개 학급 학생들 중 또래상담자가 도움을 주었다고 표시한 119명을 대상으로 연구를 진행하였다.

특수집단을 대상으로 연구를 진행하고자 할 때는 많은 제약과 어려움이 따른다. 송정화의 연구에서처럼 선도대상 학생을 대상으로 한다든지 또는 비행청소년, 약물중독자, 폭주족, 성폭력 피해자 등 특수한 문제를 가진 대상은 표집이나 연구 참여에의 유도 등이 불가능한 경우가 많다. 특히 석·박사과정의 대학원생들이라든지, 대학의 교수나 연구원들에게는 더더욱 어렵다. 그러나 또래상담지도자들은 특수집단을 대상으로 활동하는 경우가 많다. 따라서 자기가 현재 만나서 일하고 있는 특수집단을 대상으로 하는 연구가 의외로 수월할 수 있으며, 특수집단을 대상으로 진행된 연구는 학계나 상담장면에서 일하는 여러 전문가들에게 훌륭한 자료가 될 수 있다.

(5) 연구설계 및 분석

유헌식(1989)의 연구는 또래에 의한 집단상담이 참가자들의 자존감 및 인간관계에 어떤 변화를 가져오는지 알아보기 위하여 3개의 실험집단을 구성하여 연구를 진행하였다. 집단상담은 2개월 동안 진행되었으며, 검사는 집단 시작 1주 전에 사전검사를, 집단 1주 후에 사후검사를 실시하였다. 아울러 이 연구에서는 자존감과 인간관계의 변화가 성에 따라 어떻게 다른지를 확인해 보고자 했다. 세 집단 모두 실험집단으로만 구성되었다. 이 연구를 그림으로 나타내면 [그림 9-8]과 같다.

결과를 알아보기 위해서 spss 통계 프로그램으로 각 집단의 사전-사후

남성집단	○	×	◎
여성집단	○	×	◎
혼성집단	○	×	◎

○ : 사전검사 ◎ : 사후검사 × : 또래에 의한 집단상담

| 그림 9-8 | 유헌식 연구의 실험설계

검사를 *t*-test하였다. 검증 결과 세 실험집단 모두에서 자존감, 자아긍정척도 총점이 $p < .01$, $p < .001$ 수준에서 의의 있게 변화하였다.

송정화(1998)의 연구는 또래상담 활동이 선도대상 학생들의 비행성향 감소에 미치는 영향을 알아보기 위하여 연구를 진행하였다. 송정화는 훈련된 또래상담자들을 실험집단으로 편성된 선도대상 학생들과 일대일로 짝을 지어 주고 상담활동을 진행하도록 하였다.

또래상담자는 자신의 짝이 된 선도대상 학생과 상담방법, 시간, 장소를 자율적으로 선택할 수 있었으며, 상담 후에 일지를 작성하였다. 또래상담은 3개월 동안 진행되었다. 사전 및 사후검사는 연구대상들이 자기가 연구대상임을 알지 못하도록 하기 위하여 전교생을 대상으로 비행태도검사와 비행성향검사를 또래상담 전, 후로 실시하였다.

실험집단	○	×	◎
통제집단	○		◎

○ : 사전검사 ◎ : 사후검사 × : 일대일 또래상담

| 그림 9-9 | 송정화 연구의 실험설계

수집된 검사 결과는 spss 통계 프로그램을 활용하여 *t*-test를 실시하였다. 그 결과 비행태도 점수에서는 실험집단이 $p < .001$ 수준에서 의의 있

○ ×1 ◎ ×2 ●

○ : 사전검사 ◎ : 사후검사 1 ● : 사후검사 2

×1 : 또래상담자 훈련 ×2 : 또래상담자 활동

| 그림 9-10 | 이상희 등의 실험설계

는 변화를 보인 반면, 통제집단에는 통계적 의의가 발견되지 않았고($p > .05$), 두 집단의 사후검사를 *t*-test한 결과 $p < .01$ 수준에서 의의 있는 차이가 발견되었다. 비행성향 점수에서도 실험집단이 $p < .001$ 수준에서 의의 있는 변화를 보인 반면, 통제집단에는 통계적 의의가 발견되지 않았고($p > .05$), 두 집단의 사후검사를 t-test한 결과 $p < .001$ 수준에서 의의 있는 차이가 있는 것으로 나타났다.

송정화는 차이를 확인하기 위해 두 번에 걸쳐 t-test를 실시하였는데, 공변량분석으로 자료를 처리할 수도 있다.

이상희, 이지은, 노성덕(2000)의 연구에서는 도움을 받고 있는 학생들을 대상으로 사전, 중간, 사후검사를 실시하고, 각 시기별 차이를 검증하기 위하여 *t*-test를 실시하였다. 그 결과 외로움과 학교생활만족도에 의의 있는 변화($p < .05$)가 있었음을 보고하였다. 상세한 내용은 제10장에 소개되어 있는 '중 · 고등학교에서의 또래상담 효과검증 연구'를 참고하기 바란다.

3) 조직에 미치는 영향

또래상담반 운영이 조직에 미치는 영향에 관한 연구는 또래상담이 시스템을 가지고 있기 때문에 가능하다. 또래상담반이 조직되면 단기간 동안 활동하고 해체되는 것이 아니라, 해가 거듭될수록 노하우가 축적되고 기관 내에 하나의 조직으로 자리매김해 가므로 조직 전체에 영향을 주게 된다.

채연희(2003)는 이를 바탕으로 해서 학급응집력의 측면에서 연구를 수행하였고, 경상공업고등학교(2000)에서는 학교 전체의 결석률, 중도탈락률 등에 미치는 영향을 2년여 동안 연구한 바 있으며, 이상희, 이지은, 노성덕(2000)은 또래상담 운영에 대해 질적 연구를 수행하였다.

(1) 또래상담자가 속한 학급의 응집력에 미치는 효과

또래상담자가 속해 있는 학급의 변화는 가장 작은 단위의 조직에 영향을 미치는 예라고 할 수 있을 것이다. 이를 채연희(2003)의 연구를 통해 들여다보고자 한다.

① 연구대상: 또래상담자 및 소속학급 학생들

채연희는 학급의 변화를 알아보기 위해서 중학교 1학년 학생 중 담임교사의 추천을 받아 또래상담자 훈련을 실시하였고, 훈련을 수료한 후 자원자 12명을 3개 학급에 배치하여 반에서 또래상담자 활동을 하도록 하였다.

연구를 위하여 또래상담자가 배치된 3개 학급을 실험집단으로 선정하고, 같은 학교의 또래상담자가 없는 3개 학급을 통제집단으로 선정하였다.

② 연구도구

또래상담자 훈련은 한국청소년상담원에서 개발한 중학생용 또래상담자 훈련 프로그램을 사용하였으며, 또래상담자 활동은 15주 동안 개인상담 위주로 진행되었다.

학급의 변화를 알아보기 위해 이상희,이지은, 노성덕(2000)이 사용한 '학급응집력척도'를 사용하였다. 이 척도는 신뢰도 계수가 .92로 보고되었다.

③ 연구설계 및 결과

연구는 실험집단과 통제집단에 사전, 사후검사 실시, 즉 2×2설계로 진행되었으며, 결과를 알아보기 위해 각 점수를 spss 통계 프로그램으로 공변량분석하였다. 그 결과 학급 응집력 하위요인들 중 의사소통에서는 집단 간에 $p<.001$ 수준에서 유의미한 차이가 있었고, 환경분위기에서는 $p<.01$ 수준에서 유의미한 차이가 있음을 보고하였다.

학급은 작은 단위의 사회라고 볼 수 있다. 학급에 대한 많은 연구들, 특히 교육사회학적 관점에서의 연구들을 참고해 보면 학급을 이해하는 데 많은 도움이 될 것이다.

또래상담자가 학급에 영향을 미치려면 학급당 최소 3명은 있어야 한다고 주장되고 있다(이상희 등, 2000). 6개월 또는 1년 동안 또래상담자의 활동이 학급 전체에 영향을 미치게 하고, 또 또래상담자의 소진을 예방하는 데는 적어도 3명이 활동하는 것이 좋다. 하지만 정확한 연구가 진행된 바는 없다. 따라서 차후에는 한 학급에 몇 명 정도의 또래상담자가 있는 것이 가장 효율적인지에 대한 연구가 수행되기를 기대해 본다.

(2) 기관 전체에 미치는 효과

또래상담자의 영향이 기관 전체에 미치게 하려면 비교적 장기간에 걸쳐 조직적으로 활동이 전개되어야 한다. 따라서 또래상담자 모임이 조직된 지 2~3년 정도 경과되는 것을 지켜보면서 연구를 진행할 수 있다. 대구에 있는 경상공업고등학교(2001)에서는 2년 동안 또래상담반을 훈련하고 활동시키면서 그 효과가 학교 전체에 미치는 영향을 알아보기 위한 연구가 수행되었다.

이 연구를 수행하기 위해 1999년에 1학년 학생 96명을 또래상담자로 훈련시켰고, 지속적으로 활동하도록 하였다. 그리고 2000년에는 1학년 학생 80명을 또래상담자로 훈련시키고, 상담활동을 계속해서 전개하도록 하였다. 그리고 학교에서 상담관련 활동들이 자연스럽게 이루어지도록 교사들에게 여러 활동들이 요구되었다. 그 결과 같은 지역의 다른 남자실업계고등학교에 비해 결석률, 중도탈락률이 현저하게 낮아지는 결과를 보여 주었다.

또래상담은 기관 안에 하나의 동아리처럼 조직되면 장기적으로 존속할 수 있는 시스템을 가지고 있다. 따라서 지도자가 이를 잘 활용하면 조직의 발전에 큰 도움을 줄 수 있고, 또래상담자들도 조직의 성장에 기여하게 된다. 물론 그 조직의 일원인 또래상담자들도 함께 성장한다.

하지만 이와 같은 연구는 타당도, 특히 내적 타당도에 주의하여야 한다. 그 변화와 발전이 정말 또래상담 때문인지, 아니면 다른 사회적 현상 내지는 구성원의 자연적 변화 때문인지를 분명하게 밝히지 못하는 경우들이 있기 때문이다. 이런 문제에 대처하기 위해서는 연구설계가 잘 통제되어야 하겠지만, 기관 전체에 걸쳐 수행되는 연구의 한계도 인정하여야 할 것이다.

(3) 운영에 대한 질적 연구

지금까지는 주로 수량화된 검사 결과를 통계 프로그램으로 의의 있는 차이가 있는지를 검증하는 연구방법들을 소개하였다. 또 실제로 지금까지 수행된 대부분의 연구들이 이런 방법을 사용하였다. 하지만 통계적 의의에만 의존하다 보면, 선택된 검사지에서 표현해 내는 것 이외의 것들은 모두 놓치고 만다. 어떤 과정, 어떤 절차 또 어떤 일들이 그 속에 있었는지는 남지 않게 된다는 말이다.

또래상담반 또는 또래상담동아리가 실제로 어떻게 운영되고, 또 어떤 활동을 전개하고 있으며, 또래상담자들이 속해 있는 조직의 구성원들은 이것을 어떻게 받아들이고 있는지 알아볼 수 없는가?

이런 바람을 충족시키기 위해서는 현장을 현장 그대로 두고 참여자로 들어가서 관찰하고 연구하는 것이 필요하다. 이런 방법을 흔히 질적 연구방법이라고 한다. 이상희 등(2000)은 중 · 고등학교에서의 또래상담의 효과를 검증하면서 현장의 지도자들과 또래상담자들을 대상으로 인터뷰 및 참여관찰을 병행하는 연구를 시도하였다.

이 논문은 제10장에 수록하였는데, 또래상담자들과 지도자들, 그리고 학교장을 인터뷰한 내용들이 소개되어 있다.

또래상담을 주제로 한 질적 연구는 그 수는 많지 않으나 의미 있는 연구들이 진행되고 있다. 이명희(2004)는 중학교에서의 또래상담 실태를 질적 연구방법으로 검토하였다. 이명희는 강원도 내에 재직 중인 또래상담 운영교사 38명을 대상으로 또래상담 활동 실태와 문제점을 분석하고 또래상담의 효율적 운영을 위해 필요한 조건들을 제시하였다. 이명희의 연구는 특정 질적 연구 방법에 기초하지는 않았으나 또래상담을 주제로 현장에서 질적 연구를 수행했다는 것 자체에 의의가 있다고 할 수 있다. 백향하(2004)는 여자상업고등학교 또래상담자 8명을 심층면접하고 CQR[1] 방식으로 분석하였다. 백향하는 질적 분석을 통해 또래상담 활동이 또래상담자 자신을 성장시키는 데 기여하였음을 밝혀냈다.

노성덕과 김계현(2007)은 또래상담이 학교에서 정착되었음을 평가할 수 있는 기준을 마련하면서 질적 연구방법을 응용하였다. 노성덕 등은 또래상담 전문가 20명을 대상으로 델파이 연구를 진행하였는데, 이 연구를 통해 고등학교에 또래상담이 정착되었는지를 확인할 수 있는 평가 기준을 제시하였다. 연구자들은 이 기준이 또래상담 정착 여부를 판가름하는 절대 기준으로서는 한계가 있지만 또래상담 운영의 중요한 지향점이 될 수 있다고 제안하고 있다.

노성덕(2007)은 노성덕과 김계현(2007)의 델파이 연구를 기초로 인문계 여자고등학교에 또래상담이 정착해 가는 과정을 근거이론으로 분석하여 제시하였다. 이 연구는 4개 인문계 고등학교 교사를 면담하고 그 결과를 근거이론의 패러다임 모형으로 분석하였다. 결과는 [그림 9-11]과 같은데 또래상담을 시작함으로 인해 드러난 어려움을 중심현상으로 삼고, 이

1) Consensual Qualitative Research: 평정자 간 논의와 동의과정을 통해 내용을 범주화하는 질적 분석방법.

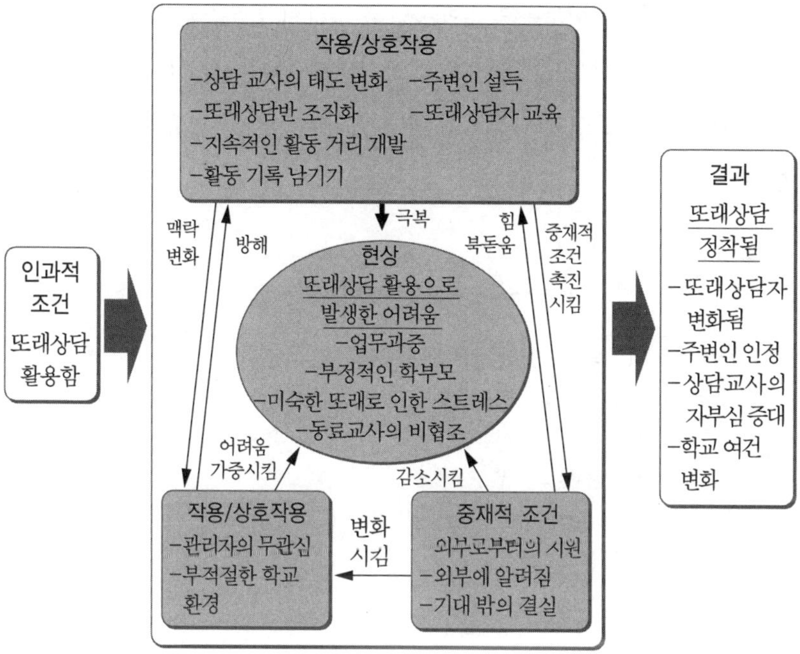

| 그림 9-11 | 근거이론으로 분석한 인문계 여고 또래상담 정착과정

현상에 어려움을 가중시킨 조건들을 맥락, 어려움 해소에 도움을 준 조건들을 중재적 조건, 그리고 지도자들의 노력을 작용/상호작용으로 분류하여 또래상담을 정착시키면서 지도자들이 경험하는 것들을 총체적으로 분석하여 제시했다.

노성덕의 연구는 또래상담을 학교에 정착시키는 데 필요한 정보들을 분석해냈다는 데 의의가 있다.

이상으로 또래상담 연구에 대한 논의를 마치고자 한다. 또래상담에 대한 연구가 점차로 증가하고 있는 추세인데, 아직은 미비한 점이 많다. 프로그램의 효과나 또래상담 활동의 효과 이외에도 세부적인 측면에 대한 연구들이 많이 진행되어야 할 것이다. 또 또래상담 내에서도 각 분야별 연구들을 종합하는 메타분석 연구가 진행되어야 한다.

또래상담에 대한 연구들은 또래상담을 하나의 학문으로, 하나의 전문적인 활동으로 인식하게 할 것이다. 또래상담에 관여해서 일하는 모든 상담자와 연구자들이 또래상담 연구에 대해 열의를 가지고 진행했으면 하는 바람이다.

〈또래상담 연구에 더 도움이 되는 책들〉

박성희(2004). 상담학 연구방법론. 학지사.

이장호 외(1997). 상담의 연구방법. 박영사.

조용환(1999). 질적연구-방법과 사례. 교육과학사.

김계현(2000). 상담심리학 연구. 학지사.

김계현(2001). 상담심리학 연구 II. 학지사.

| 제 10 장 |

또래상담 연구의 예

중 · 고등학교에서의 또래상담 효과검증 연구[1)]

최근 들어 학교 현장에서 또래상담을 적용하고 연구한 논문들이 매년 수편씩 나오고 있다 그중 편자들이 연구하여 발표한 논문을 소개하려고 한다. 본 논문이 특별히 훌륭하다고 여겨져서가 아니라, 누구나 쉽게 따라 해 볼 수 있을 만큼 쉽고, 또 양적 · 질적 접근을 모두 시도하였기 때문에 하나의 예로 소개해 봄직해서다.

1. 연구의 필요성 및 목적

최근 학교폭력, 음주 및 약물, 성 문제, 가출, 학업 중도포기 등 청소년 문제가 급증하자, 청소년 문제를 효과적으로 해결하고 예방하기 위한 적극적인 모색이 이루어지고 있다. 그 일환으로 학교 현장에서 인성교육을 강

1) 이상희, 이지은, 노성덕(2000). 중 · 고등학교에서의 또래상담 효과검증연구, **상담학연구**, 1(1), pp. 75-92. 한국상담학회.

조하게 되었고, 전문상담교사의 양성, 상담자원봉사자의 활용 등 제도적인 뒷받침이 이루어지면서 청소년상담이 고유한 영역으로 자리매김해 가고 있다. 청소년상담은 문제해결-치료적 접근의 상담모델을 넘어서서, 청소년이 발달과정상에 당면하는 일상적인 어려움을 미연에 예방하고 이들의 성장을 도모하기 위해 적극적으로 개입하는 예방 및 발달모델로서의 상담을 추구하고 있다. 특히 청소년상담의 고유성과 전문성을 추구하면서 청소년의 특성을 고려한 다양한 상담접근이 이루어지고 있는데, 또래들을 활용한 상담접근이나 사이버상담 등이 그러한 예다(김계현, 2000).

청소년 시기에는 또래 간의 상호작용을 통해서 타인들과 나누고 돕고 편안하게 해 주고 공감하는 것을 배우게 된다(Attili, 1990). 발달적 측면에서 볼 때, 청소년들은 유아기 및 아동기와는 달리 놀이친구가 아닌 '마음의 친구'를 사귀게 되면서(구본용 등, 1998), 청소년기의 또래관계는 발달과 사회화에 중요한 영향을 주는 관계가 된다(Johnson & Johnson, 1987). 특히 청소년 문제에 대한 예방과 개입전략으로서 청소년 또래를 활용하는 것은 청소년들의 중요한 인간망 자체, 청소년들의 생활 현장 자체에 개입하는 전략(유성경, 1999)으로서 그 의미가 크다고 볼 수 있다. 청소년시기의 또래관계를 활용한 또래상담은 학생들 사이에서 벌어지는 다양한 문제들에 보다 능동적으로 대처하게 하고, 학생들 사이에 서로 존중하고 경청하는 문화, 공동체적인 문화를 확산시킬 수 있다는 데 의의가 있다.

또래상담은 1960년대에 미국에서 시작되어 현재까지 활발한 연구가 진행되고 있는, 상담에 있어서 하나의 큰 흐름이다(홍경자, 노안영, 1985). 특히 청소년들의 경우 상담에 대한 수요는 급증하나 이를 충족시키기에는 전문적인 식견과 경험을 지닌 상담전문가가 부족하므로 이를 보완하기 위해 비전문가 훈련의 필요성이 대두되면서 시작된 것으로(Gray & Tindall, 1978), 학문적 연구에 기초하였다기보다는 상담 서비스를 보다 많은 사람들에게 제공하고자 하는 노력의 일환으로 실제적 필요에 의해서 발달되어 왔다(구본용 등, 1995).

우리나라에서는 1980년대부터 몇몇 대학의 학생생활연구소를 중심으로 하여 인간관계 훈련 및 자기성장 프로그램을 주내용으로 한 또래에 의한 집단상담이 '동료상담'의 형태로 전개되었다(이형득 등, 1983). 1990년대 이후부터 중 · 고등학교 현장에서도 '동료상담' 프로그램에 관심을 가지게 되고, 1994년 한국청소년상담원에서 정부의 지원을 받아 또래상담 양성 및 운영사업을 전개하면서 본격적으로 각급 학교에 또래상담이 파급되기 시작하였다. 한국청소년상담원에서는 또래상담을 "비슷한 연령의 유사한 생활경험 및 가치관 등을 지닌 청소년들 중 일부가 일정한 훈련을 받은 후에, 자신의 경험을 바탕으로 하여 주변에 있는 정상적인 다른 또래들이 발달과정에서 경험할 수 있는 문제의 해결에 조력하여, 이들이 성장, 발달할 수 있도록 생활의 제반 영역에서 지지적인 도움을 제공하는 행위"(구본용 등, 1995)로 정의하고, 또래상담자를 훈련시킬 수 있는 8종의 또래상담 프로그램을 개발해 왔으며, 현재까지 2,600여 명의 지도사를 양성하였다(이상희 등, 2000).

또래상담은 학교 현장에서 상담실의 주요 프로그램의 하나로, 또 특별활동(C.A.)반의 하나로 활용되고 있으며, 이미 수년간의 활동과정을 통해 학교측의 적극적인 지원을 받아 동아리반으로 자리매김한 경우도 보고되고 있다. 이렇듯 학교 현장에서는 또래상담의 효과와 의의를 실감하고 그 중요성을 피력해 오고 있지만, 또래상담 프로그램의 전개과정과 그 활동성과에 대해서는 체계적인 연구가 이루어지지 못했다. 본 연구는 학교 현장에 파급되고 있는 또래상담의 효과를 체계적으로 분석하고, 그 활동의 성과와 한계 등을 알아봄으로써 청소년상담의 독특한 접근영역인 또래상담의 적용범위를 넓혀 보고자 하는 데 의의가 있다. 이를 위해 우선 양적 연구방법으로 또래상담 프로그램으로 인한 또래상담자 자신과 또래상담자가 속한 학급의 변화를 분석하고, 질적 연구방법으로 또래상담 프로그램의 체계적인 운영과정을 사례연구를 통해 살펴보았다.

2. 선행연구

또래상담 프로그램의 효과검증과 관련된 선행연구를 살펴보면, 연구는 크게 두 부분, 또래상담자 자신의 변화와 이들의 활동으로 인한 또래내담자 또는 또래집단의 변화에 초점을 둔 것으로 구별된다.

먼저 많은 연구에서 또래상담 훈련을 통해 또래상담자들은 다양한 측면에서 변화와 성장을 경험하는 것으로 밝히고 있는데, 의사소통 능력의 향상(홍경자 등, 1986; 추석호, 1987; 김광은, 1992; 오정인, 1993)이 있었으며, 자아실현의 측면에서도 유의미한 향상이 있었다(홍경자, 김선남, 1986; 이형득, 김정희, 1983). 한편, 자아개념의 변화가 유의미하게 나타난 연구도 있었지만(김광은, 1992; 박선주, 1999), 일부 연구에서는 유의미한 변화가 드러나지 않은 것으로 밝혀졌다(김명주, 1997; 구본용 등, 1998). 이러한 결과를 종합해 보면, 또래상담 훈련이 상담기술이나 태도를 습득하는 데 효과가 있으며, 동시에 또래상담자의 자기이해와 성장에도 영향을 미치지만, 자아개념과 같이 안정된 속성의 변화를 몇 개월간의 또래상담 훈련을 통해 가시적으로 드러내기는 어려운 것으로 추측된다.

한편, 또래상담자들은 훈련 직후보다 다양한 또래상담 활동을 한 이후에 변화가 더 크다는 연구 결과들도 있다. 김명주(1997)는 고등학교 2학년 또래상담자들을 대상으로 훈련 직후의 사후검사와 신입생 집단상담의 리더로 활동하고 난 후 추후검사를 실시한 결과, 자아개념의 경우 사후검사에 이어 추후검사에서 계속 상승을 나타냈고, 주관적인 자기평가 결과에서도 추후의 평가에서 유의미한 상승을 보였다. 외국의 선행연구에서도 또래상담 활동을 통한 의미 있는 변화를 확인해 볼 수 있다. 초등학교 4학년 학생들이 유치원 원아들을 돕는 활동을 통해 인간관계에서 도움을 얻고(Thompson, 1984), 7~8학년 학생들이 동료상담자로 활동한 후 자아개념과 학교관련 태도에 긍정적 변화가 있었으며(Rapp, Dowrkin, & Moss, 1978), 3~6학년 학생들이 동료조력자로 활동한 후 자아개념이 긍정적으로 변화하였다(Bowman & Myrick, 1980). 이러한 결과들은 또래상담자들 자신이 또래상담 활동을 통해 스스로의 긍정적인 변화를 깨닫고 있음을 시사한다.

또한 또래상담자의 활동으로 인한 성과를 밝히기 위해 또래상담자가 이끄는 집단상담에 참여한 구성원들이 어떠한 변화를 보이는지를 밝히는 연구들이 많이 이루어졌다. 이들 연구에 의하면, 또래상담자가 이끄는 집단상담에 참여한 구성원들이 의사소통 능력의 향상(김명주, 1987), 인간관계의 변화(유헌식, 1989), 자존감이 증진되었고(유용준, 1987; 유헌식, 1989), 학교에 대해 긍정적인 태도를 갖게 되었으며(이은미, 1991), 또래에 의해 진행된 집단이 교사에 의해 이루어진 집단보다 태도, 교우관계 등에 있어 더 큰 변화를 보였다는 연구 결과도 보고되었다(Perry, 1989).

한편, 또래상담자가 특정한 대상, 문제, 내용 등에 초점을 맞추어 상담활동을 한 후 내담자들에게 나타나는 변화를 검증하는 방식의 연구도 또 하나의 흐름을 형성한다. 이를테면 또래가 이끄는 진로집단상담에서 참여자들의 의사결정 유형과 진로결정 수준이 의미 있게 향상되었으며(윤현미, 1997), 또래상담자를 활용한 요선도학생 중도탈락 예방 프로그램을 통해 요선도학생들의 변화 외에도 요선도학생의 학부모들이 또래상담 활동의 효율성을 긍정적으로 평가하였다(유경재, 1998). 또한 또래에 의해 가출청소년을 대상으로 이루어진 약물남용 예방 프로그램은 긍정적인 효과가 있는 것으로 나타났고(Fors & Jarvis, 1995), 8학년 또래상담자들이 6학년 문제행동 학생들에게 학교 출석, 학교 성적, 학교에 대한 태도 등의 측면에서 효과적인 도움을 준 것으로 밝혀졌다(Bobias & Myrick, 1999). 한편, 학교

장면에서 또래상담을 활용한 개입전략을 장기간 연구한 결과, 또래집단의 강력한 힘은 학생들이 사회적으로 긍정적인 태도와 학교에 대해 성숙한 견해를 발전시키는 데 도움이 되었으며, 특히 학교폭력, 비행, 약물남용과 같은 문제들에 효과적인 것으로 밝혀졌다(McKeon & Dinero, 1999). 이처럼 또래상담자들은 각급 학교에서 다양하고 구체적인 활동을 하고 있으며, 이러한 활동의 성과에 대해서 긍정적인 연구 결과가 축적되고 있다. 한 예로, 143개의 연구들에 대한 메타분석 결과, 지식과 정보의 전달을 강조하는 약물남용 예방 프로그램과 비교해 볼 때 또래상담 프로그램들은 그 효과 면에서 뚜렷한 우수함을 보여 주었고, 학교장면에서 특히 유용한 것으로 밝혀졌다(Tobler, 1986). 이로부터, 앞으로 기본적인 자질을 습득한 또래상담자들을 활용하여 학교 현장에서 다양한 프로그램을 실시하여 여러 가지 구체적인 문제들을 예방 및 해결할 수 있으리라는 기대를 해 볼 수 있다.

실제로 미국이나 캐나다의 경우 또래상담의 효과로 인해 학교 문제가 상당히 해결되고, 이에 따라 주정부 차원에서 또래상담 사업을 공식적으로 지원하는 등 그 성과가 입증된 바 있다(강영진, 신동아 1999년 3월호). 특히 장기간의 연구를 통해 또래상담자가 속한 집단에서 10대들의 출석률이 높아졌고 책임질 줄 아는 행동이 많아지고, 약물복용을 피하는 경향이 높아졌으며, 학업에 더 많은 관심을 두게 되었음이 밝혀지기도 하였다(Grant, 1987). 또한 폭력이나 약물 중독 등 문제가 있는 청소년의 학업 중도포기를 예방하기 위해 진행된 또래상담 프로그램에서도 이 활동에 참가하였던 청소년들의 출석률, 자존감, 학교에 대한 긍정적 태도가 증가한 것으로 보고된 바 있다(Nenortas, 1987).

우리나라 중 · 고등학교 현장에서는 또래상담자에게 특정한 문제영역에 직접적으로 개입하기보다는 '좋은 친구' '대화하는 친구' '도움 주는 친구'라는 일반적인 또래상담자의 역할(구본용 등, 1998)을 부여하는 경우가 대부분이어서, 또래상담 활동의 성과를 분명하게 밝히기 어려운 실정이다.

그러나 우리나라 중 · 고등학교 현장에 또래상담이 확산되고 있는 이 시점에서 이 프로그램에 대한 전반적인 효과검증 연구가 진행될 필요가 있으며, 이를 통해 보다 더 실제적이고 효과적인 또래상담 운영을 위한 방향과 시사점을 얻을 수 있으리라 기대된다.

3. 연구문제

1) 양적 연구

본 연구에서는 또래상담자의 변화와 또래상담 활동으로 인한 학급원들의 변화를 알아보기 위해 다음과 같은 연구문제를 설정하였다.

연구문제 1. 또래상담 훈련 및 활동을 통해 또래상담자들은 인간관계, 의사소통 능력, 자기효능감에 있어서 어떠한 변화가 일어나는가?

연구문제 2. 또래상담자의 활동으로 인해 도움 받은 학급원들이 느끼는 외로움 정도, 사회적 지지 정도, 학교응집력 수준, 학교생활 만족도에 어떠한 변화가 일어나는가?

2) 사례연구

학교 현장에서 또래상담 프로그램의 진행과정과 또래상담 활동이 성과를 낳는 과정 등을 미세하게 밝혀내기 위하여 또래상담 프로그램의 운영방식이 독특하게 대별되는 두 개의 학교를 선정하여 질적 사례연구를 하였는데, 이를 통해 알아보고자 한 내용은 다음과 같다.

첫째, 학교장, 또래상담 담당교사, 또래상담자, 또래상담자가 3명 이상인 학급의 담임교사 등이 또래상담에 대해 어떠한 시각을 갖고 있고, 이들이 보는 또래상담 활동의 성과와 한계점을 탐색한다.

둘째, 구체적인 또래상담 사례를 수집하고 학급 내에서 이루어지는 또래상담 활동과정을 탐색한다.

4. 연구방법

1) 연구대상

(1) 양적 연구대상

양적 연구대상 학교는 한국청소년상담원의 또래상담 프로그램을 근간으로 하면서 1학기 또래상담 훈련, 2학기 또래상담 활동 및 추수지도의 특별활동반으로 운영되고 있는 9개교다. 이들 학교는 본 연구진의 전체적인 운영일정을 따르되, 현장연구라는 관점에서 학교 현장마다 다른 세부적인 운영과정에 대한 통제는 이루어지지 않았다. 분석대상에 포함된 또래상담자와 또래상담자가 속한 학급원은 다음과 같다.

〈표 10-1〉 양적 분석에 포함된 또래상담자

학교 구분(학교 수)	성별		학년		계
	남자	여자	1학년	2학년	
중학교 (4개)	15	19	7	27	34
인문계 고등학교 (3개)	23	18	24	17	41
실업계 고등학교 (2개)		20	15	5	20
계	38	57	46	49	95

① **또래상담자**

9개 연구대상 학교의 123명의 또래상담자 중에서 사전, 중간, 사후검사에 모두 응답한 95명이 분석대상에 포함되었다.

② **또래상담자가 속한 학급원**

한 학급에 또래상담자가 3명 이상인 14개 학급 중에서 또래상담자가 도움을 준 대상이 학급인원의 70% 이상이 되는 2개교 5개 학급을 연구 대상으로 삼고, 이 중에서 또래상담자가 도움을 주었다고 표시한 119명을 분석대상으로 하였다.

(2) 사례연구 대상

성공적으로 또래상담이 정착되고 있는 2개 학교를 선정하여 〈표 10-2〉와 같은 대상으로 면접조사를 실시하였다.

〈표 10-2〉 사례연구 면접대상자 수(성별 · 연령)

<table>
<tr><th>구 분</th><th colspan="2">가나여상</th><th colspan="2">다라공고</th></tr>
<tr><td>교장선생님</td><td colspan="2">1 (남 · 50대 후반)</td><td colspan="2">1 (남 · 50대)</td></tr>
<tr><td>또래상담 담당교사</td><td colspan="2">1 (여 · 40)</td><td colspan="2">1 (남 · 40대 후반)</td></tr>
<tr><td rowspan="2">학급 담임교사</td><td rowspan="2">2</td><td>2학년 A반 담임교사
(여 · 30대 중반)</td><td rowspan="2">2</td><td>1학년 A반 담임교사
(남 · 40대 초반)</td></tr>
<tr><td>2학년 B반 담임교사
(40대 후반)</td><td>1학년 B반 담임교사
(남 · 40대 후반)</td></tr>
<tr><td rowspan="3">또래상담자</td><td rowspan="3">10</td><td>2학년 A반: 3명</td><td rowspan="3">6</td><td rowspan="2">1학년 A반: 3명</td></tr>
<tr><td>2학년 B반: 3명</td></tr>
<tr><td>2학년 C반: 4명</td><td>1학년 B반: 3명</td></tr>
<tr><td rowspan="2">지역 상담실 실무자
(교육담당)</td><td rowspan="2"></td><td rowspan="2">–</td><td rowspan="2">8</td><td>상담실 직원 및 인턴: 4명
(남 2 · 여 2)</td></tr>
<tr><td>상담실 자원봉사자: 4명
(여 · 4)</td></tr>
</table>

2) 연구도구

(1) 또래상담자용 척도

① 인간관계척도

이 척도는 일상생활에서 다른 사람과 얼마나 관계를 잘 맺고 있는가 하는 인간관계 능력과 만족도를 재는 척도로서, 계명대학교 학생생활연구소(1978)에서 번역하여 사용하였고, 그 후 홍경자, 김선남(1986)이 다소 수정하여 사용하였으며, 정미영(1993)이 문항 중 어색하다고 여겨지는 문구를 삭제하거나 수정한 것을 본 연구에서 사용하였다. 총 문항 수는 25문항이며, 본 연구에서 이 도구의 신뢰도 계수(Cronbach α)는 .88이었다.

② 대인간 의사소통척도

이 척도는 Bienvenu(1971)가 제작하였으며, 강경자(1996)가 번안한 것으로 의사소통의 유형, 특성, 방법들을 확인해 보기 위한 것이다. '표현의 명확성' '경청' '자기노출' 등의 하위척도를 포함하고 있고, 총 40문항으로 구성되어 있으며 각 문항은 5점 평정척도로 되어 있다(Cronbach α= .81).

③ 자기효능감척도

Bandura의 자기효능감 이론을 바탕으로 Sherer, Maddux, Mercandante, Prentice-Dunn, Jacobs와 Rogers(1982) 등에 의해 개발되었으며, 홍혜영(1995)이 번안한 것을 사용하였다. 총 23문항으로 구성되어 있으며, 5점 척도다(Cronbach α = .83).

(2) 또래상담자가 속한 학급원용 척도

① 외로움척도
(LSDS: Loneliness and Social Dissatisfaction Scale)

본 척도는 Asher 등(1984)이 제작한 것이며, 신주혜(1999)가 번안한 것이다. 이 척도는 16개의 주요 문항과 점수화되지 않은 8개의 취미를 묻는 필터 문항으로 구성되어 있으며, 본 연구에서는 주요 문항만을 사용하였으며, 각 문항은 5점 척도로 구성되어 있다(Cronbach α= .88).

② 사회적 지지 척도
본 척도는 Dubow와 Ullman(1989)이 제작한 사회적 지지 평가를 김명숙(1994)이 번안하고 이경주(1997)가 수정 · 보완한 것으로, 지지원(가족, 또래, 교사) 15문항과 지지 유형(정서적, 자존감, 정보적, 물질적 지지) 17문항으로 구성되어 있다. 5점 척도로 구성되어 있으며, 본 연구에서는 지지유형에 해당되는 17문항만을 사용하였다(Cronbach α= .95).

③ 학급응집력척도
본 연구에서는 이윤식(1992)의 연구에서 사용한 척도를 중 · 고등학교 수준에 맞추어 보완하여 사용하였다. 이 척도는 환경분위기, 상호신뢰, 사기, 일체감, 의사소통을 나타내는 총 20문항으로 구성되어 있으며, 5점 척도다(Cronbach α= .95).

④ 학교생활만족도
이 척도는 1999년 한국심리학회에서 주관한 '왕따예방 프로그램'의 효과검증을 위해 제작된 척도(연구보고서 미출판)로, 총 11문항, 7점 척도로 되어 있다(Cronbach α= .87).

(3) 사례연구 방법

또래상담 담당교사와 또래상담자, 교장선생님, 학급 담임교사 등과의 면접을 통해 또래상담 운영과 또래상담자의 활동과정에 관한 자료를 수집하였다. 1회 면접은 30~50분 정도 소요되었고, 또래상담자 면접의 경우 한 학급의 또래상담자 3~5명을 함께 면접하였으며, 총 15회의 면접과 3회의 참관이 이루어졌다. 그 밖에 또래상담 활동계획서와 활동일지를 수집하여 내용을 분석하였다.

3) 연구 절차

구 분	1학기	2학기
또래상담반 운영과정	3월 말 또래상담반 모집 /또래상담자 양성 훈련	또래상담 활동 및 추수지도
양적 자료 수집 절차	(4월 초~사전검사) (7월 초~중간검사) (10월 말~사후검사)	
질적 자료 수집 절차	(6~8월: 예비조사, 연구대상 학교 선정) (9~10월: 면접 실시 등 자료수집)	
자료분석 절차	(10~11월: 통계처리 및 질적 자료 분석)	

5. 연구결과

1) 양적 연구 결과

(1) 또래상담자의 변화

또래상담 훈련 및 활동으로 인해 또래상담자의 인간관계, 의사소통, 자기효능감의 변화가 있는지를 알아보기 위해 사전, 중간, 사후검사 검증 결

〈표 10-3〉 또래상담자들의 사전, 중간, 사후검사 평균과 표준편차

	N	사전		중간		사후	
		M	*SD*	*M*	*SD*	*M*	*SD*
인간관계	95	85.79	13.24	86.24	13.78	88.24	12.57
의사소통	95	139.31	16.03	138.92	16.13	141.95	16.10
자기효능감	95	81.36	12.02	80.41	12.66	81.19	13.78

〈표 10-4〉 또래상담자들의 사전, 중간, 사후검사 *t*-검증 결과

	사전-중간		사전-사후	
	t	*df*	*t*	*df*
인간관계	-.372	94	-2.04*	94
의사소통	.291	94	-1.75	94
자기효능감	1.036	94	.16	94

* $p<.05$

과 〈표 10-3〉, 〈표 10-4〉와 같다.

〈표 10-3〉, 〈표 10-4〉에 의하면, 또래상담자들의 인간관계척도 점수가 사전, 중간, 사후검사에서 점진적으로 상승하고 있으며, 사전-사후검사에서 통계적으로 의미 있는 차이가 있는 것으로 나타났다($t=-2.04$, $p<.05$). 이는 또래상담 프로그램을 통해 또래상담자들의 인간관계가 변화되었다는 선행연구(Thompson, 1984; 추석호 등, 1987; 유헌식, 1989; 구본용 등, 1998)의 결과들과 일치한다. 전반적으로 인간관계 능력의 향상에 초점을 맞추는 또래상담 프로그램의 취지가 잘 반영된 결과라고 생각된다.

반면에 대인간 의사소통 능력은 사전검사에 비해 중간검사에서는 낮아졌다가 사후검사에서 다시 높아지는 추세를 보이긴 했지만, 통계적으로 유의미한 차이는 없는 것으로 나타났다($p>.05$).

(2) 또래상담자가 속한 학급원들의 변화

한 학급에 또래상담자가 3명 이상이면서 또래상담자가 도움을 준 학생이 70%가 넘는 5개 학급에서, 도움을 받은 학급원 119명을 대상으로 이들의 변화를 분석한 결과 〈표 10-5〉, 〈표 10-6〉과 같다.

〈표 10-5〉 또래상담자가 도움을 준 학급원들의 평균과 표준편차

	N	사전		중간		사후	
		M	*SD*	*M*	*SD*	*M*	*SD*
외로움	119	29.37	7.06	27.73	6.44	28.21	6.02
사회적 지지	119	63.62	12.04	62.74	11.55	64.26	11.68
학급응집력	119	59.56	14.72	62.55	14.86	59.34	14.53
학교생활만족도	119	50.99	12.47	53.34	10.01	52.57	11.83

〈표 10-6〉 또래상담자가 도움을 준 학급원들의 *t*-검증 결과

	사전-중간		사전-사후	
	t	*df*	*t*	*df*
외로움	2.801*	118	2.391*	118
사회적 지지	.871	118	-.607	118
학급응집력	-1.948	118	.153	118
학교생활만족도	-2.416*	118	-1.687	118

* $p<.05$

〈표 10-5〉, 〈표 10-6〉에 의하면, 또래상담자들이 도움을 준 학생들의 외로움척도 점수가 사전-중간검사(t=2.801, $p<.05$), 사전-사후검사(t=2.391, $p<.05$)에서 통계적으로 의미 있는 변화가 있는 것으로 나타났다. 학교생활만족도에 있어서도 사전-중간검사(t=-2.416, $p<.05$)에서 통계적으로 의미 있는 향상이 있었다. 반면에 사회적 지지척도와 학교응집력척도에서는 사전-중간-사후검사에서의 변화의 양상은 보였지만 유의미한 차이는 없는 것으로 나타났다.

이상의 결과를 종합하면, 또래상담자 3~4명의 활동이 학급 전체의 분위기를 변화에까지는 못 미치더라도, 학교생활에 만족하지 못하고 외로워하는 또래들에게는 긍정적인 영향을 미쳐서 외로움 정도가 감소하고 만족도가 향상되는 결과를 보인 것으로 해석된다.

2) 사례연구 결과

사례연구를 위해 또래상담 활동이 활발하게 이루어지고 있는 두 개의 학교를 연구대상으로 선정하였다. 가나여상의 경우 또래상담 담당교사가 4년째 또래상담반을 꾸려 오면서 학년별 연계가 잘 이루어져 있고, 또래상담자가 신입생들의 집단상담 리더 역할을 하는 등 학교 내에서 또래상담반의 위상이 높고, 또래상담 우수학교로 교육부장관상을 수여한 곳이다. 한편, 다라공고는 시 교육청의 중퇴예방 시범학교 지정을 계기로 중퇴예방의 핵심적인 내용으로 또래상담이 적용된 경우인데, 또래상담자를 대대적으로 양성하여 학년 전체가 또래상담자가 진행하는 문제예방 프로그램에 참여하는 등 학교 전체가 체제적으로 접근한 예다.

(1) 가나여상의 사례

가나여상은 1973년에 개교한 사립학교다. 중소도시에 위치하고 있고, 진학을 원하는 학생들이 50%에 이를 정도로 학업에 뜻을 갖고 있는 학생이 많아 학교측에서도 상당한 긴장감을 갖고 학생들을 지도하고, 그에 따라 또다시 진학이 큰 흐름을 형성하는 실업계 여학교로서는 독특한 분위기를 갖고 있다. 1997년 가나여상에서 또래상담이 시작된 계기는 한 교사의 상담에 대한 개인적 관심과 열의에 있었다.

가나여상에서는 1학년 여름방학 이전에 또래상담반 지원자를 모집한다. 특히 2, 3학년 또래상담자들이 1학년 후배들을 집단상담에서 만나는 과정에서 자연스럽게 또래상담이 홍보되고, 학생들의 자질이 파악되기도 하며, 최종 선발과정에서는 선배들의 면접점수를 객관적인 기준으로 삼는다.

훈련과정은 3차에 걸쳐 이루어지는데, 우선 여름방학 중 12시간의 '기초과정' 훈련을 통해 인성적 측면을 중심으로 훈련하고, 겨울방학 중 12시간의 '심화과정'으로 친구관계와 의사소통 등의 측면에 대해 훈련하며 봄방학 중 12시간의 '수료과정'을 두어 상담사례에 대한 훈련 및 중재훈련을 실시한다. '예비 또래상담자'로서 훈련을 마친 학생들은 2학년이 되어 전교생 앞에서 또래상담자로 임명된다. 이렇게 임명되어 활동하는 또래상담자는 2000년 9월 현재 1학년 예비 또래상담자 23명, 2학년 20명, 3학년 15명이다.

① 또래상담 활동과정

훈련과정을 마치고 또래상담자로 임명되면 본격적으로 활동을 하게 된다. 담당교사가 명시하고 있는 또래상담자들의 역할은 세 가지로 나누어진다. 첫째, '좋은 친구'로서 대화상대가 되어 주고 소외된 학생이나 우울한 학생들이 자연스럽게 반 분위기에 적응할 수 있도록 한다. 둘째, '도움 주는 친구'로서 문제나 어려움을 갖는 친구들에게 개별상담을 해 주고 심각할 경우 그 친구들이 상담실을 찾을 수 있도록 이끌어 준다. 셋째, '좋은 선배 되기'로서 갓 입학한 1학년 모두를 대상으로 10명 내외의 소그룹으로 나누어 각 집단마다 연 3회 자기성장 집단 프로그램을 실시한다. 집단상담은 방과 후 2시간 동안 교내에서 자유롭게 진행하고, 보통 또래상담자 한 명이 2~3집단의 후배들과 1년간 지속적으로 만나면서 이끌어 주는 좋은 선배역할을 한다. 여기서는 또래상담자들의 활동과정과 또래상담 사례를 세 가지 역할로 구분하여 소개하고자 한다.

• 좋은 친구 되기

어려움을 겪고 있는 친구들에게 다가가기 위해 학생들은 우선 친구들에게 '관심 갖고 관찰하기'를 한다. 쉬는 시간에 가끔 자리에서 일어나 혼자 앉아 있는 애가 누구인지 살피기도 하고, 이동수업 시간에 혼자 가는 아이가 있으면 다가가 함께 움직이기도 하며, 왠지 아이들에게 계속 욕을 먹는 아이가 있다면 그 아이의 태도와 행동들을 살펴본다든지 하는 식이다. 이러한 관심과 관찰을 기초로 '다가가기' 단계로 접어든다.

> "저는 그렇게 많이 활동하지는 않았어요. 그냥 주위 친구들과 아니면 이동수업 오고 갈 때 많은 얘기를 나눠요. 크고 작은 얘기들. 인사할 때도 또래상담반이라는 소속감 때문에 용기내서 인사도 해 보고, 상대가 그냥 무시하면 민망해서 안 한 척하기도 하구요. 소속감 때문에 하게 되는 것이지만 배우는 게 많아요. 마음이 있어도 '걔가 날 무시하면 어쩌지' 걱정해서 다가가지 못했었는데, 요즘엔 좀 다가가게 되는 것 같아요."

> "저는 혼자 있는 애들, 친구가 별로 없는 애들에게 관심이 가요. 뒤에서 가끔 애들을 쳐다봐요. 이동수업에 혼자 가고 있으면 가서 말 한 마디라도 걸고 장난식으로 다가가요. 상담원 배지 달고 다니니까 책임감 같은 것도 느끼고, 선생님도 항상 왕따 없애는 건 너희들 몫이다 하시니까요."

이처럼 나름대로의 시각과 태도로 어려움을 겪는 친구들에게 다가간다. 학교생활 속에서 자연스럽게 친구들에게 관심을 갖고 다가가는 이러한 활동이 크게 눈에 띄는 것은 아니지만, 장기적으로 또래상담적인 문화를 학교에 적용하기 위한 가장 핵심적인 내용이라고 하겠다.

• 도움 주는 친구 되기

어려움을 겪는 친구에게 또래상담자가 먼저 다가가거나, 때로는 친구가 먼저 다가와 상담이 이루어진다. 교내 대강당이나 옥상, 운동장, 빈 교실 또는 상담실 등의 장소에서 둘만의 진지한 대화시간을 갖는 것이다. 또래상담자들이 친구들의 문제를 함께 나누는 모습을 살펴보자.

> 공부 잘하는 애였는데요. 그 친구들은 좀 덜하는 애들이었고…… 그런데 친구들이 그 애한테 뭔가 물어보면 대답해 주지 않고 그냥 무시하고 자기 할 일 하고 그러더라는 거죠. 처음에는 장난으로 그러는 줄 알다가 지속되니까 결국은 친구들하고 멀어지더군요. 보니까 혼자 다니고 혼자 밥 먹고…… 매점에 다녀오면서 얘기했어요. '너 안색이 안 좋아 보이던데 무슨 일 있으면 나하고 얘기하자.' 고. 그랬더니 좀 지나고 나서 얘기하자고 하더군요. 들어보니까, 자기는 엄마, 아빠 때문에 공부를 안 할 수가 없대요. 그래서 자기가 친구들한테 알려주면 손해라고…… 그게 속상하다고 하면서, 애들이랑 다시 친해지고 싶은데 표정이랑 행동이 생각같이 잘 안 된다고 하는 거예요. 막 울면서 얘기하더라고요. 그래서 다 듣고 나서 '입장 바꿔서 생각해 봐라, 친구들은 네 사정을 모르지 않니. 그러니까 친구들에게 부모님 얘기도 하고 이해를 구해라.' 그랬죠. 직접 친구들하고 얘기해 보도록 조언했는데요, 나중에 그렇게 하더라고요. 그래서 사이가 좋아졌고 오해도 풀렸고요.

> "저는 애들을 먼저 좀 봤어요. 상담할 사람 없나 하고…… 그러다가 눈에 띈 애에게 메일을 보냈어요. 무슨 일 있는지 들어 주고 싶다고. 그랬더니 답 메일이 왔더라고요. 고맙다고, 그러면서 자기의 어려움을 털어놓더라고요. 그래서 몇 번 메일을 주고받았는데요. 원래는 인사도 안 하고 아는 척도 안 하는 애였어요. 어느 날, 걔가 정말 환하게 인사했을 때, 너무 뿌듯했어요."

이와 같이 또래상담 활동을 하면서 친구들의 다양한 고민과 문제들을 생생하게 접하게 된다. 친구의 말 못할 고민을 충분히 들어 주고 어려움을 함께 나누며 직접적인 해결방법이나 조언을 제시하기도 한다. 한편, 이처럼 친구들에게 도움을 주는 과정에서 이들이 겪는 어려움이라면, 상담교사를 만나 보도록 해야 할 심각한 문제의 경우에도 학생들이 선생님을 만나기는 매우 꺼려 한다는 점이었다. 이러한 경우 또래상담자들이 지게 되는 부담을 감소시키기 위해서도 또래상담자들과 담당교사의 긴밀한 연계 속에서 지속적인 교류와 추수지도가 이루어질 필요가 있다. 가나여상의 경우 매월 1회의 전일제 특별활동 시간 외에도 5개의 소집단으로 나누어 요일별로 한 조씩 점심시간에 상담실에 모여 활동상황을 함께 나누고 사례를 점검하는 '점심시간 모임'을 갖고 있다. 이 점심시간 모임은 담당교사와 또래상담자들 간의 긴밀한 연계를 가능하게 해 주는 핵심적인 추수지도의 장이며, 동시에 또래상담자들의 활동을 촉진시키는 기능을 하고 있었다.

• 좋은 선배 되기

선배로서 집단상담 과정에서 신입생들을 만나는 경험 또한 또래상담자들에게는 큰 부분이었다. 2~3개 조의 1학년생들(총 20~30명)을 1년간 3회 정도 만나게 되는데, 보통 방과 후에 시간을 내어 하기 때문에 처음에는 1학년들의 동기나 참여도가 저조하다고 한다. 하지만, 진행이 되면서 1학년들도 이 시간을 좋아하게 되며, 그러한 경험이 또래상담자들의 자기발전과 성장에도 기여하는 것으로 보고되었다. 이 집단상담은 몇 가지 구조화된 프로그램을 활용하여 진행되며, 이를 위해 전일제 특별활동 시간에 먼저 경험하고 준비하는 시간을 갖는다고 한다.

② 또래상담에 대한 전반적 평가

여기서는 먼저 가나여상의 다양한 주체들의 또래상담 활동에 대한 평가를 제시한다.

> "여론조사를 해 보면, 고민을 얘기하는 대상이 친구라고 하죠. 진정한 친구에게 얘기하는 것이 고민해소의 방법이라는 겁니다. 하나의 심적 정화가 되겠죠. 한국의 초 · 중 · 고 대학교 모두에 정착되고, 각 회사에서도 이루어진다면 생산성이 높아지지 않을까 싶어요. 선생님들 모임도 자주 갖도록 하는 것처럼 아이들끼리 또래상담이 많이 이루어진다면 정말 좋겠죠. 저도 몇 년 보니까 결과가 좋더라고요. 고민해결은 또래상담을 통해서 하고, 교사는 리더역할을 해 주면서 잘 되고 있나 지도해 주면 좋을 것 같아요." (교장선생님)

> "작년에 저희반에 또래상담자들이 있었는데요, 아이들이 너무너무 열심히 하더라고요. 반 아이들 중에 나서기 좋아하고 튀기 좋아하는 애들을 데리고 상담을 많이 했더라고요, 나중에 물어보니까…… 반 아이들도 상담하고 나서 좋았다고 하고요. 생각보다는 참 좋은 거구나 생각했지요." (학급 담임교사)

> "그동안의 활동으로 이제는 학교에서도 선생님들이 어느 정도 인정해 주는 것 같습니다. 그런데 아직도 활동을 열심히 하려는 애들을 오히려 힘 빠지게 하는 선생님들도 계십니다. 내년에는 또 다른 방법을 도입해 볼까 생각 중입니다. 각 반의 부반장 중 한 명을 또래상담자로 훈련시켜 활동하도록 하는 게 어떨까 싶기도 하고…… 또래상담자 아이들하고도 얘기해 보고 있는데, 어떨지 모르겠지만, 여러 가지로 생각 중입니다." (또래상담 담당교사)

사실 교장이나 담임교사의 입장에서는 또래상담자들의 활동을 구체적으로 파악하기 어렵지만, 또래상담 활동에 대해 긍정적인 시각을 확인할 수 있다. 또래상담 담당교사의 입장에서는 학교의 전체적 분위기, 다른 교사들의 입장 등을 신경쓸 수밖에 없을 것이다. 뜻 있는 학생들이 활동할 수 있는 여건을 잘 만들어 주고자 하는 것, 그리고 또래상담이 학교 전체의 시스템 속에 적절하게 자리잡도록 하여 그 효과를 극대화시키고자 하는 모색이라고 생각된다. 이어서 또래상담자들 자신의 또래상담에 대한 평가는 다음과 같다.

> "상담하면 좋은 게요. 선생님들과는 형식적으로 만나게 되고, 사실 저희들에 비해서 선생님들 수는 너무 적고…… 선생님 앞에서는 울면서 얘기하는 거 싫잖아요. 우리끼리는 편하고요. 지속적으로, 오래, 자주 만날 수 있고 부담도 훨씬 적으니까요."

학생들 스스로가 또래상담의 가능성과 장점에 대해서 잘 인식하고 또 그것을 실제에서 확인하고 있는 것으로 보인다. 학생들 자신의 생활 영역 내에서 서로를 돕고 문제를 해결해 나가는 방식에 대한 학생들 자신의 반응이 긍정적이라는 점에서 의미 있는 부분으로 생각된다.

(2) 다라공고의 사례

지방 대도시 소재의 다라공고는 1972년에 개교한 사립학교다. 이 학교의 경우 1998년부터 진로상담부장 개인의 관심으로 또래상담 활동이 시작되었고, 1999년 시 교육청의 '중퇴예방 시범학교' 지정을 계기로 중퇴예방 프로그램의 핵심적 내용으로 또래상담원 양성과 활동이 2년간 이루어졌다. 다라공고의 중퇴예방 시범학교 사업에 있어 핵심적인 과제로 채택된 것은 또래상담원 양성 및 활동, 전 교사의 상담교사화, 학교생활 적응력 강화를 위한 상담 및 봉사활동 프로그램 개발 및 적용이었다. 이 중에서 학생들의 생활과 가장 직접적인 관련을 맺는 것이 바로 또래상담원 양성 및 활동이다. 먼저 시범학교 운영의 주제가 '중퇴예방'이라는 점에 대해서 짚고 넘어가야 할 것 같다. 이 학교 교장 선생님의 말을 옮겨 본다.

> "실업학교로서 애로 사항이 많습니다. 초등학교, 중학교 때부터 사실 입시 위주의 교육 아닙니까? 이러한 분위기 속에서 60% 이하 수준의 학생들이 실업학교로 오게 되요. 이제는 옛날처럼 공부 잘하는데 집안형편이 어려워서 실업계로 오는 학생은 거의 없습니다. 그런데 성적이 못한 애들 중에 문제아가 많고 결손가정도 많아요. 결손가정의 경우 인문계보다 7배가 많다는 통계도 있습니다. 그래서 우리에게는 중퇴예방이 중요한 거죠. 실업계에서 중도탈락하게 되면 사회에 나가서 뭘 하겠느냐는 거죠. 정규교육 마쳐서 사회에 정화되어 나갈 수 있도록 하는 것, 이것이 우리의 과제입니다."

이와 같이 이 학교의 교사들은 중퇴예방의 중요성에 대해서 매우 절실하게 동의하고 있었다. 그래서 학생들이 학교를 빠지지 않고 규칙적으로 생활할 수 있도록 하는 데 초점을 맞추고, 이에 따라 결석률, 중도탈락률 등은 중요한 지표로 생각되고 있다.

① 또래상담자 양성 및 활동과정

다라공고의 경우 1999년에 1학년 또래상담자 96명, 2000년에 1학년 또래상담자 80명을 양성하였다. 한 학급당 5명의 또래상담자를 두고 있는데, 이와 같은 대대적인 또래상담자 양성과 지도는 지역 청소년상담실의 지원에 의해 가능하였다. 우선 3월 말에 1학년 각 학급별로 또래상담자를 5명씩 모집하였다. 선발된 또래상담자들은 지역 청소년상담실에서 주관한 '또래관계 증진 프로그램'을 10회기에 걸쳐 경험한 후 또래상담원 임명장을 받고 활동하기 시작하였다. 격주로 1시간씩 추수지도 시간을 확보, 두 개 반의 또래상담자 10명씩 한 조로 편성하여 보수교육과 활동사례 점검

등의 작업이 이루어졌다. 또래상담자 훈련 및 추수지도에 지역 청소년상담실의 상근자, 자원봉사자 등 8명 정도가 계속 함께 참여하였다.

또래상담자들은 일상생활 속에서의 상담뿐만 아니라 집단상담 활동에서 조장역할을 맡게 되는데, 이를 위해 먼저 '청소년 문제예방 프로그램'을 경험하고, 이후 학급회의 시간을 통해서 프로그램 리더로서 진행을 담당하였다. 이 프로그램은 현실치료적인 기법을 도입하여 구체적인 상황 속에서 각자의 욕구, 감정, 생각, 신체반응 등이 어떻게 작용하는지 봄으로써 자신을 돌아보고 이해하는 기회를 제공하는 프로그램이다. 이 프로그램은 1학기 중 매주 학급회의 시간에 총 9회에 걸쳐 실시되었는데, 프로그램 실시를 위해 학급의 담임교사들은 매주 30~40분씩 진로상담부장을 통해서 미리 프로그램에 대한 교육을 받는 등 학교 구성원 전체가 많은 시간과 에너지를 투자한 활동이었다.

② 또래상담 활동의 성과

다라공고의 경우 지난 2년간의 시범학교 운영이 이제 거의 막바지에 이르고 있다. 앞으로 장기적인 효과를 추적해 볼 필요가 있겠으나, 2년간의 또래상담 적용만으로도 결석률, 중도탈락률 지표상에서 지역 내 다른 실업계 남학교들과 비교해 볼 때 뚜렷한 성과를 보여 주고 있다. 〈표 10-7〉, 〈표

〈표 10-7〉 OO시 남자실업고 중도탈락률 비교

		1999년	2000년
1학년	○○시 남자실업고	98명/총 7,500명 (0.013)	128명/총 6,278명 (0.020)
	다라공고	10명/총 737명 (0.014)	13명/총 641명 (0.002)
2학년	○○시 남자실업고	70명/총 7,636명 (0.009)	91명/총 7,243명 (0.013)
	다라공고	1명/총 596명 (0.002)	4명/총 718명 (0.006)
3학년	○○시 남자실업고	28명/총 8,160명 (0.003)	37명/총 7,482명 (0.005)
	다라공고	6명/총 650명 (0.009)	3명/총 593명 (0.005)

* (　　) 안은 비율.

〈표 10-8〉 OO시 남자실업고 결석률 비교

		1999년	2000년
1학년	○○시 남자실업고	8,066명/총 7,500명 (1.08)	7,006명/총 6,278명 (1.12)
	다라공고	548명/총 737명 (0.74)	545명/총 641명 (0.85)
2학년	○○시 남자실업고	7,997명/총 7,636명 (1.05)	9,087명/총 7,243명 (1.25)
	다라공고	268명/총 596명 (0.45)	572명/총 718명 (0.80)
3학년	○○시 남자실업고	6,741명/총 8,160명 (0.83)	5,698명/총 7,482명 (0.76)
	다라공고	496명/총 650명 (0.76)	190명/총 593명 (0.32)

* 결석인원은 연 인원, (　　) 안은 비율.

10-8〉은 지역 교육청에서 나온 통계치를 표로 제시한 것이다.

다라공고에서 1999년과 2000년에 또래상담원 양성 및 활동이 이루어진 것은 1, 2학년 학생들이었다. 중도탈락률의 경우 다라공고 2학년 학생들이 지역 내 다른 남자실업고 학생들보다 뚜렷하게 낮으며, 결석률도 1학년과 2학년 모두 지역 내 다른 남자실업고 학생들보다 낮은 것을 확인할 수 있다. 또래상담원이 없고 중퇴예방 시범사업이 적용되지 못한 3학년의 경우 1999년에는 지역 내 남자실업계 고등학교의 전체 중도탈락률(0.3%)에 비해 다라공고의 중도탈락률(0.9%)이 오히려 높았고, 2000년에는 지역 내 다른 학교들과 같은 수준이라는 점을 생각해 볼 때, 특히 다라공고 2학년의 중도탈락률은 더욱 그 의미가 크다고 할 수 있다.

6. 논의 및 제언

본 연구는 또래상담 운영의 효과를 검증하기 위해 또래상담 훈련을 통한 또래상담자의 변화와 그들의 활동으로 인한 성과를 알아보고, 또래상담이 성공적으로 이루어지고 있는 두 개 학교를 대상으로 구체적인 또래상담 활동과정을 심층 분석하였다. 그 결과 현재 이루어지고 있는 중 · 고등학교의 또래상담 운영이 다음과 같이 또래상담의 궁극적 목표에 부합되는 효과를 나타내고 있는 것으로 나타났다.

첫째, 또래상담은 어려움을 지닌 청소년들이 손쉽게 다른 또래들의 도움을 받아 어려움을 해결할 수 있도록 하여 청소년 문제해결 및 예방에 기여할 것이다. 본 연구에 의하면, 또래상담자들의 도움을 받은 학급원들이 외로움 정도가 감소하고 학교생활만족도에서 유의미한 향상이 있어, 또래상담자들의 활동이 효과적임을 알 수 있다. 그러나 또래상담자들의 활동성은 연구대상 학교들 내에서도 상당한 차이가 있으며, 이들의 실제적인 활동성은 사례지도와 추수교육의 정례화, 내실화 정도에 의해 좌우된다는 점도 확인되었다. 따라서 또래상담이 효과적으로 운영되기 위해서는 또래상담자를 훈련시키는 과정뿐만 아니라 그들의 성장을 촉진하고, 그들의 실제적인 또래상담 활동을 추수지도해 가는 지속이고 긴밀한 관리체제가 필수적임을 알 수 있다.

아울러 사례연구 결과에서도 또래상담이 학교부적응이나 중도탈락 등의 청소년 문제 예방 측면에도 기여하는 바가 있는 것으로 나타났는데, 다라공고의 경우 대대적인 또래상담 운영이 이루어진 단기간에 중도탈락률, 결석률의 감소가 이루어져 또래상담의 효과를 확인할 수 있었다. 한편, 가나여상 사례연구에서는 또래상담자들이 또래와 구체적인 상호작용 양상을 살펴볼 수 있었는데, 또래상담자들이 친구들과 학교적응, 친구관계, 학업, 가정문제 등 일상적으로 겪는 어려움, 발달단계상 거치게 되는 문제들을 함께 나누는 것으로 확인되었다. 이러한 대화와 고민 나누기의 과정은 일상적 문제들의 해결과 더 큰 문제들을 예방한다는 점에서 의의가 있는 것으로 본다.

둘째, 또래상담은 한정된 상담인력으로 인해 소수에게만 제공되는 상담의 혜택을 다수의 청소년들에게 제공함으로써 청소년상담을 활성화시키는데 기여할 것이다. 가나여상의 경우 또래상담자들이 친구들과 일상적인 문제들에 대해서 활발하게 대화하고 함께하며, 준상담자로서 일상적 문제들을 조력하고, 필요한 경우에는 전문상담자에게 의뢰할 수 있는 시스템을 구축하고 있다. 이로부터 학교 내에서 '일반학생들–또래상담자–상담실 및 상담교사'의 네트워크를 형성할 수 있다는 점을 확인하게 되며, 더 나아가 '지역 청소년상담실 및 상담기관과의 연계'로까지 확장됨으로써 보다 많은 청소년에게 더 많은 상담기회를 제공할 수 있는 가능성을 열어 줄 것으로 기대된다.

셋째, 또래상담은 청소년들의 인간관계 발달을 촉진함으로써 우호적이고 협조적인 청소년 문화를 형성하는 데 기여할 것이다. 본 연구에서도 또래상담 훈련을 통해 또래상담자들의 인간관계에서의 성장이 이루어졌음이 밝혀졌으며, 또래상담자의 적극적인 활동을 통해 도움을 받은 학급원들은 외로움 정도와 학교생활만족도에서 의미 있는 변화가 있는 것으로 나타났다. 물론 또래상담 운영이 학급원들이 지각하는 사회적 지지도나 학급응집력 변화에 미친 영향력은 확인되지 않았지만, 학교생활에 적응하기 어렵고 외로워하는 학생들에게는 또래상담자들의 작은 관심과 다가감, 나눔 등이 친구관계에서의 성장을 촉진할 수 있다는 사실이 확인된다. 또한 사례연구에서 학교의 분위기가 밝고 좋아졌다는 다라공고 교장선생님의 반응이나, 또래상담자들의 활동이 긍정적 학급분위기 형성에 기여한다고 본 몇몇 학생들의 반응에서 알 수 있듯이, 확연하게 눈에 띄는 두드러진 활동은 아니더라도 또래상담자들의 활동이 학급이나 학교분위기에 영향을 미칠 수 있는 가능성이 확인되었다.

본 연구는 우리나라 중 · 고등학교 현장에서 운영되고 있는 또래상담 프로그램의 효과를 포괄적이고 체계적으로 검증하기 위한 현장연구라는 점에서 의의가 있다. 특히 사례연구를 통해 또래상담이 이루어지는 구체적인 과정을 알아보고, 학교 현장에서 또래상담을 바라보는 다양한 시각을 확인함으로써 또래상담의 생생한 현장 모습을 제시하였다는 데 의의가 있다.

그러나 본 연구는 다음과 같은 제한점이 있음을 밝히며, 후속연구를 위한 제언으로 남기고자 한다.

첫째, 본 연구에서는 또래상담자 양성훈련(1학기)과 사례지도 및 추수교육(2학기)라는 큰 흐름에 일치하는 학교들을 연구대상으로 선정하여 전반적인 또래상담 운영의 효과를 알아보는 현장연구의 입장을 취하였으므로, 또래상담 운영의 표준화된 세부지침을 제시하지 않았다는 점이다. 연구가 진행된 곳은 12개 단위학교 현장이었으며, 1년 가까이 본 연구진의 감독하에 현장의 또래상담 담당교사에 의해 운영되었으므로 개개 학교의 독특성이나 각종 교내행사 등으로 인한 직·간접적인 영향을 통제할 수 없었다는 것과 연구집단 외에 통제집단이 포함되지 않았다는 점을 밝힌다. 현장연구의 특성상 실험실 상황처럼 잘 통제된 연구를 수행하기 어려운 상황에서는 연구의 범위와 한계를 분명히 제시함으로써 더 나은 후속연구를 위한 제언을 줄 수 있을 것이다. 실제로 본 연구에서 또래상담자가 세 명 이상인 학급원 전체의 변화는 유의미하게 나타나지 않았으나, 또래상담자들이 도움을 준 학생들의 외로움 정도나 학교생활만족도에서 의미 있는 변화가 있었다는 점이 주목할 만하다. 앞으로도 또래상담자들의 역할과 활동을 좀 더 분명하게 제시하면서 그 활동에 대한 효과검증을 시도한다면 의미 있는 연구 결과들이 축적될 수 있으리라 생각된다.

둘째, 두 학교에 대한 사례연구를 통해서 또래상담이 이루어지는 구체적인 과정을 살펴보고 다양한 시각들을 접할 수 있었으나, 지속적이고 직접적인 참여관찰이 이루어지지는 못했다는 점이다. 몇 차례에 걸친 참관과 제한된 여건에서의 면접내용을 분석자료로 삼았으므로 사례연구 결과를 그러한 한계점 속에서 이해할 수밖에 없다. 그러므로 후속연구에서는 사후면접을 통한 정보의 수집 외에 좀 더 지속적인 참여관찰을 통해 또래상담자의 훈련과 활동과정, 또래들과 관계를 맺어 가는 양상과 또래상담자의 역할 등에 대해 분석할 필요가 있다고 생각된다.

셋째, 사례연구 대상이 실업계 고등학교였다는 점이다. 현재 또래상담이 성공적으로 정착되고 있는 대표적인 사례가 실업계라는 사실은 실업계 고등학교에서의 또래상담의 필요성과 적용가능성이 높다는 것을 의미하기도 한다. 하지만 인문계 고등학교와 중학교의 경우에도 실업계와 구별되는 또래상담의 운영방식과 그 성과가 있을 것이다. 따라서 추후연구에서는 인문계 고등학교나 중학교 사례에 대한 심층 분석과 아울러 각급 학교별로 좀 더 정교한 연구설계를 통한 효과검증을 함으로써 각급 학교에 구별되는 효과적인 또래상담 운영방안을 제시할 수 있었으면 한다.

부록-연대별 또래상담 연구물

- 1. 또래상담 태동기(1980년대)
- 2. 또래상담 확장기(1990년대)
- 3. 또래상담의 정착기(2000년대)

1. 또래상담 태동기(1980년대)

이관용, 김순화(1983). 대학에서의 동료카운슬링. **학생연구**, 9(1), 18-29. 서울대학교 학생생활연구소.

이형득, 김정희(1983). Peer Group Counseling의 효과에 관한 연구. **지도상담**, 8, 41-63. 계명대학교 학생생활연구소.

홍경자, 노안영(1985). 자아개념 및 자존심에 미치는 또래상담자에 의한 집단훈련의 효과. **학생생활연구**, 17, 75-99. 전남대학교 학생생활연구소.

김태창(1986). 또래에 의한 집중적 집단상담이 남중학생의 자아개념에 미치는 효과. 계명대학교 교육대학원 석사학위 청구논문.

장혁표(1986). 동료집단상담을 위한 훈련 프로그램. **연구보**, 22, 35-49. 부산대학교 학생생활연구소.

홍경자, 김선남(1986). 또래상담자 경험이 또래상담자 자신의 자아실현도, 인간관계 능력, 자기발표력의 향상에 미치는 효과. **학생생활연구**, 18, 43-59. 전남대학교 학생생활연구소.

추석호(1987). 동료집단 상담장면에서 의사소통기술 훈련의 효과. 경북대학교 교육대학원 석사학위 청구논문.

윤용준(1988). 또래에 의한 집단상담이 대학생의 자기존중감 변화에 미치는 효과. 계명대학교 교육대학원 석사학위 청구논문.

정춘옥(1989). 상담전문가와 또래상담자 간의 집단상담 효과 비교–정상집단과 부적응집단을 중심으로–. 부산대학교 교육대학원 석사학위 청구논문.

2. 또래상담 확장기(1990년대)

유헌식(1990). 또래에 의한 집단상담이 자존감 및 인간관계 변화에 미치는 효과. 고려대학교 교육대학원 석사학위 청구논문.

이수용, 문길린(1990). 대학생의 가치관 정립을 위한 동료집단상담자 훈련 프로그램 개발. **지도상담, 14**, 1-42. 계명대학교 학생생활연구소.

설기문(1991). **동료상담훈련론**. 서울: 형설출판사.

김광은(1992). 동료상담자 훈련에 관한 일 연구: 사관생도를 위한 프로그램 개발 및 평가를 중심으로. 이화여자대학교 대학원 박사학위 청구논문.

오정인(1993). 도움기술 훈련 프로그램이 비전문가의 의사소통에 미치는 효과. 계명대학교 교육대학원 석사학위 청구논문.

박명순(1994). 또래상담자 훈련 프로그램의 개발과 효과에 관한 연구. **한국교육학연구, 4**(2).

김명주(1997). 교육과정 내 클럽활동으로서 또래상담자 훈련 및 활동에 관한 연구. 한국외국어대학교 교육대학원 석사학위 청구논문.

윤현미(1997). 또래상담자에 의한 진로결정 집단상담의 효과. 전남대학교 교육대학원 석사학위 청구논문.

권은정(1998). 청소년 위기에 대한 또래상담적 접근: 교회청소년을 중심으로. 아세아연합신학대학교 대학원 석사학위 청구논문.

최규섭(1998). 고등학교 학생을 위한 또래 집단상담과 전문가 집단상담이 자아실현에 미치는 효과 비교. 부산대학교 교육대학원 석사학위 청구논문.

박명순(1999). 또래상담자 훈련 프로그램의 개발과 효과에 관한 연구. **한국교육학연구, 4**(2), 193-218.

박선주(1999). 청소년의 또래상담자 훈련경험이 자아개념에 미치는 효과. 한국외국어대학교 교육대학원 석사학위 청구논문.

우승희(1999). 또래상담자 훈련 프로그램이 또래상담자 자신의 교우관계에 미치는 효과. 대구대학교 대학원 석사학위 청구논문.

한길자(1999). 또래상담 훈련이 교우관계 및 학급의 응집력에 미치는 효과. 한남대학교 교육대학원 석사학위 청구논문.

한국청소년상담원의 또래상담관련 연구(1994~1999)

구본용, 구혜영, 이명우(1994). **또래상담 훈련 프로그램 개발 연구**. 서울: 청소년대화의광장.

구본용, 이재규, 박한샘, 공윤정(1995). **청소년 또래상담 훈련 프로그램 II**. 서울: 청소년대화의광장.

김용태, 심인규, 구본용(1996). **청소년 또래상담 훈련 프로그램 III**. 서울: 청소년대화의광장.

구본용, 금명자, 송수민(1997). **청소년 또래상담 훈련 프로그램 IV**. 서울: 청소년대화의광장.

구본용, 이숙영, 송수민, 이상희(1998). **청소년 또래상담 훈련 프로그램 V**. 서울: 청소년대화의광장.

김진희, 이상희, 노성덕(1999). **또래상담 운영방안 연구**. 서울: 한국청소년상담원.

3. 또래상담의 정착기(2000년대)

고정숙(2000). 또래상담 훈련이 자존감 및 인간관계 능력의 향상에 미치는 효과. 원광대학교 행정대학원 석사학위 청구논문.

김혜숙(2000). 교대학생 또래상담 교육 프로그램 개발과 적용 연구. **청소년상담연구**, 8(1), 100-121.

송인아(2000). 상담자 유형과 성, 그리고 상담내용이 상담효과에 미치는 영향: 청소년상담의 경우. 동아대학교 교육대학원 석사학위 청구논문.

이경희(2000). 또래상담 훈련이 고등학생의 인간관계 및 학교생활관련 태도에 미치는 영향. 강원대학교 교육대학원 석사학위 청구논문.

이상희, 노성덕, 이지은(2000). **단계별 또래상담 프로그램 개발연구**. 서울: 한국청소년상담원.

이상희, 이지은, 노성덕(2000). 중 · 고등학교에서의 또래상담 효과검증 연구. **상담학연구**, 1(1), 75-92.

정선화(2000). 중학생의 또래상담 훈련 경험이 자아존중감과 의사소통에 미치는 효과. 건국대학교 교육대학원 석사학위 청구논문.

금희라(2001). 가상공간에서의 또래상담 유용성 연구: 사이버또래상담 만족도조사를 중심으로. 가톨릭대학교 사회복지대학원 석사학위 청구논문.

남두현(2001). 또래상담 훈련 경험이 초등학생의 인간관계와 학급관련 태도에 미치는 효과. 동아대학교 교육대학원 석사학위 청구논문.

박건자(2001). 또래상담 훈련이 중학생의 의사소통 및 학교생활관련 태도에 미치는 효과. 건국대학교 교육대학원 석사학위 청구논문.

서은종(2001). Peer Counseling in a School Ministry Setting. 또래상담 활동을 통한 학원목회 활성화. McCormick Tehological Seminary. 박사학위 청구논문.

신옥(2001). 또래조력망을 활용한 청소년상담 프로그램 개발. 한남대학교 지역개발대학원 석사학위 청구논문.

안정선(2001). 또래관계 증진 훈련 프로그램이 고등학생의 지각 향상에 미치는 효과. 동아대학교 대학원 석사학위 청구논문.

유의상(2001). 또래상담이 학급구성원의 심리특성에 미치는 영향. 청주교육대학교 교육대학원 석사학위 청구논문.

최미옥(2001). 또래상담자에 의한 진로탐색 집단상담이 여중학생의 진로성숙도에 미치는 효과. 울산대학교 교육대학원 석사학위 청구논문.

김덕희(2002). 또래상담 훈련을 통한 중학생 상담자의 자아개념 향상 효과. 단국대학교 교육대학원 석사학위 청구논문.

김은정(2002). 또래상담이 초등학생의 자아개념에 미치는 영향. 인천교육대학교 교육대학원 석사학위 청구논문문.

김정화(2002). 또래상담자와 교사가 함께 한 집단상담의 효과 연구: 스트레스 대처훈련을 중심으로. 고려대학교 교육대학원 석사학위 청구논문.

양금옥(2002). 또래상담을 활용한 집단지도 프로그램이 또래관계, 의사소통, 자아존중감 향상에 미치는 영향에 관한 연구. 숭실대학교 대학원 석사학위 청구논문.

윤재웅(2002). 집단의 유형에 따른 집단상담 훈련 프로그램의 효과 연구: 고등학생 또래상담 훈련 프로그램을 중심으로. 영남대학교 대학원 석사학위 청구논문.

은혁기(2002). 또래상담 훈련 프로그램이 청소년들의 대인관계 문제, 대인도움기술 및 친사회적 행동에 미치는 효과. **교육심리연구**, 16(4), 41-59.

이경자(2002). 또래상담 훈련이 여고생의 자아존중감 및 학교생활만족도에 미치는 효과. 전주대학교 교육대학원 석사학위 청구논문.

전용표(2002). Internet을 이용한 또래 성 상담자 양성을 위한 CAI 프로그램 개발에 관한 연구. 순천향대학교 교육대학원 석사학위 청구논문.

채유경(2002). 대학생 또래상담자 훈련 프로그램 개발과 효과에 관한 연구. **학생생활연구**, 제33집, 25-37. 전남대학교 카운슬링센터.

최해룡(2002). 또래상담 활동을 통한 부적응 학생 지도. **대구교육**, 제36호, pp.

87-93.
황혜신(2002). 또래상담을 활용한 집단지도 프로그램이 또래관계, 의사소통, 자아존중감 향상에 미치는 영향에 관한 연구. 숭실대학교 대학원 석사학위 청구논문.
김은미(2003). 또래상담 프로그램이 초등학생의 의사소통 및 자아개념에 미치는 영향. 건국대학교 교육대학원 석사학위 청구논문.
김은영(2003). 청소년을 위한 교회상담의 현황과 활성화 방안. 이화여자대학교 대학원 석사학위 청구논문.
김은해(2003). 또래상담 프로그램이 또래상담자의 교우관계와 자아개념에 미치는 효과. 진주교육대학교 교육대학원 석사학위 청구논문.
박민영(2003). 또래상담 활동 경험이 또래상담자의 자아개념 향상에 미치는 효과. 여수대학교 대학원 석사학위 청구논문.
박선종(2003). 가상공간에서의 또래상담을 통한 요선도학생 인성지도 연구. 경상대학교 교육대학원 석사학위 청구논문.
소원미(2003). 또래상담 훈련이 중학생의 의사소통 및 인간관계에 미치는 효과. 경기대학교 교육대학원 석사학위 청구논문.
신래영(2003). 또래상담 훈련이 여고생의 자아존중감 및 인간관계에 미치는 효과. 순천대학교 교육대학원 석사학위 청구논문.
신현근(2003). 또래상담이 초등학교 아동의 자기효능감과 사회성 발달에 미치는 영향. 경인교육대학교 교육대학원 석사학위 청구논문.
이은희(2003). 또래상담 훈련 경험이 자아존중감과 공감능력에 미치는 효과에 관한 연구. 세명대학교 교육대학원 석사학위 청구논문.
정인호(2003). 또래상담자 훈련이 중학생의 사회성 향상에 미치는 효과. 여수대학교 대학원 석사학위 청구논문.
채연희(2003). 또래상담 운영이 또래상담자의 자기평가와 학급응집력에 미치는 효과. 영남대학교 대학원 박사학위 청구논문.
채유경(2003). 대학생 또래상담 프로그램의 효과 및 효과요인에 관한 연구. 청소년상담연구, 11(1), 126-136.

최현주(2003). 또래상담 프로그램이 중학생의 자아존중감과 인간관계에 미치는 효과. 영남대학교 교육대학원 석사학위 청구논문.

최혜숙(2003). 또래집단상담이 학교생활 부적응 학생의 자아개념과 학교적응에 미치는 효과. 영남대학교 교육대학원 석사학위 청구논문.

강영미(2004). 또래상담 훈련이 농촌 중학생의 의사소통 및 학교생활 태도에 미치는 효과. 전주대학교 교육대학원 석사학위 청구논문.

김영희(2004). 초등학생의 또래상담 훈련 경험이 자아존중감과 의사소통 기술에 미치는 효과. 춘천교육대학교 교육대학원 석사학위 청구논문.

김지정(2004). 또래상담이 초등학교 아동의 의사소통 및 사회성 발달에 미치는 효과. 부산교육대학교 교육대학원 석사학위 청구논문.

노성넉, 김계현(2004). 국내 또래상담 성과연구에 대한 메타분석. 청소년상담연구, 12(2), 3-10.

백향하(2004). 고등학생의 또래상담 활동 경험에 관한 질적 분석. 한국교원대학교 대학원 석사학위 청구논문.

서형옥(2004). 또래리더에 의한 또래상담 훈련 프로그램이 여중학생의 인간관계에 미치는 영향. 울산대학교 교육대학원 석사학위 청구논문.

이명희(2004). 중학생의 또래상담 활동 실태 및 문제점에 대한 연구. 연세대학교 정경대학원 석사학위 청구논문.

정미(2004). 또래상담 활동이 초등학교 5학년 아동의 교우관계와 학급응집력에 미치는 영향. 경인교육대학교 교육대학원 석사학위 청구논문.

권선영(2005). 인기아동 중심의 또래상담이 초등학교 아동의 자아개념에 미치는 효과. 한국교원대학교 교육대학원 석사학위 청구논문.

기영애(2005). 또래상담자 훈련이 또래상담자의 자기존중감과 의사소통 능력에 미치는 효과. 대구한의대학교 교육대학원 석사학위 청구논문.

김미점(2005). 또래상담 프로그램이 초등학생의 자기능력 지각에 미치는 효과.

대구대학교 재활대학원 석사학위 청구논문.

김미혜(2005). 또래상담이 아동의 사회성숙도 및 학급응집력에 미치는 효과. 부산교육대학교 교육대학원 석사학위 청구논문.

김종운, 황혜자(2005). 또래상담 훈련이 성별에 따른 아동의 학교관련 태도에 미치는 효과. **부산교육학연구**, 18(1), 39-56.

김향희(2005). 또래상담 훈련이 인간관계와 학교생활관련 태도에 미치는 효과. 한서대학교 교육대학원 석사효과연구.

박광원(2005). 또래상담 활동이 집단따돌림 학생의 대인관계 특성 및 또래수용에 미치는 영향. 전주대학교 상담대학원 석사학위 청구논문.

손종근(2005). 놀이 프로그램이 또래상담에 미치는 영향 연구. 고려대학교 대학원 석사학위 청구논문.

이남희(2005). 또래상담자 활동이 교우관계 및 학급분위기에 미치는 효과. 서경대학교 사회대학원 석사학위 청구논문.

이선숙(2005). 또래상담자 훈련 경험이 여자중학생의 자아존중감과 사회성숙도에 미치는 효과. 전주대학교 교육대학원 석사학위 청구논문.

조영자(2005). 또래상담 프로그램이 중학생의 자아존중감 및 또래와의 의사소통 능력 향상에 미치는 효과. 건국대학교 교육대학원 석사학위 청구논문.

강미영(2006). 또래상담 훈련 프로그램이 중학생의 자아존중감과 인간관계 향상에 미치는 영향. 신라대학교 교육대학원 석사학위 청구논문.

김혜경(2006). 사이버 또래상담 활동이 또래상담자의 의사소통 능력 향상에 미치는 효과. 여수대학교 교육대학원 석사학위 청구논문.

노성덕(2006). 고등학교 또래상담 정착과정에 대한 연구. 서울대학교 대학원 박사학위 청구논문.

박영수(2006). 또래상담 훈련이 중학생의 의사소통 증진 및 교우관계 개선에 미치는 효과. 신라대학교 교육대학원 석사학위 청구논문.

박은경(2006). 또래상담이 초등학교 아동의 자아개념과 학교생활 적응에 미치는 효과. 부산교육대학교 교육대학원 석사학위 청구논문.

박지영(2006). 또래상담자 훈련 프로그램이 중학생의 공감적 이해와 의사소통에 미치는 효과. 부산대학교 교육대학원 석사학위 청구논문.

배은우(2006). 또래관계증진 집단상담 프로그램이 초등학생의 자아존중감에 미치는 영향. 전북대학교 교육대학원 석사학위 청구논문.

백세연(2006). 또래상담 프로그램이 초등학생의 자아개념과 자기표현 능력에 미치는 효과. 전주교육대학교 교육대학원 석사학위 청구논문.

백수정(2006). 또래상담 훈련 프로그램이 중학생의 부모-자녀 간 의사소통에 미치는 효과. 울산대학교 교육대학원 석사학위 청구논문.

송효진(2006). 또래상담이 초등학교 고학년 아동의 사회성 및 학급응집력에 미치는 효과. 광주교육대학교 교육대학원 석사학위 청구논문.

오정아(2006). 또래상담 프로그램이 초등학교 아동의 공감능력에 미치는 효과. 고신대학교 교육대학원 석사학위 청구논문.

유인애(2006). 초등학교 또래상담 운영이 고립아의 심리적 특성 변화에 미치는 영향. 경인교육대학교 교육대학원 석사학위 청구논문.

이금선(2006). 또래상담 프로그램이 아동의 교우관계 및 사회성에 미치는 효과. 제주대학교 교육대학원 석사학위 청구논문.

전영희(2006). 또래상담 훈련이 또래상담자의 자기평가와 학급구성원의 집단따돌림에 미치는 영향. 강릉대학교 교육대학원 석사학위 청구논문.

정정임(2006). 또래상담 활동이 따돌림피해 학생의 자아존중감 및 대인관계와 학교적응에 미치는 효과. 덕성여자대학교 교육대학원 석사학위 청구논문.

최혜숙(2006). 또래상담 훈련과 활동이 또래상담자 및 소속 학급에 미치는 효과. 영남대학교 대학원 박사학위 청구논문.

김상은(2007). 또래상담 프로그램 적용이 초등학교 고학년의 교우관계와 학교생활만족도에 미치는 효과. 대구교육대학교 교육대학원 석사학위 청구논문.

김정미(2007). 또래상담이 또래상담자 아동의 자아개념과 의사소통 능력의 향상에 미치는 효과. 광주교육대학교 교육대학원 석사학위 청구논문.

노성덕(2007). 인문계 여자고등학교 또래상담 정착과정에 대한 근거이론 분석. **아시아교육연구**, 8(3), 189-222.

노성덕(2007). 고등학교 또래상담 정착에 영향을 미치는 요인에 대한 연구. **청소년상담연구**, 15(2), 15-27.

노성덕, 김계현(2007). 학교 또래상담 정착 평가 기준에 대한 연구: 고등학교를 중심으로. **청소년상담연구**, 15(1), 29-38.

류부열(2007). 또래상담자 훈련이 고등학생의 공감능력, 친사회적 행동 및 자아존중감에 미치는 효과. 건국대학교 대학원 박사학위 청구논문.

박양희(2007). 또래상담 프로그램이 초등학생의 자아존중감과 인간관계에 미치는 효과. 한남대학교 교육대학원 석사학위 청구논문.

박은정(2007). 또래상담자 훈련 프로그램이 또래상담자의 자아존중감과 대인관계에 미치는 영향. 영남대학교 대학원 석사학위 청구논문.

박현선(2007). 장애학생과 일반학생의 통합상담 프로그램의 또래관계 증진 효과. 아주대학교 교육대학원 석사학위 청구논문.

서은파(2007). 또래상담 프로그램이 여자중학생의 개인주의-집단주의 성향과 이타행동에 미치는 효과. 아주대학교 교육대학원 석사학위 청구논문.

신아령(2007). 경호 · 또래상담 · 부모교육 실효 기대: 학교 폭력 이렇게 예방하세요. **교육마당**, 21, 302호, 66-69.

안정희(2007). 또래상담이 아동의 교우관계 향상에 미치는 효과. 부산교육대학교 교육대학원 석사학위 청구논문.

이미향(2007). 초등학생 또래상담 프로그램이 또래상담자의 의사소통과 리더십에 미치는 영향. 한국교원대학교 교육대학원 석사학위 청구논문.

이방세(2007). 또래상담 프로그램을 통한 자기표현 능력 신장. **전북교육**, 42, 179-185.

이종선(2007). 또래상담자 훈련 프로그램이 중학생의 리더십 생활기술에 미치는 효과. 부산대학교 교육대학원 석사학위 청구논문.

정미혜(2007). 또래상담자의 멘토활동이 초등학교 배척아동의 또래관계에 미치는 효과. 부산교육대학교 교육대학원 석사학위 청구논문.

정은이(2007). 또래 진로상담 프로그램이 대학생의 진로결정유형 및 수준에 미치는 효과. **진로교육연구**, 20(4), 69-85.

정정임, 주은선(2007). 또래상담 활동이 따돌림 경험 학생들의 심리적인 변화에 주는 영향: 중학생의 자아존중감, 대인관계, 학교적응을 중심으로. **학생생활연구**, 22, 1-16. 덕성여자대학교 학생생활연구소.

지승희, 오혜영, 이자영, 백현주, 김병관(2007). **솔리언 또래상담 전문지도자 교육과정 개발연구**. 서울: 한국청소년상담원.

황미숙(2007). 또래상담 활동이 또래상담자의 의사수통 능력과 학교생활관련 태도에 미치는 영향. 전남대학교 교육대학원 석사학위 청구논문.

김경화(2008). 또래상담 프로그램이 남녀 중학생의 의사소통능력과 사회성에 미치는 효과. 아주대학교 교육대학원 석사학위 청구논문.

김정미(2008). 또래상담 프로그램이 여중생의 자아존중감과 인간관계에 미치는 효과. 동아대학교 교육대학원 석사학위 청구논문.

박보라(2008). 또래상담자 훈련이 또래상담자의 자아존중감 및 사회성에 미치는 효과. 강원대학교 교육대학원 석사학위 청구논문.

심보숙(2008). 부모-아동의 애착이 또래관계에 미치는 효과: 또래관계기술의 매개효과. 경남대학교 교육대학원 석사학위 청구논문.

양가영(2008). 또래상담 훈련 프로그램 경험이 실업계 고등학생의 자아존중감과 인간관계에 미치는 효과. 연세대학교 교육대학원 석사학위 청구논문.

양미진, 신효정, 송미경(2008). **군 솔리언 또래상담 훈련 프로그램 개발**. 서울: 한국청소년상담원.

이승연(2008). 청소년 자살예방 전략으로서의 또래도우미 프로그램 개발을 위한 기초연구. **청소년상담연구**, 16(2), 17-31.

임희수(2008). 또래상담 프로그램이 초등학교 고학년의 자아존중감과 인간관계 향상에 미치는 효과. 동아대학교 대학원 석사학위 청구논문.

최현정(2008). 또래 칭찬활동 프로그램이 초등학생의 교우관계와 학급응집성에 미치는 영향. 서울교육대학교 교육대학원 석사학위 청구논문.

최희경(2008). 약물남용 청소년을 위한 또래상담 프로그램의 효과성에 관한 연구. 경기대학교 사회복지대학원 석사학위 청구논문.

강진영(2009). 또래상담병 제도 도입을 통한 군내 상담 활성화 방안 연구. 국방대학교 국방관리대학원 석사학위 청구논문.

오유하(2009). 또래상담자 유형에 따라 또래상담 훈련 프로그램이 또래상담자의 자아개념 및 친사회적 행동에 미치는 영향. 연세대학교 교육대학원 석사학위 청구논문.

이황은(2009). 또래집단 미술치료 프로그램이 고등학생의 의사소통기술과 대인관계에 미치는 효과. 영남대학교 대학원 박사학위 청구논문.

장주영(2009). 또래상담 프로그램이 고등학생 또래상담자의 의사소통 능력과 리더십에 미치는 효과. 강원대학교 교육대학원 석사학위 청구논문.

장희재(2009). 또래상담자 훈련이 또래상담자의 자아존중감과 사회성에 미치는 효과. 강원대학교 대학원 석사학위 청구논문.

홍미경(2009). 초등학생의 외모만족도 향상을 위한 또래상담자 프로그램 개발. 한국교원대학교 대학원 석사학위 청구논문.

황재연(2009). 대학생 또래상담자가 사용할 자기효능감 향상 프로그램 개발연구. 공주대학교 대학원 석사학위 청구논문.

참고문헌
REFERENCES

강경자(1996). 의사소통 증진을 위한 훈련 프로그램의 효과. 창원대학교 대학원 석사학위 청구논문.

강영진(1999). '또래중재인'으로 '왕따' 없앤다. 신동아 3월호, 386-397.

강원도청소년상담지원센터(2009). 2008년 또래상담사례집, 제10호. 춘천: 강원도 청소년상담지원센터.

고정숙(2000). 또래상담 훈련이 자존감 및 인간관계 능력의 향상에 미치는 효과. 원광대학교 행정대학원 석사학위 청구논문.

구본용, 구혜영, 이명우(1994). 또래상담 훈련 프로그램 개발연구. 서울: 청소년대화의 광장.

구본용, 김용태, 이재규, 박한샘, 공윤정(1995). 청소년 또래상담 훈련 프로그램 II. 서울: 청소년대화의광장.

구본용, 금명자, 송수민(1997). 청소년 또래상담 훈련 프로그램 IV. 서울: 청소년대화의광장.

구본용, 이숙영, 송수민, 이상희(1998). 청소년 또래상담 훈련 프로그램 V. 서울: 청소년대화의광장.

권경인(2000). 집단상담 활동의 유형화 연구: 치료적 요인을 중심으로. 서울대학교 대학원 석사학위 청구논문.

금희라(2001). 가상공간에서의 또래상담 유용성 연구: 사이버또래상담 만족도 조사를 중심으로. 가톨릭대학교 사회복지대학원 석사학위 청구논문.

김계현(2000). 21세기 우리나라 청소년상담 정책의 과제와 전망. 청소년상담학세

미나. 서울: 한국청소년상담원.

김계현(2000). **상담심리학 연구**. 서울: 학지사.

김광은(1992). 동료상담자 훈련에 관한 일 연구: 사관생도를 위한 프로그램 개발 및 평가를 중심으로. 이화여자대학교 대학원 박사학위 청구논문.

김덕희(2002). 또래상담 훈련을 통한 중학생 상담자의 자아개념 향상 효과. 단국대학교 교육대학원 석사학위 청구논문.

김명주(1997). 교육과정 내 클럽활동으로서의 또래상담자 훈련 및 활동에 관한 연구. 외국어대학교 교육대학원 석사학위 청구논문.

김상준(1999). **신화로 영화 읽기, 영화로 인간 읽기**. 서울: 세종서적.

김용태, 김인규, 구본용(1996). **청소년 또래상담 훈련 프로그램 Ⅲ**. 서울: 청소년대화의광장.

김은미(2003). 또래상담 프로그램이 초등학생의 의사소통 및 자아개념에 미치는 영향. 건국대학교 교육대학원 석사학위 청구논문.

김은영(2003). 청소년을 위한 교회상담의 현황과 활성화 방안. 이화여자대학교 대학원 석사학위 청구논문.

김은정(2002). 또래상담이 초등학생의 자아개념에 미치는 영향. 인천교육대학교 교육대학원 석사학위 청구논문.

김은해(2003). 또래상담 프로그램이 또래상담자의 교우관계와 자아개념에 미치는 효과. 진주교육대학교 교육대학원 석사학위 청구논문.

김정화(2002). 또래상담자와 교사가 함께 한 집단상담의 효과 연구: 스트레스 대처훈련을 중심으로. 고려대학교 교육대학원 석사학위 청구논문.

김진희, 이상희, 노성덕(1999). **또래상담 운영방안 연구**. 서울: 한국청소년상담원.

김혜숙(2000). 교대학생 또래상담 교육 프로그램 개발과 적용연구. **청소년상담연구**, 8(1), 100-121.

남두현(2001). 또래상담 훈련 경험이 초등학생의 인간관계와 학급관련 태도에 미치는 효과. 동아대학교 교육대학원 석사학위 청구논문.

노성덕(2007). 인문계 여자고등학교 또래상담 정착과정에 대한 근거이론 분석. **아시아교육연구**, 8(3), 189-222.

노성덕(2009). **학교 또래상담**. 서울: 학지사.

노성덕, 김계현(2004). 국내 또래상담 성과연구에 대한 메타 분석. **청소년상담연구**, 12(2), 3-10.

노성덕, 김계현(2007). 학교 또래상담 정착 평가기준에 대한 연구-고등학교를 중심으로-. **청소년상담연구**, 15(1), 29-38.

노성덕, 이문희 편(2001). **또래상담소식, 제6호**. 서울: 한국청소년상담원.

노성덕, 정지연, 명선희, 김병관(2010). **소년원 또래상담 프로그램**. 서울: 학지사.

박건자(2001). 또래상담 훈련이 중학생의 의사소통 및 학교생활관련 태도에 미치는 효과. 건국대학교 교육대학원 석사학위 청구논문.

박명순(1999). 또래상담자 훈련 프로그램의 개발과 효과에 관한 연구. **한국교육학연구**, 4(2), 193-218.

박민영(2003). 또래상담 활동 경험이 또래상담자의 자아개념 향상에 미치는 효과. 여수대학교 대학원 석사학위 청구논문.

박선종(2003). 가상공간에서의 또래상담을 통한 요선도학생 인성지도 연구. 경상대학교 교육대학원 석사학위 청구논문.

박선주(1999). 청소년의 또래상담자 훈련 경험이 자아개념에 미치는 효과. 외국어대학교 교육대학원 석사학위 청구논문.

박종희, 이미식, 최용성(2003). **영화와 문학으로 열어 가는 인성교육**. 서울: 학지사.

변창진, 추석호(1987). 동료상담자를 위한 의사소통 기술 프로그램. **학생지도연구**, 20(1), 1-34. 경북대학교.

서울시교육연구원(1998). **학교적응 교육 프로그램**. 서울: 서울시교육연구원.

서은종(2001). Peer Counseling in a School Ministry Setting. 또래상담 활동을 통한 학원목회활성화. McCormick Tehological Seminary. 박사학위 청구논문.

소원미(2003). 또래상담 훈련이 중학생의 의사소통 및 인간관계에 미치는 효과. 경기대학교 교육대학원 석사학위 청구논문.

송인아(2000). 상담자 유형과 성, 그리고 상담내용이 상담효과에 미치는 영향: 청소년상담의 경우. 동아대학교 교육대학원 석사학위 청구논문.

심영섭(2003). 시네마사이콜로지. 서울: 다른우리.

신래영(2003). 또래상담 훈련이 여고생의 자아존중감 및 인간관계에 미치는 효과. 순천대학교 교육대학원 석사학위 청구논문.

신옥(2001). 또래조력망을 활용한 청소년상담 프로그램 개발. 한남대학교 지역개발대학원 석사학위 청구논문.

신주혜(1999). 단짝친구관계와 학교생활 적응: 초등학생 4학년과 중학생 2학년을 대상으로. 가톨릭대학교 대학원 석사학위 청구논문.

신현근(2003). 또래상담이 초등학교 아동의 자기효능감과 사회성 발달에 미치는 영향. 경인교육대학교 교육대학원 석사학위 청구논문.

안정선(2001). 또래관계증진 훈련 프로그램이 고등학생의 지각 향상에 미치는 효과. 동아대학교 대학원 석사학위 청구논문.

양금옥(2002). 또래상담을 활용한 집단지도 프로그램이 또래관계, 의사소통, 자아존중감 향상에 미치는 영향에 관한 연구. 숭실대학교 대학원 석사학위 청구논문.

양미진, 신효정, 송미경(2008). 군 솔리언 또래상담 훈련 프로그램 개발. 서울: 한국청소년상담원.

오정인(1993). 도움기술 훈련 프로그램이 비전문가의 의사소통에 미치는 효과. 계명대학교 교육대학원 석사학위 청구논문.

우승희(1999). 또래상담자 훈련 프로그램이 또래상담자 자신의 교우관계에 미치는 효과. 대구대학교 대학원 석사학위 청구논문.

유경재(1998). 또래상담 프로그램 구안 · 적용을 통한 요선도학생의 학업중퇴자 예방방안. 1998년도 교원총연합회 발간 현장교육논문.

유성경(1999). 청소년 비행 예방 및 대처방안-또래상담 프로그램 활용을 중심으로. 영남상담 및 심리치료연구회 제5회 추계교육연수회 자료.

유의상(2001). 또래상담이 학급구성원의 심리특성에 미치는 영향. 청주교육대학교 교육대학원 석사학위 청구논문.

유헌식(1989). 또래에 의한 집단상담이 자존감 및 인간관계 변화에 미치는 효과. 고려대학교 교육대학원 석사학위 청구논문.

윤재웅(2002). 집단의 유형에 따른 집단상담 훈련 프로그램의 효과 연구: 고등학생 또래상담 훈련 프로그램을 중심으로. 영남대학교 대학원 석사학위 청구논문.

윤현미(1997). 또래상담자에 의한 진로결정 집단상담의 효과. 전남대학교 교육대학원 석사학위 청구논문.

은혁기(2002). 또래상담 훈련 프로그램이 청소년들의 대인관계 문제, 대인도움기술 및 친사회적 행동에 미치는 효과. **교육심리연구**, 16(4), 41-59.

이경자(2002). 또래상담 훈련이 여고생의 자아존중감 및 학교생활만족도에 미치는 효과. 전주대학교 교육대학원 석사학위 청구논문.

이경주(1997). 청소년의 스트레스와 사회적 지지 및 행동 문제. 전남대학교 대학원 석사학위 청구논문.

이경희(2000). 또래상담 훈련이 고등학생의 인간관계 및 학교생활관련 태도에 미치는 영향. 강원대학교 교육대학원 석사학위 청구논문.

이관용, 김순화(1983). 대학에서의 동료 카운슬링. **학생연구**, 19(1), 18-29. 서울대학교 학생생활연구소.

이동혁(1999). 학교상담 체제 특성에 따른 학교생활의 질적 차이에 관한 분석. 서울대학교 대학원 석사학위 청구논문.

이명희(2004). 중학생의 또래상담 활동 실태 및 문제점에 대한 연구. 연세대학교 정경대학원 석사학위 청구논문.

이상희, 노성덕, 이지은(2000). **단계별 또래상담 프로그램 개발연구**. 서울: 한국청소년상담원.

이상희, 이지은, 노성덕(2000). 중 · 고등학교에서의 또래상담 운영의 효과. **상담학연구**, 1(1), 75-92. 한국상담학회.

이수용, 문길린(1990). 대학생의 가치관 정립을 위한 동료집단 상담자 훈련 프로그램 개발. **지도상담**, 14, 1-12. 계명대학교.

이용숙, 김영천 편(1999). **교육에서의 질적 연구**. 서울: 교육과학사.

이윤식(1992). 아동 심성개발 프로그램이 학급응집력 형성에 미치는 영향. 충북대학교 교육대학원 석사학위 청구논문.

이은미(1991). 동료상담자 훈련 경험이 내담자의 교우관계와 학교관련 태도에 미치는 효과. 계명대학교 교육대학원 석사학위 청구논문.

이은희(2003). 또래상담 훈련 경험이 자아존중감과 공감능력에 미치는 효과에 관한 연구. 세명대학교 교육대학원 석사학위 청구논문.

이장호, 김순진, 정남군, 조성호(1997). **상담의 연구방법**. 서울: 박영사.

이형득, 김정희(1983). Peer Group Counseling의 효과에 관한 연구. **지도상담**, 8, 41-63. 계명대학생생활연구소.

장혁표(1986). 동료 집단상담을 위한 훈련 프로그램, **연구보**, 22집, 35-49. 부산대학교 학생생활연구소.

전용표(2002). Internet을 이용한 또래 성 상담자 양성을 위한 CAI 프로그램 개발에 관한 연구. 순천향대학교 교육대학원 석사학위 청구논문.

정선화(2000). 중학생의 또래상담 훈련 경험이 자아존중감과 의사소통에 미치는 효과. 건국대학교 교육대학원 석사학위 청구논문.

정인호(2003). 또래상담자 훈련이 중학생의 사회성 향상에 미치는 효과. 여수대학교 대학원 석사학위 청구논문.

조용환(1999). **질적 연구-방법과 사례**. 서울: 교육과학사.

채연희(2003). 또래상담 운영이 또래상담자의 자기평가와 학급응집력에 미치는 효과. 영남대학교 대학원 박사학위 청구논문.

채유경(2003). 대학생 또래상담 프로그램의 효과 및 효과요인에 관한 연구. **청소년상담연구**, 11(1), 126-136.

채유경(2002). 대학생 또래상담자 훈련 프로그램 개발과 효과에 관한 연구. **학생생활연구**, 제33집, 25-37. 전남대학교 카운슬링센터.

최미옥(2001). 또래상담자에 의한 진로탐색 집단상담이 여중학생의 진로성숙도에 미치는 효과. 울산대학교 교육대학원 석사학위 청구논문.

최병순, 안현의, 서선우, 강진영(2008). **군 자살사고 예방을 위한 제도개선 연구**. 서울: 국민권익위원회.

최해룡(2002). 또래상담 활동을 통한 부적응 학생 지도. **대구교육**, 제36호, 87-93.

최현주(2003). 또래상담 프로그램이 중학생의 자아존중감과 인간관계에 미치는 효과. 영남대학교 교육대학원 석사학위 청구논문.

최혜숙(2003). 또래집단상담이 학교생활 부적응 학생의 자아개념과 학교적응에 미치는 효과. 영남대학교 교육대학원 석사학위 청구논문.

추석호(1987). 동료집단상담 장면에서 의사소통기술 훈련의 효과. 경북대학교 교육대학원 석사학위 청구논문.

한국청소년상담원(2002). **또래상담 활동지침서**. 서울: 한국청소년상담원.

홍경자, 김선남(1986). 또래상담자 경험이 또래상담자 자신의 자아실현도, 인간관계 능력, 자기발표력의 향상에 미치는 효과. **학생생활연구**, 18, 43-59. 전남대학교 학생생활연구소.

홍경자, 노안영(1985). 자아개념 및 자존심에 미치는 또래상담자에 의한 집단훈련의 효과. **학생생활연구**, 17, 75-99. 전남대학교 학생생활연구소.

황혜신(2002). 또래상담을 활용한 집단지도 프로그램이 또래관계, 의사소통, 자아존중감 향상에 미치는 영향에 관한 연구. 숭실대학교 대학원 석사학위 청구논문.

Altmann, H. A., Nysctvold, I., & Downe, A. (1986). Evaluation of Peer Counselling in the Elementary School. *Canadian Journal of Counseling, 20*(2), 85-91.

Attili, G. (1990). Successful and disconfirmed children in the peer group: Indices of social competence within an evolutionary perspective. *Human Development, 33*, 238-249.

Black, D. R., & Scott, L. A. (1996). Lay opportunities collaborative outreach screening team (LO-COST): A model for peer health education. *Peer Facilitator Quarterly, 13*, 29-38.

Boias, A. K., & Myrick, R. D. (1999). A peer facilitator led intervention with middle school problem-behavior students. *Professional School Counseling, 3*(1), 27-34.

Bowman, R. P., & Myrick, R. D. (1980). I am a Junior Counselor having lots of fun. *School Counselor, 28*(1), 31-38.

Brown, W. F. (1972). *Student-to-Student Counseling*. Tex: Hogg Foundation Research Series.

Carr, R. A., & Saunders, G. A. K. (1998). *Peer Counseling Starter Kit*. Peer Resources.

Chickering, J. N. (1987). *Warmline Training Mannual: Peer Counseling Returning Adult Students*. Memphis State University.

De Rosenroll, D. A. F. (1991). The Influence of Peer Counseling on Adolescents Expectations of Friendship. Unpubished doctoral dissertation. University of Victoria.

Doi, S. C., & DiLorenzo, R. M. (1993). An evaluation of a tabacco use education-prevention program: A pilot study. *Journal of Substance Abuse, 5*, 73-79.

Fors, S. W., & Jarvis, S. (1995). Evaluation of a peer-led drug abuse risk reduction project for runaway/homeless youths. *Journal of Drug Education, 25*, 321-333.

Grant, T. H. (1987). Peer assistance and leadership (PAL) program. Paper presented at the Annual NPHA Conference.

Gray, H. D., & Tindall, J. A. (1978). Peer Counseliry: An In-depthlook at training peer helpers. Muncie: Accelerated Development Inc. 동료상담 훈련론(설기문 역, 1991). 서울: 형설출판사.

Johnson, D., & Johnson, R. (1987). Research shows the benefits of adult cooperation. *Educational Leadership, 45*, 27-30.

Katz, R. C., Robishch, C. M., & Telch, M. J. (1989). Acquisiton of smoking refusal skills in junior high school students. *Addictive Behaviors, 14*, 201-204.

Lucian, J. (1977). Training College Peer Counselor. *Journal of College Student Personnel, 18*, 66-67.

May, R. J., & Rademacher, B. G. (1980). The use of paraprofessionals as environment assessors in students affairs agencies. *Journal of College Student Personnel.*

McKeon, L. H., & Kinero, T. E. (1999). Positive peer solutions: One answer for the refected student. Kappan Professional Journal, 1999, October. from http://www.pdkintll.org/kappan/kros9910.htm.

Nenortas, G. V. (1987). A drop out prevention program utilizing peer group counseling with middle school alternative students. Nova University.

NAPPP(2009). Association of Peer Program Professionals Programmatic Standards. [OnLine]. http://www.peerprogramprofessionals.org/publications/publications/standards/에서 2010. 2. 25. 인출

Rapp, H. M., et al, (1978). Student to-student helping program. *The Humanist Education, 17*(2), 81-90.

Rosenberg, S. L., McKeon, L. M., & Dinero, T. E. (1999). Positive peer solutions. *Phi Delta Kappan, 81*(2), 114-119.

Rosenrol, D. M. (1988). Peer Counseling: implementation and program maintenance at the Annual Meeting of the peer Helper Association Conference (EDRS 298 361).

Russel, H. J., & Thompson, D. (1987). Evaluation of a program of peer helping for 1st-year student. *Journal of College Student Personnel, 28*(4), 330-336.

Schrumpf, F., et al. (1993). *Life lessons for young Adolescents.* Zllinois: Research Press.

Tindall, J. A. (1995). *Peer Programs: In depth look at training peer helpers* (2nd ed.). Bristol: Accelerated Development Inc.

Tindall, J. A., & Gray, H. D. (1985). *Peer Power-Becoming an effective peer helper Book 1, Introductory programs* (2nd ed.). Muncie: Accelerated Development.

Tobias, A. K., & Myrick, R. D. (1999). A peer facilitator-led intervention with middle school problem-behavior students. *Professional School Counseling, 3*(1), 27-34.

Tobler, N. (1986). Meta-analysis of 143 adolescent drug prevention programs: Quantitative outcome results of program participants compared to a control or comparison group. *Journal of Drug Issues, 16*, 537-567.

Trux, C. B., & Carkhuff, R. R. (1965). Lay mental health counseling: The effects of lay group counseling. *Journal of Counseling Psychology, 29*, 426-431.

Varenhorst, B. B. (1980). *Curriculum guide for student peer counseling training*. Palo Alto Unified School District.

Varenhorst, B. B. (1984). Peer Counseling: Past promises, current status, and future directions. In Brown & Lent (Eds.), *Handbook of counseling psychology*. NY: John Wiley & Sons.

Varenhorst, B. B. (1998). *Real Friends: Becoming the friend you'd like to have*. Haper collins. 당신이 원하는 진정한 친구가 되는 법(홍창희 외 공역, 2001). 서울: 학지사.

Vriend, T. J. (1969). High-performing inner-city adolescents assist low-performing peers in counseling groups. *Personnel & Guidance Journal, 47*(9), 897-904.

Zimpfer, D. G. (1974). *Paraprofessionals in counseling. guidance and personnel services. APGA Reprint Series, 5*. Washington, DC: American Personnel and Guidance Association Press.

찾아보기
INDEX

인명

내용

저자 소개

이상희

서울대학교 대학원 교육학박사(상담전공)

현　　삼성생활문화센터 상담실 전문상담원

전　　한국청소년상담원 선임상담원

　　　한국행동과학연구소 책임연구원

자격　1급 청소년상담사(문화관광부)

　　　수련감독전문상담사(한국상담학회)

　　　1급 상담심리사(한국상담심리학회)

저서　상담 및 심리교육 프로그램 개발과 평가(공저, 학지사, 2010)

노성덕

서울대학교 대학원 교육학박사(상담전공)

현　　한국청소년상담원 조교수

　　　서울교육대학교, 숙명여자대학교, 안양대학교 강사

전　　안양시청소년상담센터 소장

　　　서울대학교 BK21사업단 상담연구원

　　　전북대학교 학생생활연구소 전임상담원

자격　1급 청소년상담사(문화관광부)

　　　1급 전문상담사(한국상담학회)

저·역서 찾아가는 상담(학지사, 2008)

　　　상담기관의 카운슬러되기(공역, 시그마프레스, 2008)

　　　학교 또래상담(학지사, 2009)

　　　소년원 또래상담 프로그램(공저, 학지사, 2010)

　　　DSM-IV-TR 진단에 따른 아동 · 청소년 상담 및 심리치료(공역, 시그마프레스, 2010)

이지은

가톨릭대학교 대학원 문학박사(상담심리전공)

현　　서울대학교 공과대학 학생상담센터 전문상담사

전　　한국청소년상담원 선임상담원

자격　1급 청소년상담사(문화관광부)

　　　1급 상담심리사(한국상담심리학회)

2판

또래상담

2004년 3월 30일 1판 1쇄 발행
2010년 4월 15일 2판 1쇄 발행

지은이 • 이상희 · 노성덕 · 이지은
펴낸이 • 김진환
펴낸곳 • (주) 학지사
121-837 서울시 마포구 서교동 352-29 마인드월드빌딩 5층
대표전화 • 02-330-5114 팩스 • 02-324-2345
등록번호 • 제313-2006-000265호

홈페이지 • http://www.hakjisa.co.kr
커뮤니티 • http://cafe.naver.com/hakjisa

ISBN 978-89-6330-364-2 93180

정가 17,000원